Lições de
TEORIA GERAL DO DIREITO CIVIL

A994l   Azevedo,Fernando Costa de
        Lições de teoria geral do direito civil / Fernando Costa de
Azevedo. – Porto Alegre: Livraria do Advogado Editora, 2008.
        144 p.; 23 cm.
        ISBN 978-85-7348-553-0

        1. Direito civil. I. Título.

CDU – 347

        Índice para o catálogo sistemático:
Direito civil   347

(Bibliotecária responsável: Marta Roberto, CRB-10/652)

Fernando Costa de Azevedo

Lições de
TEORIA GERAL DO DIREITO CIVIL

Porto Alegre, 2008

© Fernando Costa de Azevedo, 2008

Capa, projeto gráfico e diagramação
Livraria do Advogado Editora

Revisão
Rosane Marques Borba

Direitos desta edição reservados por
Livraria do Advogado Editora Ltda.
Rua Riachuelo, 1338
90010-273 Porto Alegre RS
Fone/fax: 0800-51-7522
editora@livrariadoadvogado.com.br
www.doadvogado.com.br

Impresso no Brasil / Printed in Brazil

Para Daniella, com todo o meu amor.

Prefácio

Honra-me sobremaneira prefaciar o mais novo trabalho do Prof. Fernando Costa de Azevedo, suas *Lições de Teoria Geral de Direito Civil*. Trata-se de um livro de professor para seus alunos, na histórica Faculdade de Direito da Universidade Federal de Pelotas, que tantos talentos já revelou para as letras jurídicas brasileiras. Da mesma forma, serve de importante e segura fonte de consulta aos alunos da disciplina introdutória do direito civil, nas diversas Instituições de Ensino Superior.

A finalidade de um prefácio, entretanto, conduz-se em dois sentidos. Primeiramente, como uma referência ao autor da obra, o que, no presente caso, é tarefa de certa facilidade, em face do talento e entusiasmo do Prof. Fernando Costa de Azevedo, como uma referência a seus alunos, tanto dos bancos de graduação, quanto das inúmeras atividades de extensão vinculadas à Faculdade de Direito de Pelotas, e no pós-graduação, do que sou testemunha pela excelente receptividade de suas lições no Curso de Especialização em Direito do Consumidor da UFRGS. Por outro lado, faz-se esperada uma referência à obra. A visão empregada à obra é de professor, o que logo surge do seu título são *lições* de teoria geral do direito civil, à velha e boa moda dos irmãos Mazeaud, que imortalizaram suas *Leçons de Droit Civil*, cuja vivacidade e didatismo, inspirada após a morte dos autores por seus atualizadores,[1] até hoje marcam a literatura jurídica francesa.

Tive a oportunidade de conhecer o Prof. Fernando Costa de Azevedo em Ouro Preto, nas Minas Gerais, por ocasião do Congresso Brasileiro de Direito do Consumidor, promovido pelo Instituto Brasileiro de Política e Direito do Consumidor – BRASILCON –, em 2004. Digo, é verdade, conhecê-lo pessoalmente, uma vez que, como bem se afirma, o autor de obras de literatura, seja artística ou científica, sempre deixa um pouco de si em seus trabalhos. Ora, já tinha em minha biblioteca, e fiz dele fonte de consulta, a obra "Defesa do Consumidor e Regulação", também publicado pela Livraria do Advogado Editora, fruto de sua dissertação de mestrado em Direito, na Universidade Federal de Santa Catarina. Assim, juntou-se à admiração por seu trabalho, uma verdadeira amizade, que me levou a Pelotas já algumas vezes, e o Professor

---

[1] MAZEAUD, Henri; MAZEAUD, Leon; MAZEAUD, Jean; CHABAS, François. *Leçons de droit civil*, t. II, premiere volume. Obligations. Théorie générale. 9ª ed. Paris: Montchrestien, 1998.

a Porto Alegre. Devo, certamente, a esta amizade, a honra de prefaciar o presente trabalho.

O ensino do direito civil, e em especial, de sua teoria geral, equivale à descoberta de um amplíssimo mundo de saberes necessários ao conhecimento do direito como objeto de cultura, assim como dos instrumentos técnicos necessários à compreensão e aplicação das regras e princípios jurídicos que regulam as relações jurídico-privadas. A rigor, o direito privado contemporâneo defronta-se com diversos desafios, cujo adequado enfrentamento só é possível com a correta compreensão da teoria geral do direito civil. A realidade em permanente e acelerada transformação exige do direito privado soluções justas e equilibradas, mediante a harmonização entre o pensamento sistemático e o pensamento tópico[2] tão necessário no direito privado contemporâneo, desafiado pela sociedade hipercomplexa (também denominada sociedade de risco[3] ou sociedade de consumo,[4] expressões compreensivas da nova realidade social contemporânea).

Estes novos desafios do direito privado exigem do direito civil, desde seus legisladores, a seus intérpretes, aplicadores e demais estudiosos, uma nova postura com relação à teoria geral e, desde o ponto de vista normativo, com a Parte Geral do Código Civil. Sabe-se que a definição de uma Parte Geral é resultado – como Fernando Azevedo bem observa[5] – da preocupação sistemática e científica dos pandectistas alemães que, no século XIX, desenvolveram suas bases em seguida incorporadas no texto do BGB de 1896.[6]

A rigor, aliás, a técnica legislativa do BGB, instrumentalizada pelas cláusulas gerais que desde logo permitiram a abertura do sistema normativo a influências extra-sistemáticas, permitiu uma contínua atualização do texto normativo em vista das novas realidades vivencia-

---

[2] CANARIS, Claus Wilhelm. *Pensamento sistemático e conceito de sistema na ciência do direito*. 2ª ed. Trad. A. Menezes Cordeiro. Lisboa: Fundação Calouste Gulbenkian, 1996, p. 271.

[3] Assim a expressão adotada por: BECK, Ulrich. *La sociedad de riesgo global*. Trad. Jesus Alborés Rey. Madrid: Siglo Veinteuno de España Editores, 2002.

[4] Conforme o instigante e conhecido trabalho de BAUDRILLARD, Jean. *A sociedade de consumo*. Trad. Artur Morão. Lisboa: Edições 70, 2007.

[5] Ensina o Professor Fernando Azevedo, neste trabalho, que "na Alemanha, o caminho para a construção de uma Teoria Geral do Direito Civil e, consequentemente, para a criação do *BGB* (1900), teve início, no século XIX, com a chamada *Escola Histórica* e seu expoente maior, o jusfilósofo Savigny. Segundo a Escola Histórica o direito é fruto das tradições e costumes de um povo (os institutos jurídicos) e não da vontade criadora do legislador. O ato de legislar serviria apenas para reconhecer aquilo que a sociedade já tivesse experenciado em suas relações sócio-culturais. Este pensamento recebeu a adesão de outros jusfilósofos que reformularam suas idéias a abriram caminho para novas construções teóricas. Dentre esses adeptos ao pensamento de Savigny, encontramos Puchta, Ihering (em sua primeira fase) e Windscheid, considerado o grande expoente da *Escola Pandectista Alemã*, cuja proposta foi decisiva para a construção da Teoria Geral do Direito Civil na Alemanha e para a criação do *BGB*."

[6] Neste sentido, veja-se: MARQUES, Claudia Lima. Cem anos de Código Civil alemão: o BGB de 1896 e o Código Civil brasileiro de 1916. *Revista dos Tribunais*, v. 741, São Paulo: RT, p. 11-37.

das pela sociedade. Abriu-se a técnica legislativa da parte geral a um reconhecido poder moderador do juiz, o qual, embora também presente no sistema francês a partir da aplicação e das incompletudes do *Code Napoléon* (o qual não contava com uma parte geral), desenvolveu-se a partir das exigências do caso.[7]

Dedica-se a obra de Fernando Azevedo ao estudo da teoria geral do direito civil, considerando a profunda modificação da teoria em vista da vigência de um novo Código Civil brasileiro de 2002. É certo que, de modo distinto de outros processos codificatórios, a nova lei não traduz uma uniformidade política-ideológica, em vista da longa trajetória temporal, e às distintas influências na sua elaboração.[8] Da mesma forma, nasceu, já no século XXI, sob o significativo impacto que a Constituição de 1988 produziu sobre todo o direito privado. Assim como deve ter em consideração a evolução legislativa, doutrinária e jurisprudencial sem precedentes, estabelecidas pelo reconhecimento dos novos direitos, e em especial, da interpretação e aplicação das normas presentes nos microssistemas do Código de Defesa do Consumidor, do Estatuto da Criança e do Adolescente e em outros diplomas normativos, como a Lei da União Estável, que promoveram significativas mudanças no direito privado brasileiro.

Neste sentido, é inspiradora a visão do autor, com a qual compartilho, de que a leitura da teoria geral do direito civil e do direito privado como um todo deve ser realizada em vista da Constituição e dos direitos fundamentais. Esta visão ampliada e renovada das relações jurídicas de direito civil constitui a resposta genuína aos desafios postos pela crise pela qual passa a parte geral do direito civil, como sintoma da crise de toda a lógica patrimonialista que presidiu a afirmação do direito civil clássico.

Ora, a parte geral em sua concepção tradicional está em crise.[9] A noção de pessoa, os direitos personalíssimos, a compreensão clássica da definição de pessoa jurídica, a noção de direito subjetivo, todos são institutos em relação aos quais a realidade dos fatos e as exigências éticas e finalísticas da sociedade atual estão a exigir novas respostas da doutrina e da jurisprudência. Da mesma forma, no direito das obrigações fala-se de crise da teoria contratual e, mesmo de uma nova crise do contrato.[10] A responsabilidade civil observa o avanço da responsabiliza-

---

[7] LASSERRE-KIESOW, Valérie. *La technique législative. Étude sur les Codes Civis Français et Allemand*. Paris: LGDJ, 2002, p. 383 *et seq.*

[8] TEPEDINO, Gustavo. Crise de fontes normativas e técnica legislativa da parte geral do Código Civil de 2002. In: TEPEDINO, Gustavo (Org.). *A parte geral do novo Código Civil*. Rio de Janeiro: Renovar, 2002, p. XVIII.

[9] LORENZETTI, Ricardo Luis. *Fundamentos do direito privado*. Trad. Véra Maria Jacob de Fradera. São Paulo: RT, 1998, p. 60.

[10] Neste sentido, veja-se, na França, o livro organizado por Denis Mazeaud e Cristophe Jamin: MAZEAUD, Denis; JAMIN, Cristophe. *La nouvelle crise du contrat*. Paris: Dalloz, 2003. No direito brasileiro, remeto a meu texto, publicado em coletânea sobre o tema: MIRAGEM, Bruno.

ção objetiva, vivenciando, de modo duradouro, o ocaso da culpa.[11] Nos direitos reais a funcionalização da propriedade,[12] e no direito de família a redefinição do conceito de família, assim como o papel do afeto, a proteção da criança e do adolescente, a igualdade entre os cônjuges e o reconhecimento do direito à diferença[13] provocam mudanças profundas nas concepções tradicionais sobre as quais se assenta o direito civil.

Fernando Azevedo propõe, em suas *Lições*, esta visão construtiva de um novo direito civil, a partir da leitura de seu texto normativo de modo vinculado às diretrizes estabelecidas pela Constituição, reconhecendo a importância e eficácia dos direitos fundamentais, assim como a necessidade de proteção da confiança. Na linha do entendimento de Miguel Reale,[14] observa a pessoa humana como valor fonte do Direito, ou seja, que este deve observar, antes de tudo a função de proteção e promoção dos interesses da pessoa humana.[15]

Para tanto, Fernando Azevedo propõe o exame da teoria geral do direito civil como teoria geral da relação jurídica (Capítulo 2). A proposição segue a linha do que sugere, em direito português, o célebre trabalho de Manuel A. Domingues de Andrade,[16] seguido por outros grandes mestres civilistas.[17] Outras poderiam ser as abordagens propostas, como a teoria da situação jurídica,[18] que tem no direito pátrio a defesa de Torquato Castro,[19] ativo participante da Comissão redatora do Anteprojeto do Código Civil. Mas, de fato, não resta dúvida de que a teoria da relação jurídica é a que encontra maior aceitação em direito brasileiro, e cuja sistematização, como ensina Fernando Azevedo, é resultado da tradição e nossa civilística, desde a contribuição de Teixeira de Freitas, ainda no século XIX.

E para explicar de modo didático e com absoluta correção da teoria da relação jurídica, o autor desta obra transita com segurança e am-

---

Função social do contrato, boa-fé e bons costumes: nova crise dos contratos e a reconstrução da autonomia negocial pela concretização das cláusulas gerais. In: MARQUES, Claudia Lima (Org.) *A nova crise do contrato*. São Paulo: RT, 2007, p. 176-225.

[11] Veja-se a respeito: CALIXTO, Marcelo Junqueira. *A culpa na responsabilidade civil. Estrutura e função*. Rio de Janeiro: Renovar, 2008.

[12] GODINHO, André Osório. Função social da propriedade. In: TEPEDINO, Gustavo (Coord.) *Problemas de direito civil constitucional*. Rio de Janeiro: Renovar, 2000, p. 1-16.

[13] Neste sentido, vejam-se, dentre outros: LÔBO, Paulo Luiz Neto. Famílias. São Paulo: Saraiva, 2008; e DIAS, Maria Berenice. *Manual do direito das famílias*. 3ª ed. São Paulo: RT, 2006.

[14] REALE, Miguel. *A nova fase do direito moderno*. 2· ed. São Paulo: Saraiva, 1998, p. 59 et seq.

[15] CASTAN TOBEÑAS, José. *Los derechos del hombre*. 2· ed. Madrid: Reus, 1976, p. 64-65; e TRIGEAUD, Jean-Marc. La persone. *Archives de Philosophie du Droit*, Paris, v. 34, p. 103-121, 1989.

[16] ANDRADE, Manuel A. Domingues de Andrade. *Teoria geral da relação jurídica*, 2v. 8ª reimpressão. Coimbra: Almedina, 1998.

[17] MOTA PINTO, Carlos Alberto. *Teoria geral do direito civil*. 3ª ed. Coimbra: Coimbra Editora, 1996, p. 167 *et seq*.

[18] ROUBIER, Paul. *Droits subjectifs et situations juridiques*. Paris: Dalloz, 1963.

[19] CASTRO, Torquato. *Teoria da situação jurídica em direito privado nacional*. São Paulo: Saraiva, 1985, p. 50.

plo conhecimento sobre os ensinamentos de Pontes de Miranda – nosso maior jurista –, assim como não se furta de examinar a problemática da sistematização de fenômenos novos em nossso sistema, como o dos direitos transindividuais. Reconhece, a este propósito, a insuficiência das explicações teóricas tradicionais, razão pela qual identifica a necessidade da adoção de uma visão pós-moderna ou pós-positivista para sua adequada compreensão.

De tudo o que se percebe, esta pequena grande obra alia, ao mesmo tempo, um caráter didático bem demarcado, com o aprofundamento de questões centrais da teoria geral do direito civil. Nada menos se poderia esperar de seu autor, um dos principais representantes da reconhecida Escola de Direito de Pelotas, capitaneada pela histórica Faculdade da Universidade Federal (UFPEL). Estão de parabéns, portanto, o autor, Prof. Fernando Azevedo, e seus alunos, assim como a comunidade jurídica gaúcha, brindada com esta valiosa contribuição, associada à necessária e bem-vinda renovação do direito privado brasileiro.

Porto Alegre, janeiro de 2008.

Prof. Dr. Bruno Miragem

Doutor e Mestre em Direito pela UFRGS.
Especialista em Direito Civil e em Direito Internacional Privado pela UFRGS.
Professor de Direito Civil da Escola Superior da Magistratura do
Rio Grande do Sul e do Centro Universitário Ritter dos Reis (UNIRITTER)
Professor dos Cursos de Pós-Graduação *Lato Sensu*
de UFRGS, UNISINOS, PUC, FMP e UNICEUB.
Vice-Presidente Nacional do Instituto Brasileiro de
Política e Direito do Consumidor – BRASILCON.

Sumário

Apresentação 17

Capítulo 1 – Uma introdução necessária à teoria geral do Direito Civil

1. O saber científico e o saber tecnológico no ensino do Direito 19

   1.1. O estudo jurídico de ordem científica e o discurso
jurídico de ordem tecnológica 19

   1.2. O Direito Público e o Direito Privado: análise dos três
critérios distintivos 24

   1.3. O ensino dogmático (tecnológico) e o ensino científico
do Direito Civil 26

2. A Teoria Geral do Direito Civil: origem, evolução história e
pressupostos jurídico-filosóficos 31

   2.1. Origem da Teoria Geral do Direito Civil: a Escola Pandectista Alemã
e o formalismo conceitual no século XIX 31

   2.2. O processo de formação do Direito Civil Brasileiro e do
Código Civil de 1916 35

   2.3. O Código Civil de 2002: a influência do pensamento jurídico
e filosófico de Miguel Reale 39

      2.3.1. O direito como experiência cultural 42

      2.3.2. A ontognoseologia e seu objetivo maior: o conhecimento
conjetural 42

      2.3.3. As invariantes axiológicas: a pessoa humana como
valor-fonte do direito 45

      2.3.4. Os três princípios estruturantes (ou diretrizes fundamentais)
do Código Civil de 2002 46

   2.4. A Constitucionalização do Direito Civil e o surgimento dos
Microssistemas Jurídicos 50

Capítulo 2 – A teoria geral do direito civil como teoria geral da relação jurídica

1. A Relação Jurídica 55

   1.1. A Parte Geral do Código Civil: razão de ser, elementos 55

   1.2. A relação jurídica como resultado da eficácia normativa (incidência)
e como realização da eficácia jurídica (produção de efeitos) 59

   1.3. Os elementos constitutivos da relação jurídica 61

1.4. Teoria Positivista (ou Moderna) da Relação Jurídica (Objeto) e Teoria Pós-Positivista (ou Pós-Moderna) da Relação Jurídica 63

1.5. Características da Relação Jurídica 68

1.6. As principais inovações e alterações da Parte Geral do CC/02 70

2. As Pessoas como Sujeitos das Relações Jurídicas 72

2.1. Das Pessoas Naturais: Início da personalidade e graus de capacidade 72

2.2. Das Pessoas Naturais: fim da personalidade e estado de ausência 76

2.3. Das Pessoas Naturais: atos jurídicos sujeitos a registro e à averbação públicos 77

2.4. Das Pessoas Naturais: seus direitos da personalidade 78

2.5. Das Pessoas Naturais: regras gerais sobre domicílio 81

2.6. Das Pessoas Jurídicas: noção, teorias e classificação geral 83

2.7. Das Pessoas Jurídicas: início e fim da personalidade 85

2.8. Das Pessoas Jurídicas de Direito Público Interno: responsabilidade civil objetiva 87

2.9. Das Pessoas Jurídicas: a desconsideração da personalidade jurídica 88

2.10. Das Pessoas Jurídicas: seus direitos da personalidade 89

2.11. Das Pessoas Jurídicas: regras gerais sobre domicílio 89

3. Os Bens como Objetos das Relações Jurídicas 91

3.1. Bens jurídicos e bens patrimoniais 91

3.2. Dos bens considerados em si mesmos 92

3.3. Dos bens reciprocamente considerados 97

3.4. Dos bens públicos 99

3.5. Dos bens comercializáveis e fora do comércio 100

4. Os Fatos Jurídicos como Pressupostos das Relações Jurídicas 101

4.1. O fato jurídico como pressuposto (condição) para a existência da relação jurídica 101

4.2. A classificação geral dos fatos jurídicos na dogmática do Direito Civil 102

4.3. Os planos da existência, validade e eficácia dos fatos jurídicos 106

4.4. Os negócios jurídicos: análise dos seus elementos de existência 109

4.5. Classificação dos negócios jurídicos 111

4.6. Requisitos de validade dos negócios jurídicos 111

4.7. Interpretação dos negócios jurídicos 114

4.8. Da representação nos negócios jurídicos 118

4.9. Da modulação dos negócios jurídicos: condição, termo e encargo 120

4.10. Dos defeitos e da invalidade dos negócios jurídicos 124

4.11. Dos atos jurídicos lícitos: o art. 185, CC/02 129

4.12. Dos atos ilícitos: o ato jurídico ilícito *stricto sensu* (art. 186, CC/02) .. 130

4.13. Dos atos ilícitos: o abuso de direito como ato jurídico ilícito (art. 187, CC/02) 133

4.14. Dos atos ilícitos: as excludentes da ilicitude (art. 188, CC/02) 135

4.15. A prescrição e a decadência como fatos jurídicos que extinguem relações jurídicas 136

4.16. A violação do direito, a pretensão e a prescrição 136

4.17. A decadência e os direitos potestativos 137

4.18. As pretensões e os direitos potestativos não sujeitos à prescrição e à decadência 138

4.19. A distinção entre prescrição, preclusão e perempção 139

4.20. As principais diferenças entre os prazos prescricionais e decadenciais 139

Referências bibliográficas 141

Apresentação

A presente obra destina-se, em especial, aos estudantes de graduação dos cursos e faculdades de Direito. O objetivo principal do livro não é o de produzir um comentário minucioso das normas jurídicas que compõem a Parte Geral do Código Civil de 2002 (o chamado Código Reale), mas sim, apresentar algumas considerações (*lições*) sobre a Teoria Geral do Direito Civil, a partir de dois momentos.

Em primeiro lugar, sob o título *Uma introdução necessária à Teoria Geral do Direito Civil,* apresento algumas reflexões a respeito da natureza científica do saber jurídico transmitido nos cursos de graduação e pós-graduação, bem como nos cursos preparatórios às carreiras jurídicas. A preocupação, nesse ponto, é estabelecer uma distinção entre um conhecimento comprometido com uma *verdade científica* (conhecimento científico do direito) e um conhecimento comprometido com a produção de conceitos/interpretações operacionais, capazes de dar solução aos conflitos sociais (conhecimento tecnológico ou dogmático do direito).

A seguir, analiso os aspectos históricos, os traços de formação da Teoria Geral do Direito Civil na Europa e sua recepção no Brasil para a formação do Código Civil de 1916, onde tem destaque o trabalho de Augusto Teixeira de Freitas. Encerrando o primeiro momento, apresento algumas considerações sobre o processo de formação do *novo* Código Civil, a partir da análise dos postulados jurídico-filosóficos do seu mentor, professor Miguel Reale, bem como sobre a experiência jurídica do século XX, de *perda da centralidade do Código Civil* em detrimento das normas constitucionais (a *Constitucionalização do Direito Civil)* e outras leis infraconstitucionais de âmbito mais específico (os *microssistemas jurídicos).*

Em segundo lugar, sob o título *A Teoria Geral do Direito Civil como Teoria Geral da Relação Jurídica,* busco centrar o estudo da Parte Geral do Código Civil no conceito jurídico fundamental da *relação jurídica* a partir da análise dos seus pressupostos (norma e fato jurídicos), elementos constitutivos (sujeitos e objetos) e características fundamentais. Tenho também a preocupação de apresentar, com base nas lições de parcela da doutrina, a necessidade de se pensar a relação jurídica dentro de uma concepção *pós-moderna*, que leve em conta as modificações sentidas pelo direito no século XX, em especial, as de *socialização* e *repersonalização* do Direito Privado.

Por fim, faço uma análise dos três Livros que compõem a Parte Geral do Código Civil de 2002, onde estão previstas as normas gerais sobre os sujeitos (Livro I – Das Pessoas), os objetos (Livro I – Das Pessoas – arts. 11 a 21 – bens jurídicos extrapatrimoniais; Livro II – Dos Bens – bens jurídicos patrimoniais) e os pressupostos (Livro III – Dos Fatos Jurídicos) de qualquer relação jurídica no campo do Direito Civil.

É meu desejo que esse livro possa atingir o objetivo proposto, fornecendo àqueles que estão iniciando o curso de Direito (ou que buscam um aprimoramento dos conhecimentos já vistos) algumas reflexões de ordem científica e dogmática, necessárias à formação de um competente operador jurídico.

Pelotas, novembro de 2007.

O autor

Capítulo 1

Uma introdução necessária à teoria geral do Direito Civil

1. O saber científico e o saber tecnológico no ensino do Direito

1.1. O estudo jurídico de ordem científica e o discurso jurídico de ordem tecnológica

Quando afirmamos que existe uma Ciência do Direito, estamos supondo que o direito, enquanto objeto dessa ciência, pode ser analisado a partir de certos conhecimentos concebidos dentro de um conjunto de saberes organizados – sistematizados segundo determinado método de abordagem – e referentes e determinadas premissas (princípios) que lhes dão sentido e sustentação enquanto *verdades científicas*.[1]

As ciências nasceram na era moderna a partir do paradigma antropocêntrico, segundo o qual o homem é o centro de sua própria existência e, por meio de sua razão, pode conhecer e explicar os fenômenos que o rodeiam. Sendo assim, o cientificismo está baseado

---

[1] Segundo o professor Miguel Reale: "O Direito também se funda em *princípios,* uns de alcance universal nos domínios da Lógica Jurídica, outros que se situam no âmbito de seu 'campo' de pesquisa, princípios estes que são de importância, não apenas no plano da Lógica normativa, mas também para a prática da advocacia (...) Não há ciência sem princípios, que são verdades válidas para um determinado campo de saber, ou para um sistema de enunciados lógicos. Prive-se uma ciência de seus princípios, e tê-la-emos privado de sua substância lógica, pois o Direito não se funda sobre normas, mas sobre os princípios que as condicionam e as tornam significantes (...) É claro que no âmbito da experiência jurídica há *princípios plurivalentes,* comuns à Jurisprudência e às demais ciências sociais, assim como *princípios omnivalentes,* isto é, inerentes a toda e qualquer forma de conhecimento. O certo é que, tanto no Direito, como nas demais ciências, o trabalho da inteligência se desenvolve através destas três ordenações, que são os *tipos,* as *leis* e os *princípios,* de cuja relação resulta a unidade do sistema. Não existe ciência sem certa unidade sistemática, isto é, sem entrosamento lógico entre as suas partes componentes" (REALE, Miguel. *Filosofia do Direito.* 19ª ed. São Paulo: Saraiva. 2000, p. 60-63). Com efeito, observa o eminente jusfilósofo que "A Ciência do Direito, ou Jurisprudência, caracteriza-se como estudo sistemático de preceitos já dados, postos perante o intérprete (administrador, advogado ou juiz) como algo que ele deve apreender ou reproduzir em suas significações práticas, a fim que determinar o âmbito da conduta lícita ou as conseqüências resultantes da violação das normas reveladas ou reconhecidas pelo Estado" (*Idem,* p. 304).

LIÇÕES DE TEORIA GERAL DO DIREITO CIVIL

no método empírico, segundo o qual um conhecimento a respeito de determinado fenômeno, físico ou psíquico, só pode ser qualificado como verdadeiro se tiver passado por um criterioso processo de observação (análise do fenômeno em busca da comprovação sobre a hipótese) e demonstração (comprovação de que a hipótese formulada pelo cientista corresponde à realidade).

Do positivismo filosófico de Comte ao positivismo científico em geral[2] chegou-se à supremacia do método experimental em detrimento da metafísica. Ou seja: a verdade só pode ser apresentada pelas ciências, pois o homem só pode ter acesso ao conhecimento verdadeiro pelo método empírico, não sendo possível considerar como verdade a metafísica, insuscetível de demonstração por meio da observação.

Esse pensamento foi absolutamente incorporado, no século XIX, pela recém criada Ciência do Direito, que se apresentou como Ciência Positiva, afastando quaisquer especulações sobre o chamado direito natural, o qual só voltou à cena no século seguinte.[3] Podemos afirmar que o paradigma positivista, no século XIX, alicerçou a construção, não apenas das ciências naturais, como também das ciências sociais ou humanas, a exemplo da Ciência do Direito.[4] No século XX, Hans Kelsen, com sua *Teoria Pura do Direito*, apresentou a tese de uma ciência jurídica autônoma em relação às outras ciências sociais. Para Kelsen, o cientista do direito deveria ter, como única preocupação, explicar, segundo um princípio fundamental metodológico, o que *é* o direito (o direito como objeto) e não o que este *dever ser* (o direito como ideal de justiça). Para tanto, a ciência jurídica deveria centrar sua análise na *norma jurídica*, vista em suas relações de validade com outras normas do sistema jurídico, sem levar em consideração aspectos "não-jurídicos", como os fatos econômicos, políticos, históricos (objeto de estudo da economia, sociologia, história etc.) e os valores morais (objeto de estudo da filosofia).[5]

---

[2] WIEACKER, Franz. *História do Direito Privado Moderno*. 2ª ed. Lisboa: Calouste Gulbenkian, 1967, p. 493.

[3] Sobre o retorno da discussão a respeito do direito natural na primeira metade do século XX, é oportuno analisar o texto do grande jusfilósofo italiano Giorgio Del Vecchio sobre os *princípios gerais do direito* como princípios de direito natural (DEL VECCHIO, Giorgio. *Princípios Gerais do Direito*. Belo Horizonte: Líder. 2003).

[4] No capítulo 2 deste trabalho (item 2.1) trataremos a respeito do positivismo na chamada Escola Pandectista.

[5] KELSEN, Hans. *Teoria Pura do Direito*. 4ª ed. São Paulo: Martins Fontes. 1994, p. 01-66; 79-122. Para uma melhor compreensão a respeito da obra do jusfilófoso austríaco, v. COELHO, Fábio Ulhoa. *Para entender Kelsen*. 4ª ed. São Paulo: Saraiva.2001.

Atualmente, como afirma Fábio Ulhoa Coelho,[6] tem-se a conclusão segundo a qual "Nenhum dos projetos de construção da ciência jurídica mostrou-se frutífero (...) A frustração do projeto kelseniano resulta inquestionável quando se percebe que *nenhum* estudioso do direito, no mundo todo, segue exatamente o preconizado pela Teoria Pura do Direito (...) O projeto cientificista das ciências humanas está, hoje, desprestigiado (...) Na filosofia do direito, alguns autores abandonam a reflexão sobre o método científico de investigação do *verdadeiro* significado das normas jurídicas e abrem trilhas novas no emaranhado da discussão epistemológica. Ensaiam, por assim dizer, uma ruptura anticientificista".

Assim sendo, pretendemos fazer uma pequena reflexão a respeito de um tema por demais relevante sobre o estudo do direito. Com efeito, é inegável que existe um conjunto de saberes organizados (sistematizados) a respeito do direito, e referentes a determinadas premissas ou princípios gerais. Nesse sentido, poderíamos falar em Ciência (ou *Ciências*) a respeito de um objeto chamado Direito.[7] Contudo, entendemos que há uma outra gama de saberes jurídicos os quais, segundo o modo como são aprendidos e transmitidos, não têm a finalidade de apresentar uma *verdade*, mas, são somente, uma interpretação ou opinião.[8]

Por isso, e na esteira daqueles que questionam a certeza da "cientificidade" desses saberes jurídicos,[9] podemos afirmar que nem

---

[6] COELHO, Fábio Ulhoa. *Curso de Direito Civil – v. 1*. São Paulo: Saraiva. 2003, p. 4-5.

[7] Segundo Eros Roberto Grau "O direito *não é uma ciência*. O direito é estudado e descrito; é, assim, tomado como *objeto* de uma ciência, a chamada ciência do direito. Essa a primeira verificação que cumpre sublinhar: o direito não é uma ciência, porém o objeto de uma ciência. O direito é normativo. O direito não descreve; o direito prescreve. Ainda quando um texto normativo *descreve* uma coisa, estado ou situação, é *prescritivo*. Ele descreve para prescrever que aquela é a descrição do que cogita. A ciência que o estuda e descreve não é, no entanto, normativa. É, enquanto ciência, descritiva. (...) A ciência do direito produz enunciados sobre o seu objeto, isto é, produz enunciados sobre o direito. Sucede que não há apenas *uma* ciência do direito, porém um conjunto de ciências do direito. Assim, entre as ciências do direito encontramos a Filosofia do Direito, a Teoria Geral do Direito, a História do Direito, a Sociologia do Direito, a Dogmática Jurídica ou Jurisprudência teórica" (*O direito posto e o direito pressuposto*. 5ª ed. São Paulo: Malheiros. 2003, p. 36-37).

[8] Seguindo o raciocínio de Eros Grau, diríamos que são saberes cuja finalidade não é a de *descrever* o direito, mas sim, a de *prescrevê-lo* a partir de certos juízos de valor (*interpretações*). Assim sendo, não podem ser chamados de saberes científicos, pois não descrevem em busca de uma verdade, mas interpretam e prescrevem para obter uma decisão a respeito da realidade social. Trata-se, como veremos a seguir, do chamado *discurso tecnológico* ou *dogmático* (a dogmática jurídica) que, *data maxima venia*, entendemos não ter natureza científica, ao contrário do entendimento apresentado pelo eminente jurista Eros Grau.

[9] FERRAZ JR., Tercio Sampaio. *Direito, Retórica e comunicação – Subsídios para uma pragmática do discurso jurídico*. 2ª ed. São Paulo: Saraiva. 1997, p. 147-153. Afirma, pois, o autor: "Costuma-se, de modo geral, entender a Ciência do Direito como um 'sistema' de conhecimentos sobre a 'realidade jurídica' (...) Quanto ao caráter científico da Ciência do Direito, encontramos, comumente, a afirmação de que se trata de conhecimentos 'sistematizados', isto é, metodicamente

tudo o que se aprende nas faculdades de direito e nos cursos preparatórios para as carreiras jurídicas é um conhecimento científico. Podemos dizer que existem duas maneiras de estudar a aprender o direito: 1) de forma científica; 2) de forma tecnológica ou dogmática.

Em outras palavras, existe aquele saber jurídico a respeito das razões pelas quais determinada sociedade, num específico momento de sua história, produziu certas normas jurídicas, e não outras (História do Direito). Existe ainda o saber jurídico que explica o modo como ocorre a juridicização dos fatos sociais a partir do fenômeno da incidência da norma jurídica (Lógica Jurídica). Nesses casos, os saberes jurídicos têm natureza *científica*, são integrantes de uma Ciência do Direito, pois existe a preocupação com a demonstração de uma verdade no campo do conhecimento.

Entretanto, há um conjunto de saberes jurídicos que não busca a comprovação da verdade científica, mas apenas a produção de interpretações de natureza operacional, isto é, pensamentos cujo objetivo principal é apresentar uma *opinião* sobre a realidade vivida – que não é, necessariamente, verdadeira ou falsa – a fim de estabelecer uma interpretação da norma jurídica capaz de *solucionar* os

---

obtidos e comprovados. A 'sistematicidade' é, portanto, argumento para a cientificidade. Entende-se, com isso, uma atividade ordenada segundo princípios próprios e regras peculiares, vez ou outra procurando uma identidade com as chamadas 'ciências da natureza'. Quanto a essa identidade, que foi efetivamente buscada sobretudo no século XIX, a experiência histórica demonstrou a grande dificuldade dessa pretensão. Ela conduziu o jurista a cuidar apenas das questões lógico-formais dos fenômenos jurídicos, deixando de lado o seu conteúdo empírico e axiológico. Na verdade, essa possibilidade de fundar-se a Ciência do Direito nunca chegou a realizar-se. A atividade 'científica' do civilista, do comercialista, do constitucionalista sempre foi, de fato, para além daqueles estritos limites. A tentação, por sua vez, ao evitar-se o rígido 'formalismo', de fazer da Ciência do Direito uma ciência empírica nos moldes da Sociologia ou da Psicologia, também não chegou a consagrar-se"(*Idem*, p. 147 e 149). Com efeito, entende o jusfilósofo que é possível o estudo do direito pelo método *dogmático*, isto é, como o ensino *normativo* e *interpretativo*. Normativo, porque se estabelece a partir da *norma jurídica*, embora não se confunda com a proposta científica de Kelsen (o *normativismo jurídico*) apresentada em sua obra *Teoria Pura do Direito*. E interpretativo, porque deve levar em conta "a captação da norma na sua *situação concreta*", isto é, deve ter "(...) por tarefa interpretar textos e situações e eles referidas, tendo em vista uma finalidade prática" (*Idem*, p. 150). E conclui: "A finalidade prática domina aí a tarefa interpretativa. Esta se distingue de atividades semelhantes das demais ciências humanas, na medida em que a intenção básica do jurista não é *simplesmente* compreender um texto, como faz, por exemplo, um historiador, isto é, estabelecer-lhe o sentido e o movimento no seu contexto, mas também determinar-lhe 'a força e o alcance pondo-o em presença dos dados atuais de um problema' " (*Idem, ibidem*). Em outros termos, se for possível afirmar que existe, de fato, uma Ciência do Direito, ela deve reunir então esses dois elementos, o *normativo* e o *interpretativo*. Contudo, não será jamais uma ciência nos moldes das demais, isto é, das ciências da natureza (Química, Física, Biologia etc.) e das demais ciências sociais e humanas (Psicologia, Sociologia, História, etc.), pois não há, como veremos a seguir, a preocupação maior com a solução dos conflitos pela descoberta de uma *verdade científica*, mas sim, a preocupação em apresentar uma *solução* que seja capaz de por fim, ou equilibrar, os conflitos sociais e humanos existentes na sociedade em geral.

conflitos sociais e estabelecer a *ordem*.[10] Nesse caso, o saber jurídico não tem natureza científica, e sim *tecnológica* ou *dogmática*. Trata-se de um *discurso tecnológico (ou dogmático) sobre o direito*.[11]

Concluindo, podemos dizer que o conhecimento científico sobre o direito está preocupado, e tem condições de demonstrar, a verdade/falsidade de suas hipóteses; já o conhecimento tecnológico sobre o direito está preocupado em produzir conceitos e classificações de natureza operacional, segundo toda uma argumentação retórica, a fim de dar ao estudioso e profissional jurídico uma ferramenta para solucionar os conflitos de interesse, isto é, para dar uma solução a esses conflitos.[12]

---

[10] Considero de leitura obrigatória o *Capítulo I* da obra *Iniciação na Ciência do Direito*, do eminente jusfilófoso Goffredo Telles Júnior. Com efeito, o Professor Emérito da Universidade de São Paulo discorre a respeito da *Ordem e da Desordem*, afirmando, à luz das idéias do filósofo Henri Bergson, que a *desordem* é, de fato, apenas uma outra ordem, porém não desejada por alguns (*Iniciação na Ciência do Direito*. São Paulo: Saraiva. 2001, p. 6-11). Essa reflexão, no campo do direito, é extremamente significativa, principalmente porque permite vislumbrar, por detrás dos textos legais, uma *ordem ética* ou *de interpretação de valores* por parte daqueles que recebem da sociedade o poder para produzir o direito legislado segundo a idéia que façam a respeito do que a sociedade entende como bom ou mau, justo ou injusto. Nesse sentido, observa o professor Telles Júnior: "A *ordem*, também, pode ser *normal* ou *anormal*. São *normais*, as ordens ajustadas a padrões e modelos assentes, condizentes com as concepções dominantes sobre o que deve ou não deve ser feito (...) o *normal* e o *anormal* não podem ser considerados como qualidades absolutas. O *normal* é *normal* relativamente ao sistema de convicções tido como dominante; mas o *anormal* é, muitas vezes, *normal*, relativamente a um sistema de convicções que hoje ainda não é o sistema dominante, mas que amanhã poderá vir a sê-lo" (*Idem*, p. 18). Assim, p. ex., no sistema de convicções dominante à época da criação do Código Civil de 1916 a única forma de se constituir legalmente uma família era o *casamento* e os contratos firmados não admitiam qualquer possibilidade de revisão, fazendo *lei entre as partes (pacta sunt servanda)*. Hoje, porém, no sistema de convicções dominante que inspirou a criação do Código Civil de 2002, é reconhecida legalmente como família – a *união estável* – a união informal entre homem e mulher reconhecida por sentença judicial – assim como a idéia da força obrigatória dos contratos deve ser limitada pela idéia da *função social do contrato* e da *boa-fé objetiva*.

[11] Observa Fábio Ulhoa Coelho que "(...) não existe – esta é a premissa de qualquer esforço anticientificista no campo do saber jurídico – uma *verdadeira* interpretação da norma jurídica capaz de excluir as demais interpretações, as *falsas*. Existem interpretações *mais ou menos justas, mais ou menos adequadas à pacificação social, mais ou menos eficientes do ponto de vista econômico, mais ou menos repudiadas pelos doutrinadores e julgadores (...)*. Se for razoavelmente convincente, utilizando-se dos recursos argumentativos aceitos pela comunidade jurídica, o estudioso estará construindo conhecimento *tecnológico*. A doutrina é essencialmente tecnológica, embora vez por outra arrisque-se o doutrinador a alguma ciência" (*Op. cit.*, p. 6). Luiz Antônio Rizzatto Nunes, discorrendo sobre o que denomina Ciência Dogmática do Direito, afirma que o conhecimento produzido por essa ciência "(...) quer no momento pedagógico da investigação, quer no momento prático e profissional da aplicação, é dirigido ao fim explícito da decisão [Assim] ao contrário das ciências cuja investigação repousa em enunciados verdadeiros, cujo critério de verdade surge da adequação de suas proposições, que examinam, e põem o problema com as provas – teóricas ou práticas – das hipóteses elencadas para solucioná-lo, na Ciência Dogmática do Direito a investigação repousa no critério da opinião (...) Por isso, pode-se dizer que Ciência Dogmática do Direito não busca a verdade – ainda que trabalhe com o conceito de evidência e com critérios relativos a ele" (RIZZATTO NUNES, Luiz Antônio. *Manual de Introdução ao Estudo do Direito*. 4ª ed. São Paulo: Saraiva. 2002, p. 49-55).

[12] FERRAZ JR., Tercio Sampaio. *Op. cit.*, p. 57 e ss.

O quadro esquemático a seguir é capaz de tornar claro que acabamos de dizer:

Exemplo de conhecimento científico sobre o direito: quais as razões históricas (políticas, econômicas e sociais) que fizeram surgir o movimento consumerista e a conseqüente proteção jurídica dos consumidores no Brasil?[13]

Exemplo de conhecimento tecnológico (ou dogmático) sobre o direito: qual a interpretação que devemos dar ao art. 2º do Código de Defesa do Consumidor para a definição jurídica de consumidor enquanto *destinatário final* de produtos e serviços? O CDC regula qualquer ato de consumo ou apenas aquele que não se destine a revenda?[14]

1.2. O Direito Público e o Direito Privado: análise dos três critérios distintivos

A matéria a respeito da distinção entre o Direito Público e o Direito Privado não possui tanto efeito prático quanto didático, ou seja, sua utilidade está em melhor compreender a organização do direito positivo, segundo determinados critérios de classificação. Para Fábio Ulhoa Coelho,[15] as classificações fazem parte do conhecimento tecnológico, pois servem para melhor instrumentalizar a ação do intérprete e aplicador do direito, além do que não estão sujeitas a uma exata verificação de verdade/falsidade dos seus enunciados. Sendo assim, conhecimento tecnológico a respeito da distinção entre o direito público e o direito privado baseia-se em *três critérios* classificatórios: o *subjetivo*, o *objetivo* e o *axiológico*.

Pelo critério *subjetivo*, leva-se em conta *as pessoas que participam da relação jurídica, em especial, a pessoa do Estado*. Se o ente público figura como um dos pólos da relação jurídica, então podemos dizer que o direito objetivo (norma ou ordenamento) que disciplina essa mesma relação pertence ao Direito Público. Ao contrário, se a relação jurídica for entre particulares (todos os sujeitos de direito, exceto o Estado (entes federativos) e as autarquias), então o direito objetivo que discplina esse tipo de relação pertence ao Direito Privado.

Pelo critério *objetivo*, analisa-se a *extensão do interesse tutelado pelas normas pertencentes ao ramo jurídico*. Desta forma, se o Direito

---

[13] Veja, a propósito, SODRÉ, Marcelo Gomes. *Formação do Sistema Nacional de Defesa do Consumidor*. São Paulo: Revista dos Tribunais. 2007, p. 23-147 (Capítulos 1 e 2).

[14] Veja, a propósito, RIZZATTO NUNES, Luiz Antônio. *Curso de Direito do Consumidor*. 2ª ed. São Paulo: Saraiva. 2005, p. 71-83.

[15] COELHO, Fábio Ulhoa. *Curso (...)*, p. 7-8.

Privado consiste no conjunto de normas jurídicas disciplinadoras de interesses meramente individuais – sejam entre pessoas jurídicas de direito privado ou entre pessoas físicas – o Direito Público disciplina interesses que transcendem o âmbito dos primeiros.[16] Por fim, o critério *axiológico* leva em conta o *valor fundamental* protegido por cada ramo jurídico. No caso do Direito Privado, o valor fundamental é o da *liberdade*. Já no Direito Público, protege-se o valor da *segurança*.[17]

Como estamos analisando um conhecimento tecnológico (sua função, repita-se, é solucionar determinado conflito de idéias ou de interesses por meio de uma decisão), é necessário que admitamos a insuficiência dos três critérios classificatórios para a demarcação do que é privado e do que é público no direito. O critério subjetivo é falho, uma vez que o Estado pode agir como um particular (p. ex., quando explora determinada atividade econômica ou serviço público mediante pagamento de tarifa pelo consumidor-usuário)[18]

---

[16] Com efeito, Fábio Ulhoa Coelho observa que "(...) o regime de direito priado funda-se na *igualdade* entre as pessoas; ou seja, se os sujeitos *privados* são iguais do ponto de vista econômico, terão as mesmas prerrogativas e restrições jurídicas; e, se diferentes, o mais fraco receberá prerrogativas jurídicas que neutralizam sua debilidade econômica (e o torne, por assim dizer, 'igual' ao mais 'forte'). Já no regime de direito público alicerça-se na *desigualdade:* ao Estado e suas atuarquias (pessoas de direito público) são concedidas prerrogativas jurídicas, negadas às pessoas de direito privado, porque lhes cabe zelar por interesses mais importantes que os titularizados" (*Idem*, p. 14). No campo do conhecimento tecnológico a respeito do direito privado, temos a distinção doutrinária entre os âmbitos de aplicação, no terreno contratual, do Código Civil (relação contratual entre iguais) e do Código de Defesa do Consumidor (relação contratual entre diferentes). Assim sendo, embora encontremos, no CDC, um dirigismo contratual muito mais intenso do que no Código Civil, o fato é que ambos os diplomas legais fazem parte do direito privado. Devemos salientar, contudo, a autonomia do Direito do Consumidor em relação ao Direito Civil, o que não impede, mas antes possibilita, o *diálogo* entre as duas *fontes normativas*. Para sabe mais a respeito dessas relações entre o Código Civil e o Código de Defesa do Consumidor. v. MARQUES, Cláudia Lima [et. al.] *Comentários ao Código de Defesa do Consumidor*. São Paulo: Revista dos Tribunais. 2003, p. 24-52.

[17] Segundo Fábio Coelho "(...) a classificação de acordo com o valor fundamental traduz-se, por exemplo, na forma pela qual opera a legalidade. Note que a obediência à lei exige-se de todos e de cada um, qualquer que seja o ramo jurídico a aplicar. Mas é diferente o modo pelo qual essa obediência se expressa. Explico, é preceito assente na tecnologia de direito administrativo que o Estado só pode fazer o que estiver autorizado em lei (Mello, 1980:36/37). Ao contrário dos particulares, que podem fazer tudo que não estiver proibido por lei. Em outros termos, o Estado obedece a lei se pratica atos nela previstos, e os particulares obedecem-na quando não fazem o que nela se proíbe (...) Em síntese, o direito público, com vistas a prestigiar o valor fundamental da segurança, elege como um de seus princípios a indisponibilidade do interesse público (a vontade do Estado é o direito positivado na Constituição, lei, decreto e demais normas jurídicas). A seu turno, o direito privado assenta-se no princípio da autonomia da vontade (a faculdade outorgada aos particulares de auto-regularem seus interesses), em homenagem ao valor fundamental da liberdade. Em decorrência, o direito público é pleno de normas *cogentes*, aquelas cuja aplicação independe da vontade dos sujeitos envolvidos; enquanto no direito privado, predominam as normas *supletivas*, aplicáveis apenas se os sujeitos envolvidos não manifestarem vontade a respeito do objeto do conflito" (*Idem*, p. 15).

[18] É verdade que, atualmente, o Estado vem delegando para a iniciativa privada a prestação desses serviços, e passa a assumir apenas o papel de gestor (fiscalizador) dessa prestação. Sobre o tema, v. AZEVEDO, Fernando Costa de. *Defesa do Consumidor e Regulação – A Participação*

ou determinadas pessoas jurídicas de direito privado podem ser investidas de prerrogativas próprias do regime de direito público (ex: empresas concessionárias de rodovias).

O critério objetivo também falha na medida em que certos interesses, ditos transindividuais (habitação, meio ambiente, certos direitos dos consumidores etc.), são considerados privados, quando sua essência é, indiscutivelmente, de direito público.[19] Por fim, o critério axiológico também é falho porque não consegue explicar (estabelecer a verdade), p. ex., certas restrições ao princípio da autonomia da vontade (Direito Privado) em relações jurídicas que envolvem sujeitos com igual potência econômica.[20]

Enfim, a classificação entre Direito Público e Privado, por ter natureza dogmática (não científica), não se presta a verificações de verdade/falsidade, mas isso não impede que possa ser utilizada pelos estudantes, professores e profissionais jurídicos para a operacionalização do sistema como um todo.[21]

1.3. O ensino dogmático (tecnológico) e o ensino científico do Direito Civil

É possível ensinar o Direito Civil (bem como qualquer ramo jurídico) de modo dogmático e de modo científico. Em geral, quando nos debruçamos sobre uma lei no esforço de entender seu significado e alcance através de uma interpretação *histórica*,[22] estamos aprendendo (ou produzindo) um conhecimento de natureza científica, pois há compromisso com a busca de verificação da verdade a respeito daquilo que se estuda. Se procuramos saber, p. ex., a respeito das razões que motivaram o legislador a consagrar no direito

---

dos Consumidores Brasileiros no Controle da Prestação de Serviços Públicos. Porto Alegre: Livraria do Advogado. 2002, p. 49-64.

[19] Veja que o Direito do Consumidor incide sobre relações de consumo com contornos de direito privado (relação entre fornecedor e consumidor-indivíduo – art. 2º, *caput* e 17 do CDC) e sobre relações de consumo com contornos de direito público de natureza transindividual (relação entre fornecedor e consumidor-coletividade – arts. 2º, parágrafo único; e 29 do CDC).

[20] O exemplo é de Fábio Ulhoa Coelho: ". para atender às necessidades do tratamento tributário da operação, o contrato de *leasing* não pode ser amplamente negociado, mesmo entre dois grandes empresários, e não há dúvidas de que o regime aplicável na disciplina das relações entre estes é de direito privado" (*Curso...*, p. 17).

[21] *Idem,* p 18.

[22] "Dentre as várias técnicas de interpretação, vale a pena ainda citarmos a histórica, que é a que se preocupa em investigar os antecedentes da norma: como ela surgiu; por que surgiu; quais eram as condições sociais do momento em que ela foi criada; quais eram as justificativas do projeto; que motivos políticos levaram à sua aprovação etc. " (RIZZATTO NUNES, Luiz Antônio. *Op. cit.*, p. 258).

positivo brasileiro o instituto da *união estável,* poderemos chegar ao seguinte entendimento:

"Aos poucos, no entanto, a começar pela legislação previdenciária, alguns direitos da concubina foram sendo reconhecidos, tendo a jurisprudência admitido outros, como o direito à meação dos bens adquiridos pelo esforço comum. A realidade é que o julgador brasileiro passou a compreender que a ruptura de longo concubinato, de forma unilateral ou por mútuo consentimento, acabava criando uma situação extremamente injusta para um dos concubinos, porque em alguns casos, por exemplo, os bens amealhados com o esforço comum haviam sido adquiridos somente em nome do varão. Por outro lado, havia o conflito entre o regime de bens que prevalecia em muitos países da Europa, que é o legal da separação, e o da comunhão de bens, vigorante então entre nós, ficando a mulher desprovida de qualquer recurso, em benefício de parentes afastados do marido, em caso de falecimento de imigrantes (...) As restrições existentes no Código Civil [1916] passaram a ser aplicadas somente aos casos de *concubinato adulterino,* em que o homem vivia com a esposa e, concomitantemente, mantinha concubina. Quando, porém, encontrava-se separado de fato da esposa e estabelecia com a concubina um relacionamento *more uxório,* isto é, de marido e mulher, tais restrições deixavam de ser aplicadas, e a mulher passava a ser chamada de companheira".[23]

A afirmação feita pelo professor e desembargador paulista Carlos Roberto Gonçalves tem cunho científico (não-dogmático), pois repousa sobre fatos ou situações cuja prova de veracidade é perfeitamente verificável a partir de um estudo atento da nossa jurisprudência, a qual passou a reconhecer a experiência social efetivamente vivida no Brasil. A positivação legal da união estável, segundo o professor Gonçalves, foi reflexo da prática dos nossos juízes de direito e tribunais. Tudo isso é realmente verdade, pois pode ser perfeitamente comprovado pela observação dos fatos. Por essa razão, podemos afirmar que o Direito Civil, nesse aspecto, está sendo analisado de forma científica.

---

[23] GONÇALVES, Carlos Roberto. *Direito Civil Brasileiro – v. VI.* São Paulo: Saraiva.2005, p. 531-533.

Se, no entanto, buscamos realizar a interpretação de uma norma jurídica do Código Civil a respeito do instituto da *união estável* (art. 1.723),[24] poderemos encontrar a produção do seguinte raciocínio:

"Por se tratar de modo de constituição de família que se assemelha ao casamento, apenas com a diferença de não exigir a formalidade da celebração, a união estável só pode decorrer de relacionamento entre pessoas de sexo diferente. A doutrina considera da essência do casamento a heterossexualidade e classifica na categoria de ato inexistente a união entre pessoas do mesmo sexo".[25]

Neste exemplo, o comentário da doutrina tem natureza tecnológica (dogmática), pois se destina a instrumentalizar determinadas decisões jurídicas para os casos concretos. Veja que o autor afirma ser a união entre pessoas do mesmo sexo um ato *inexistente*. Ora, cientificamente essa afirmação está incorreta, pois todos sabemos que, independentemente do que determina a lei, *existem* relações e uniões homossexuais na sociedade com quase todas as características de uma união estável heterossexual exigidas pelo próprio art. 1.723 (convivência pública e duradoura e estabelecida com o objetivo de constituir família). Quer dizer, a observação da realidade comprova (cientificamente) que existem uniões estáveis entre pessoas do mesmo sexo. Entretanto, essas uniões não gozam dos efeitos legais previstos na legislação civil e, para que se tenha um critério decisório sobre o tema, afirma-se que o ato é *(juridicamente) inexistente* .

Ora, por que isso ocorre? A resposta é simples. Porque o *fatos de legislar, existir* e *incidir*[26] exigem, do intérprete e aplicador do direito, um *ato decisório* mediante determinados *juízos de valor* sobre os fatos sociais. Por isso é que a lei afirma que a união estável é a união entre *um homem e uma mulher.*[27] Mas essa afirmação (que é um mandamen-

---

[24] Art. 1723, CC: "É reconhecida como entidade familiar a união estável entre o homem e a mulher, configurada na convivência pública, contínua e duradoura e estabelecida com o objetivo de constituição de família".

[25] *Idem,* p. 543.

[26] As expressões são apresentadas por Pontes de Miranda: "A regra jurídica é norma com que o homem, ao querer subordinar os fatos a certa ordem e a certa previsibilidade, procurou distribuir os bens da vida. Há o fato de legislar, que é edictar a regra jurídica; há o fato de existir, despregada do legislador, a regra jurídica; há o fato de incidir, sempre que ocorra o que ela prevê e regula" (PONTES DE MIRANDA, Francisco Cavalcanti. *Tratado de Direito Privado – Tomo I.* 4ª ed. São Paulo: Revista dos Tribunais. 1983, p. 3). Observe que o eminente jusfilósofo afirma ser função essencial do direito *subordinar* os fatos a uma ordem normativa. Isso significa que o direito trabalha com os fatos sociais e os molda (juridiciza e atribui efeitos) segundo determinados juízos de valor. E para quê? Para decidir questões sociais, e não para apresentar a verdade desses mesmos fatos.

[27] É claro que existe o critério hierárquico, segundo o qual a lei não pode contrariar a Constituição. Sendo assim, a redação do art. 1723, CC (que dispõe ser a união estável um vínculo

to normativo e, portanto, imperativo) não é uma verdade científica, uma vez que a própria jurisprudência brasileira já tem decidido, a despeito do art. 1.723, pela declaração da união estável entre casais homossexuais, baseando-se numa interpretação do sistema jurídico constitucional que proíbe a discriminação (art. 3º, I e IV c/c art. 5º, *caput*, CF/88).

Em suma: o Direito Civil pode ser analisado de forma científica (quando se questiona, p. ex., sobre as razões da existência de uma norma jurídica) ou de forma tecnológica ou dogmática (quando se analisa o comentário doutrinário a respeito de uma determinada norma jurídica). Nas faculdades de direito e nos cursos preparatórios para as carreiras jurídicas, o ensino das disciplinas técnicas (Direito Civil, Direito Penal, Direito Constitucional, Direito Processual etc.) costuma ser estritamente tecnológico, pois essas matérias são ministradas, regra geral, a partir do método de leitura e explicação dos artigos da lei ou Código, sendo que, em alguns casos, o professor não apresenta exemplos concretos relacionados à abstração da norma, limitando-se a uma mera (re)leitura da proposição jurídica com suas palavras.[28]

---

heterossexual), está em consonância com o art. 226, § 3º, da CF/88. Contudo, a própria norma constitucional é resultado de um ato decisório frente a diversas alternativas possíveis. A decisão, no ato de legislar (assim como no de interpretar a aplicar o direito) sempre vai levar em conta juízos de valor, pelos quais o agente de poder (constituinte, legislador ordinário, juiz etc.) tomará sua decisão. Isso não significa que a norma espelhe exatamente a verdade a respeito da sociedade (caso contrário, diríamos que efetivamente não existem uniões homossexuais na sociedade, mas apenas heterossexuais). Aliás, é justamente pelo fato de que existem uniões entre dois homens ou entre duas mulheres que o constituinte e o legislador ordinário deixaram expresso a opção (decisão) pela união heterossexual como a única capaz de receber os benefícios (efeitos) jurídicos do direito positivo.

[28] É possível dizer ainda que a postura dos alunos é, não raras vezes, muito *passiva* diante da exposição do professor em sala de aula, ainda que o método por ele utilizado apresente o recurso do exemplo extraído da realidade cotidiana. Esse aparente desinteresse do aluno pode ter, como causa, um componente pessoal (problemas familiares, profissionais ou de outra natureza) uma natural antipatia pela disciplina ministrada (nem todos os alunos gostam de Direito Penal, assim como nem todos gostam de Direito Civil etc.) ou ainda a falta de habilidade do professor para comunicar o conteúdo da disciplina a partir do seu discurso. Segundo o professor Tercio Sampaio Ferraz Jr.: "Todo discurso, ocorrendo numa situação comunicativa, constitui uma discussão. Mas nem por isso todo discurso deve ser considerado dialógico. Aquele discurso em que o ouvinte aparece como *não* habilitado para uma intervenção ou como não interessado ativamente nela revela-se como *monológico* (...) A atitude passiva do ouvinte não significa, é verdade, que ele não esteja ali, que não exista ouvinte, mas o seu comportamento não se reveste das mesmas qualidades ativas de que goza no discurso dialógico. Sua atitude é, em princípio, da *theorós*, a que nos referimos, isto é, daquele que assiste ao espetáculo sagrado (...) A posição do ouvinte no discurso monológico, tendo em vista a situação comunicativa e em oposição ao diálogo, pode ser considerada como *abstrata*, isto é, sua subjetividade desaparece enquanto individualidade, a sua adesão ao discurso parece suspensa, não existe expectativa de reação ativa. Por isso, a sua presença pode ser abstraída, no sentido de que o ouvinte se desfaz na universalidade do auditório" (*Op. cit.*, p. 24). Existem, contudo, experiências pedagógicas bem sucedidas no sentido de romper com o discurso *monológico* em sala de aula. Veja, a respeito, CARLINI, Angélica Luciá. Aprendizagem baseada em

Mas é preciso deixar claro que o conhecimento tecnológico (dogmático) não é ruim. Muito pelo contrário, ele é absolutamente necessário para a capacitação profissional do estudante de direito, seja na graduação, no pós-graduação ou nos cursos preparatórios para as carreiras jurídicas. Além disso, a dogmática cumpre seu papel na medida em que o profissional jurídico deve ser promotor da justiça a partir do manejo com os instrumentais legais de que dispõe. E essa promoção da justiça passa pela necessidade de um ato decisório, sob pena dos conflitos sociais persistirem e não haver ordem social.[29]

De todo exposto, percebemos que o estudo do direito estará no *bom caminho* quando houver o esforço de conciliar os saberes científico e tecnológico (dogmático), pois são, sem dúvida alguma, formas de conhecimento complementares e indispensáveis à formação do intérprete a aplicador do direito.[30]

---

problemas aplicada ao ensino de direito do consumidor: reflexões teóricas e breve relato de uma experiência. In: *Revista de Direito do Consumidor n. 62*. São Paulo: Revista dos Tribunais. Abril-junho/2007, p. 11-39.

[29] Para Tercio Sampaio Ferraz Jr.: "Conflitos são alternativas incompatíveis, mas que, além disso, pedem uma *decisão*. Há, pois, questão conflitiva quando, diante de uma alternativa incompatível, defrontamo-nos com um problema de decisão. Entendemos por *decisão* um 'modo de comportamento que pode trazer consigo graves sanções'. Isso significa que uma decisão não implica uma *eliminação*, embora permita uma *solução* do conflito" (*Idem.*, p. 42). No mesmo sentido, o professor Luiz Antônio Rizzatto Nunes: "A eficiência das outras ciências é medida pelo resultado da investigação, que, encontrando a solução, resolve e põe fim ao problema. Na Dogmática Jurídica, nota-se igualmente sua eficiência pelo fato de ela pôr fim a um problema, mas decidindo e não solucionando. É eficiente porque põe fim ao conflito decidindo: põe fim à dúvida pelas alternativas de ação, optando por uma das alternativas. Em ambos os casos orientada por um cálculo de custo/benefício. Sua pretensão é obter o máximo de eficiência com um mínimo de perturbação social" (*Idem.*, p. 55-56).

[30] Assim sendo, se por um lado não se pode ensinar o direito apenas pela análise da letra fria das leis e Códigos, por outro, deve-se atentar para o risco de um aprendizado exclusivamente dogmático do direito, desvinculado de uma necessária compreensão da realidade social e humana. Em geral, as disciplinas do primeiro ano (Introdução ao Estudo do Direito, Filosofia do Direito, Sociologia Jurídica, Economia, Ciência Política etc.) se prestam a essa função de despertar o estudante para uma compreensão do direito, não apenas como fenômeno normativo, mas também como fenômeno social e axiológico (moral). Infelizmente, a grande maioria dos estudantes não valoriza as disciplinas propedêuticas, devido à pouca idade (imaturidade) – que leva a uma expectativa com relação às disciplinas técnicas do segundo ano, onde será possível (finalmente!) "manusear" os Códigos, sendo isso o mais importante no imaginário da maioria dos alunos – e à falta de preparo intelectual (atualmente, é cada vez maior o número de estudantes que ingressam nos cursos de direito sem o hábito da leitura. Para o professor, essa deficiência se reflete no momento da correção das provas, onde são encontrados erros graves de ortografia, gramática, pontuação e concordância. O problema (ou a culpa), porém, sabemos, não é apenas do aluno, mas do sistema educacional como um todo que necessita ser tratado com mais atenção pelos governos federal, estaduais e municipais.

2. A Teoria Geral do Direito Civil: origem, evolução história e pressupostos jurídico-filosóficos

2.1. A origem da Teoria Geral do Direito Civil: a Escola Pandectista Alemã e o formalismo conceitual no século XIX

O Direito Civil, nos países europeus que adotaram o sistema jurídico conhecido como *civil law* (supremacia do direito escrito sobre o costumeiro), possui dois paradigmas clássicos: o *Code Civil* (Código Civil Francês)[31] e o *BGB* (Código Civil Alemão).[32] A linha do tempo que separa os dois diplomas é de aproximadamente um século (o código francês foi concebido no final do século XVIII e início do século XIX, e o código alemão, no final do século XIX e início do século XX). E podemos mesmo afirmar que existem muitas diferenças entre os dois diplomas, marcadas por razões de ordem política, econômica e social, as quais não podem receber a necessária atenção neste trabalho. Entretanto, é possível traçar um paralelo entre os dois sistemas jurídicos civis naquilo que eles têm de comum e que contribuiu para a difusão do processo de codificação nos demais países do ocidente, dentre os quais o próprio Brasil.[33]

---

[31] Segundo Orlando Gomes: "O Código francês procurou harmonizar o Direito Romano com o Direito Público costumeiro, sem preocupação de originalidade, tendo-se inspirado, principalmente, na obra de Domat e Pothier. Em essência, rendia homenagem à doutrina dos direitos do homem, colocava o indivíduo frente ao Estado em posição superior e sancionava a autonomia do Direito Privado em relações com o Direito Público (...) Seu espírito reflete a mentalidade individualista da época, tendo servido ao desenvolvimento das forças produtivas nascentes". (GOMES, Orlando. *Introdução ao Direito Civil*. 18ª ed. Rio de Janeiro: Forense. 2001, p. 63-64).

[32] " O *BGB* revela uma preocupação obsessiva pelo tecnicismo, quer na ordenação sistemática, quer na terminologia. Por esse aspecto, tem feição singular, aplaudida pela doutrina, por facilitar a interpretação, com o afastar controvérsias e eliminar ambigüidades. Na sua elaboração, é sensível à influência do Direito Romano, embora algumas partes se baseiem em instituições alemãs (...) o *BGB* não atingiu as bases econômicas e sociais da vida civil, conservando-se como Código nitidamente capitalista, informado, embora, por princípios filosóficos de um individualismo menos liberal do que o francês, devido, possivelmente, às modificações do espírito popular alemão salientado pelos germanistas, além, à evidência, das condições históricas e psicológicas nas quais foi trabalhado" (*Idem*, p. 65-66).

[33] É interessante notar que o nosso Código Civil de 1916 foi inspirado no *Code Civil* e na doutrina francesa. Clóvis Beviláqua, seu mentor, era adepto, p. ex., da doutrina monista (ou unitária) sobre os atos jurídicos, isto é, não distinguia atos jurídicos de negócios jurídicos. No Código

Na França, o surgimento do *Code Civil* (1804) foi responsável pela criação da chamada Escola de Exegese, que pregava a interpretação literal do Código, visto como um sistema fechado de normas capaz de dar respostas para todas as situações da vida social. Acreditava-se que o Código, concebido à luz dos princípios do direito natural, de natureza imutável e universal, deveria ser o modelo de codificação para todos os demais países do globo.[34]

Na Alemanha, o caminho para a construção de uma Teoria Geral do Direito Civil e, conseqüentemente, para a criação do *BGB* (1900), teve início, no século XIX, com a chamada *Escola Histórica* e seu expoente maior, o jusfilósofo Savigny.[35] Segundo a Escola Histórica o direito é fruto das tradições e costumes de um povo (os institutos jurídicos), e não da vontade criadora do legislador. O ato de legislar serviria apenas para reconhecer aquilo que a sociedade já tivesse experenciado em suas relações socioculturais. Este pensamento recebeu a adesão de outros jusfilósofos que reformularam suas idéias a abriram caminho para novas construções teóricas. Dentre esses adeptos ao pensamento de Savigny, encontramos Puchta,[36] Ihering (em sua primeira fase)[37] e Windscheid,[38] considerado o gran-

---

atual, encontramos nitidamente a influência da doutrina dualista, de formação alemã, que inspirou, no BGB (1900), a distinção entre atos e negócios jurídicos. Sobre o tema, v. GONÇALVES, Carlos Roberto. *Direito Civil Brasileiro – v. I.* São Paulo: Saraiva. 2003, p. 283-284.

[34] Quanto ao método de interpretação e aplicação da lei, Rizzatto Nunes observa que "(...). a tese dos exegetas, da concretização da competência exclusiva para legislar no Legislativo, reduziu o direito à lei. E também reduziu a função do intérprete e do julgador a uma função mecânica, de lógica dedutiva. Sendo a lei a única fonte das decisões jurídicas, a resolução de um problema dar-se-ia, então, na conclusão de um silogismo, no qual a premissa maior seria a lei, a premissa menor seria o enunciado do fato concreto apresentado como problema a se solucionar, e a conclusão corresponderia à resolução do problema. A função judicial teria, assim, uma concepção mecânca, como um processo lógico-dedutivo de subsunção do fato concreto à determinação abstrata da lei (...) O exegeta atinha-se a uma interpretação literal do texto da lei, tentando daí extrair a vontade do legislador" (*Op. cit.*, p. 41).

[35] Para uma compreensão do pensamento de Savigny, v. LARENZ, Karl. *Metodologia de Ciência do Direito.* 3ª ed. Lisboa: Calouste Gulbenkian, 1997, p. 9-19.

[36] *Idem*, p. 21-29.

[37] *Idem*, p. 29-33.

[38] *Idem*, p. 33-44. No pensamento de Windsheid, há um elemento novo em relação aos trabalhos de Puchta e Savigny. Trata-se da atenção que aquele dá a "vontade do legislador" como critério hermenêutico necessário a todo aquele que queira aplicar corretamente os conceitos legais. Sobre o tema, escreve Larenz: "Preso assim à concepção de SAVIGNY e de PUCHTA, WINDSCHEID vê o Direito como algo histórico e simultaneamente racional; já não entende, contudo, a razão tão objectivamente como eles (...) mas subjectivametne, como a 'vontade racional' do legislador (...) Segundo WINDSCHEID, a interpretação da lei deve determinar o sentido que 'o legislador ligou às palavras por ele utilizadas' (...) exige que o intérprete se coloque no lugar do legislador e execute o seu pensamento, para o que deve tomar em consideração que as circunstâncias jurídicas que foram presentes no seu espírito quando ditou a lei, quer os fins prosseguidos pelo mesmo legislador" (*Op. cit.*, p. 35-36). Sabemos, hoje, que o critério da 'vontade do legislador' encontra-se totalmente superado. Devemos buscar, no dizer do mestre Goffredo Telles Jr., o *espírito da lei* (*Iniciação na Ciência do Direito.* São Paulo:

de expoente da *Escola Pandectista Alemã*,[39] cuja proposta foi decisiva para a construção da Teoria Geral do Direito Civil na Alemanha e para a criação do *BGB*.

Com efeito, podemos dizer que os alemães, desde Savigny, abandonaram a construção filosófica a respeito do direito natural (de característica universal e imutável), mas mantiveram a idéia de sistema própria do jusnaturalismo racionalista.[40] Todas as correntes que se seguiram, a partir de então, podem ser enquadradas dentro de um *formalismo jurídico* ou, no caso específico de Windscheid e da *Escola Pandectista*, de um positivismo legal racionalista inspirado na chamada "Jurisprudência dos Conceitos" de Puchta.[41]

Para Willis Santiago Guerra Filho,[42] o positivismo legalista[43] ou o *formalismo conceitual do século XIX* (no qual está inserida a *Escola Pandectista Alemã*) apresenta as seguintes características: " 1º) a ordem jurídica passa a ser vista como um sistema fechado e pleno, com autonomia e independência perante a realidade social, uma

---

Saraiva. 2001, p. 366) e não a vontade de um sujeito histórico que, por essa razão, se mantém sempre presa ao passado.

[39] GUERRA FILHO, Willis Santiago. *Teoria da Ciência Jurídica*. São Paulo: Saraiva.2001, p. 33.

[40] "Uma noção muito cara para a moderna metodologia das ciências é a de "sistema". Em Direito, o termo aparece já no século XVIII com o Movimento do Direito Racional Jusnaturalista, surgido sob o influxo das meditações cartesianas, fundamentalmente da concepção de ciência vigente nos tempos modernos. "Sistema", conforme se entendia à época, coincidia com a idéia geral que se tem de um todo funcional composto de partes relacionadas entre si e articuladas de acordo com um princípio comum (...) O século XIX traz à baila a chamada Escola Histórica, a qual emprega pela primeira vez a expressão "ciência do direito". Nesse momento, instaura-se o confronto que serve de orientação às mais diversas teorias jurídicas aparecidas desde então. Trata-se da oposição entre a concepção sistemática, de caráter formal-dedutivo, representada pelo jusnaturalismo racionalista, e aquela que acentua a inserção histórica e social do Direito, que determina a busca do jurídico onde ele se dê concretamente, ou seja, na experiência jurídica dos povos" (*Idem*, p. 31-32). E ainda: "A idéia de sistema consubstanciou na ciência jurídica uma herança de doutrina do Direito Natural. Mas ela tinha as suas raízes profundas na filosofia do idealismo alemão" (LARENZ, Karl. *Op. cit.*, p. 21). No mesmo sentido, WIEACKER, Franz. *Op. cit.*, p. 491.

[41] O Jurisprudência dos Conceitos surgiu a partir das idéias de Savigny (LARENZ, Karl. *Op. cit.*, p. 19.). Entretanto, ao contrário de Savigny, que era contrário à sistematização do direito em códigos escritos (GUERRA FILHO, WIlis Santiago. *Op. cit.*, p. 32), Puchta entendia que o direito deveria ser visto como um sistema legal (a lei como algo essencial) que informaria ao intérprete todo o direito positivo a partir de uma construção fechada de conceitos abstratos, sem uma necessária relação com a dinâmica dos fatos e dos valores morais de uma sociedade.

[42] *Op. cit.*, p. 33.

[43] António Menezes Cordeiro, no prefácio da edição portuguesa da obra de Claus-Wilhelm Canaris,, aponta as insufiências do positivismo legalista (formalismo jurídico conceitual) reinantes no século XIX na Europa, em especial, na Alemanha: 1- A incapacidade do positivismo de lidar com as lacunas jurídicas; 2- A incapacidade de lidar com os conceitos jurídicos indeterminados e outras normas de textura aberta; 3- A incapacidade de dar respostas para a questão relativa à existência de normas *injustas* (CANARIS, Claus-Wilhelm. *Pensamento Sistemático e Conceito de Sistema na Ciência do Direito*. 2ª ed. Lisboa: Calouste Gulbenkian. 1996, p. XX – XXIV)

realidade *a se*, portanto; 2°) Não há lacunas no ordenamento jurídico, por ser sempre possível a subsunção lógica a princípios ou conceitos devidamente construídos; 3°) A atividade judicial de aplicação do Direito é 'automática', por ser escrava dessa subsunção silogística. 4°) O ensino jurídico torna-se um treino de manejo de conceitos desvinculados de realidade prática; 5°) O isolamento e a especialização técnica da elaboração jurídica, excluindo a consideração de outra ordem qualquer, terminam por favorecer a manutenção do *status quo*, protegendo-o dos embates ideológicos e sociais".

Do mesmo modo, Franz Wieacker:[44] "Uma vez que o positivismo científico [de onde provém o formalismo jurídico conceitual] deduz o direito exclusivamente a partir do sistema, dos conceitos e dos princípios geralmente reconhecidos da sua ciência, daqui resultam algumas conseqüências muito importantes. Ei-las: a) Uma dada ordem jurídica constitui um sistema fechado (i.e., autónomo e coerente) de instituições e normas e, por isso, independente da realidade social das relações da vida reguladas por essas instituições e normas. Admitindo isto, é em princípio possível decidir correctamente todas as situações jurídicas apenas por meio de uma operação lógica que subsuma a situação real à valoração hipotética contida num princípio geral de carácter dogmático (e implícito também nos conceitos científicos) (...) b) O sistema do positivismo científico é um sistema fechado; ele exige, de acordo com o seu próprio conceito, a *plenitude (...)* ".

Seja como for, é inegável que a *pandectística alemã* cumpriu um importante papel não apenas teórico, mas também prático (diríamos, político) no contexto da Alemanha do século XIX. No que toca ao aspecto político, observa Wieacker[45] que: "Na situação especial da Alemanha de então, coube também à pandectística uma missão no âmbito da prossecução da unidade política nacional. No particularismo jurídico que persistia durante a Liga Alemã e nos primeiros tempos do Império de Bismarck, ela garantiu a unidade da dogmática jurídica, do ensino do direito e da jurisprudência científica e, para além disto, do domínio de vigência do direito comum. Ela antecipou, assim, a unidade jurídica do Código Civil".

Quanto ao aspecto teórico, sabemos que os pandectistas alemães puseram em prática a idéia de Savigny, segundo a qual a Ciência do Direito deveria ser construída a partir de um trabalho de sistematização de suas fontes. No caso especial da Alemanha, a "matéria-prima" dessa sistematização, pelos pandectistas, foram as fontes do

[44] *Op. cit.*, p. 494-497.
[45] *Op. cit.*, p. 505.

Direito Romano. Podemos dizer assim que a principal contribuição da Escola Pandectista para a construção do Direito Privado Alemão foi, justamente, esse trabalho de sistematização e atualização dos institutos jurídicos do Direito Romano para a realidade alemã do século XIX. Sem esse trabalho, talvez não fosse possível construir uma Teoria Geral do Direito Civil e o próprio Código Civil alemão no fim daquele mesmo século.[46]

Aliás, a idéia de construir um Código Civil dotado de uma Parte Geral contendo princípios e regras aplicáveis aos livros da Parte Especial advém dos pandectistas alemães. Portanto, ao menos nesse aspecto, o Código Civil brasileiro de 1916 foi influenciado pelo trabalho da Escola Pandectista.[47]

2.2. O processo de formação do Direito Civil Brasileiro e do Código Civil de 1916

No Brasil, o processo de formação do Direito Civil deve ser analisado de forma conjunta com a formação histórica do próprio país. Nesse passo, seguiremos os ensinamentos do mestre Pontes de Miranda.[48] Sendo assim, encontramos, na primeira fase, o *Brasil-Colônia* e o sistema de capitanias hereditárias (1534 – 1822). Essa fase não tem interesse para a nossa análise sobre o Direito Civil brasileiro, visto que nem sequer éramos um Estado Independente.[49]

O segundo momento apresenta-nos o Brasil enquanto Estado independente de Portugal (1822 – mais precisamente, 1824 com a

---

[46] LARENZ, Karl. *Op. cit.,* p. 21. É obra dos pandectistas alemães a construção de uma *Teoria Geral do Negócio Jurídico*, desconhecida, como já afirmamos, dos juristas franceses. O trabalho dos pandectistas não surtiu efeitos apenas na Alemanha. Wieacker relata que países como a Suíça, Áustria, Hungria, Grécia, Bélgica, Itália, Rússia e outros países escandinavos sofreram a influência das idéias dos pandectistas, que se refletiram, em alguns desses países, na criação de suas Codificações Civis (*Op. cit.,* p. 506-507).

[47] Como bem observa o Ministro Ruy Rosado de Aguiar Júnior: "(...) o nosso Código Civil de 1917 [refere-se ao ano da sua entrada em vigor] recebeu o influxo no Direito germânico em mais de uma passagem, principalmente ao contemplar uma parte geral, inexistente no Código de 1804 [refere-se ao Código francês] e ao adotar a idéia de negócio jurídico, e não a dos atos jurídicos, conforme a tradição francesa. Isso se deve à Escola de Recife e ao gênio de Tobias Barreto, que estudou e difundiu o Direito alemão, especialmente no nordeste (de onde é originário Clóvis Bevilaqua) e no Rio Grande do Sul, que compôs os seus primeiros quadros da magistratura e do magistério jurídico com bacharéis do Recife" (AGUIAR JÚNIOR, Ruy Rosado de. Contratos nos Código Civis francês e brasileiro. In: *Revista do CEJ n. 28*. Brasília. Janeiro-março de 2005, p. 06).

[48] PONTES DE MIRANDA, Francisco Cavalcanti. *Fontes e Evolução do Direito Civil Brasileiro*. 2ª ed. Rio de Janeiro: Forense. 1981, p. 65-78.

[49] *Idem*, p. 65-66.

LIÇÕES DE TEORIA GERAL DO DIREITO CIVIL

outorga da Primeira Constituição Brasileira[50]). Nesse período, que vai até o ano de 1916, o direito civil brasileiro era constituído por diversas fontes,[51] dentre as quais se destacavam as Ordenações Filipinas.[52]

Quanto às *tentativas de codificação* ocorridas no século XIX, tivemos: 1- a proposta de Euzébio de Queiróz a respeito da adoção do Digesto Português como Código Civil;[53] 2 – a proposta de um trabalho preliminar de consolidação das leis civis vigentes até então no Brasil, para só depois realizar a construção de um Código Civil.[54]

A idéia da consolidação das leis civis foi aceita pelo governo imperial que, em 1855, confiou ao jurista baiano Augusto Teixeira de Freitas,[55] a tarefa de realizar essa consolidação, e que foi concluída em 1857, reunindo todos os elementos legislativos vigentes de 1603 a 1857.[56] O sucesso da *Consolidação*[57] fez com que Teixeira de Freitas

---

[50] Dispunha o art. 179, XVII da Constituição Imperial: "Organizar-se-á, quanto antes, um Código Civil e um Criminal, fundado nas sólidas bases da justiça e da eqüidade". O comentário de Pontes de Miranda à expressão "quanto antes" foi o seguinte: "Quanto antes? Muito se demorou, felizmente". *(Idem,* p. 66). O jurista refere-se ao fato de que a demora possibilitou a oportunidade de Teixeira de Freitas apresentar, quase quarenta anos depois, a *Consolidação das Leis Civis* e o *Esboço do Código Civil.*

[51] As Fontes do Direito Civil Brasileiro até o Código Civil de 1916: "As ordenações filipinas, o direito romano, leis, decretos, alvarás e cartas régias, resoluções de consultas, assentos da Casa de Suplicação, avisos, portarias, regulamentos, regimentos, estatutos, instruções, estilos e praxe, forais, concordatas, tratados, leis de outros povos e analogia" *(Idem,* p. 76).

[52] Destaca-se, nesse período, a criação da Lei de 20/10/1823, que estatuiu que vigorassem no Brasil as Ordenações Filipinas, Leis e Decretos promulgados pelos Reis de Portugal até 25 de abril de 1821, enquanto não fosse organizado um novo Código ou não fossem especialmente alterados *(Idem,* p. 66).

[53] *Idem,* p. 79.

[54] *Idem,* p. 79-80.

[55] Comentário de Pontes de Miranda sobre Teixeira de Freitas: "(...) foi, no século XIX, o gênio do direito civil na América. A *Consolidação das Leis Civis,* cujas notas são magníficas fontes de doutrina, e o *Esboço do Código Civil* representam o que de melhor se tinha, em direito civil, em toda a América. Foi o inspirador dos Códigos civis americanos que apareceram dpois de 1860 e – se bem que superior ao Código Civil de 1916 – foi esse projeto malogrado para o Brasil e bem sucedido fora dele, na Argenmtina, no Uruguai, no Paraguai (...) Teixeira de Freitas, com o muito que leu, com o raciocínio poderoso que o distinguiu de todos, o gosto de tratar as relações jurídicas como 'objetos', realismo jurídico de que nasceram a *Consolidação* e o *Esboço*" *(Idem,* p. 63). O professor Orlando de Carvalho, da Faculdade de Direito da Universidade de Coimbra, também tece os merecidos elogios ao grande jurista, destacando a "(...) exaustão e minúcia com que selecionou a legislação brasileira coeva, de entre o caótico amálgama que oferecia naquele tempo; pela vastíssima informação doutrinal e legal que possuía da generalidade dos direitos, para lá da sua funda formação de romanista; por uma rara capacidade de análise, que singularmente se alia a uma preocupação de sistema (...)" (CARVALHO, Orlando de. Teixeira de Freitas e a unificação do direito privado. In: *Boletim da Faculdade de Direito da Coimbra v. LX.* Coimbra. 1984, p. 1-2).

[56] *Idem, ibidem.*

[57] Existe atualmente uma publicação da *Consolidação* em dois volumes: TEIXEIRA DE FREITAS, Augusto. *Consolidação das Leis Civis – Vos. I e II.* Brasília: Senado Federal – Conselho Editorial. 2003). No primeiro volume, encontramos a Introdução (ou Exposição de Motivos)

fosse incumbido, em 10 de janeiro de 1859, da tarefa de realizar um *Esboço do Código Civil Brasileiro*. O prazo para a feitura do Código seria até 1861, mas, posteriormente, acabou sendo prorrogado para até 1864. Porém, em 1872, o contrato de Teixeira de Freitas com o governo imperial foi rescindido, pois o jurista entendia que o código a ser criado deveria unificar o direito privado, não sendo, apenas, um Código Civil.[58]

Um fato importante sobre o *Esboço do Código Civil* de Teixeira de Freitas é o de que ele "(...) foi a fonte dos três primeiros livros do Código Civil argentino, e muito concorreu para o do Uruguai e para leis de outras repúblicas hispano-americanas".[59] Após a rejeição à proposta de Teixeira de Freitas, referente a um Código de Direito Privado (1872), seguiram-se, até o projeto de Clóvis Beviláqua, as seguintes propostas, todas infrutíferas e bastante inferiores ao *Esboço*: 1- projeto de Nabuco de Araújo (1872);[60] 2- Projeto de Felício dos Santos (1881-1886);[61] 3 – projeto de Coelho Rodrigues (já na fase da República – 1890-1893).[62]

Em 1899, o professor de Legislação Comparada na Faculdade de Direito de Recife, Clóvis Bevilaqua, encarrega-se de elaborar novo projeto do Código Civil. O início do projeto se deu em abril e o término, em novembro do mesmo ano. A partir de então, seguiu-se uma série de trâmites burocráticos, como comissões nomeadas pelo Governo para a apuração do projeto, bem como inúmeras revisões a partir do envio do projeto para o Congresso Nacional,[63] tendo sido

---

da *Consolidação*, escrita pelo próprio Teixeira de Freitas, onde podemos analisar, não apenas a explicação da estrutura do documento legal, mas também as motivações ideológicas, as opiniões do jurista a respeito da sociedade de sua época como, por exemplo, sua total intolerância com o regime escravocrata (*Consolidação...*, V. I, p. XXXVII). Há também, nessa edição, o prefácio do Ministro Ruy Rosado de Aguiar, cuja leitura também recomendo (*Consolidação...*, V. I, p. XIII – XXIV).

[58] PONTES DE MIRANDA, Francisco Cavalcanti. *Fontes...*, p. 80-81. Para o eminente jusfilósofo "Teixeira de Freitas desejava o Código Geral de Direito Privado: geral, aliás, segundo o seu plano, pois a primeira Parte (Código Geral, chamava) não seria mais do que a Parte Geral ou a Introdução e Parte Geral do Código Civil Brasileiro, assaz desenvolvida e aplicável em todo o campo do direito privado" (*Idem*, p. 81). No mesmo sentido, o professor Orlando de Carvalho: "Teixeira de Freitas defendeu desde cedo o contrassenso de uma duplicação de sistemas, que provisoriamente aceitou aquando da *Consolidação* mas que obstinadamente eliminou do Código Civil em projecto" (*Op. cit.*, p. 04).

[59] *Idem*, p. 80.

[60] *Idem*, p. 82.

[61] *Idem, ibidem.*

[62] *Idem*, p. 82-83.

[63] Nesse período, houve uma desavença entre Clóvis Beviláqua e o então senador Rui Barbosa, encarregado de analisar o projeto no Senado após a aprovação pela Câmara dos Deputados. As críticas do senador contra Beviláqua eram, no entanto, ligadas apenas à forma. No dizer de Pontes de Miranda: "Estabeleceu-se , então, uma das mais renhidas batalhas literárias da língua portuguesa, entre Rui Barbosa, contra Clóvis Baviláqua, e o gramático Carneiro Ribeiro

finalmente aprovado em dezembro de 1915, sancionado e promulgado em 1º de janeiro de 1916.[64]

Comentando a respeito do Código Civil da 1916, e realizando uma comparação deste com o *Esboço* de Teixeira de Freitas, observa Pontes de Miranda[65] que "O [projeto e Código] de Clóvis Beviláqua caracteriza-se pela *exposição* [didática]. O Código Civil brasileiro, pelo que deve a Clóvis Beviláqua, é uma codificação para as Faculdades de Direito, mais do que para a vida. O que nele morde (digamos) a realidade vem de Teixeira de Freitas. Espírito claro, liberal, sereno, não há demasias no Código".

Carlos Roberto Gonçalves,[66] por sua vez, faz o seguinte comentário: "Elogiado pela clareza e precisão dos conceitos, bem como por sua brevidade e técnica jurídica, o referido Código refletia as concepções dominantes em fins do século XIX e no início do século XX, em grande parte ultrapassadas, baseadas no individualismo[67] então reinante, especialmente ao tratar do direito de propriedade e da liberdade de contratar".[68]

---

a favor de Clóvis Beviláqua e contra Rui Barbosa. São hoje trabalhos indispensáveis a quem procura estudar a língua portuguesa, mas sem nenhum interesse jurídico. Preocupados com a forma, esqueceram-se do fundo. Aliás, foi responsável pelo erro de pôr, como masculina, a palavra "usucapião", o próprio Rui Barbosa" (*Idem*, p. 84-85)

[64] Segundo Francisco Amaral, o Código Civil de 1916 tinha "(...) formação eclética, com predomínio de concepções do direito francês e da técnica do código alemão" (AMARAL, Francisco. *Direito Civil – Introdução*. 3ª ed. Rio de Janeiro: Renovar. 2000, p. 129). Ou seja: o conteúdo do CC/16 é mais francês do que alemão, mas a estrutura do CC/16 é mais alemã do que francesa. Isso explica: *a) quanto ao conteúdo:* a adoção, p. ex., da teoria unitária francesa (ou monista) dos atos jurídicos, em contraposição à teoria dualista dos pandectistas (distinção entre atos e negócios jurídicos); *b) quanto à estrutura:* a adoção de uma lei de introdução (com regras sobre publicação, vigência e aplicação das leis, sua interpretação e integração, e ainda os critérios para a solução dos conflitos de normas no tempo e no espaço, isto é, regras de direito intertemporal e de direito internacional privado) e da divisão do Código em uma Parte Geral (idéia dos pandectistas alemães) com regras gerais para as relações jurídicas específicas da Parte Especial (relações familiares, sucessórias, obrigacionais, de propriedade e posse etc.).

[65] *Idem*, p. 86-87.

[66] GONÇALVES, Carlos Roberto. *Direito ...*, V. I, p. 21.

[67] Segundo Orlando Gomes: "A concepção individualista do Direito corresponde ao capitalismo na ordem econômica e ao liberalismo na ordem política. Nutre-se, principalmente, na idéia de que o homem possui direitos inseparáveis da condição humana, substancialmente intangível. Esses direitos, inalienáveis e imprescritíveis, seriam atributos da personalidade, em função dos quais a ordem jurídica deveria disciplinar a conduta do homem na sociedade. O Direito, em suma, teria como finalidade assegurar ao indivíduo os meios para que expanda livremente sua atividade pelo exercício desses atributos. Nenhuma lei poderia restringi-los, dificulta-los ou suprimi-los" (*Op. cit.*, p. 71).

[68] O direito de propriedade era visto como um direito absoluto (CC/16 – art. 524) e a liberdade de contratar estava baseada no princípio *pacta sunt servanda*, pelo qual o contrato faz lei entre as partes porque representam a manifestação de vontades livres, conscientes e iguais, não podendo as condições da contratação sofrer alterações posteriores por imposição da lei , salvo pelo consentimento de ambos os contratantes.

Para Francisco Amaral,[69] "(...) o Código Civil brasileiro [de 1916] é um código de sua época, elaborado a partir de uma realidade típica de uma sociedade colonial, traduzindo uma visão de mundo condicionado pela circunstância histórica, física e étnica em que se revela. Sendo a cristalização axiológica das idéias dominantes no seu tempo, principalmente nas classes superiores, reflete as concepções filosóficas dos grupos dominantes, detentores do poder político e social da época, por sua vez determinadas, ou condicionadas, pelos fatores econômicos, políticos e sociais".

Além desses aspectos, destaca ainda o professor da UFRJ:[70] "Na parte do direito de família, sancionava o patriarcalismo doméstico da sociedade que o gerou, traduzido no absolutismo do poder marital e no do pátrio poder. Tímido no reconhecimento dos direitos da filiação ilegítima, preocupava-se com a falsa moral do seu tempo (...) Individualista por natureza, garantiu o direito de propriedade característico da estrutura político-social do país e assegurou ampla liberdade contratual, na forma mais pura do liberalismo econômico. Refletia, pois, o ideal de justiça de uma classe dirigente européia por origem e cultura, mal-adequada às condições de vida do interior do país, traduzindo mais as aspirações civilizadoras dessa elite, embora progressista, do que os sentimentos e necessidades da grande massa da população, em condições de completo atraso".

Do exposto, podemos concluir no sentido de que o Código Civil de 1916 refletiu o pensamento social, político e econômico de sua época. Contudo, as grandes modificações surgidas ao longo do século XX e, em especial, a nova ordem de valores e direitos consagrada na Constituição Federal de 1988, tornaram o velho Código incapaz de traduzir a essência do novo Direito Civil brasileiro, já reconhecido através das leis extravagantes e do trabalho da jurisprudência.

2.3. O Código Civil de 2002: a influência do pensamento jurídico e filosófico de Miguel Reale

O fenômeno jurídico é uma experiência *cultural*, isto é, um processo normativo concebido em razão da existência humana no corpo social, e segundo a atribuição de sentido (valores) aos fatos que constituem a realidade experenciada.[71] Podemos dizer então que o

---

[69] *Op. cit.,*. 129-130.

[70] *Op. cit.,*. p. 130.

[71] REALE, Miguel. *Lições Preliminares de Direito.* 27ª ed. São Paulo: Saraiva. 2004, p. 23-40. Em outro momento, escreveu o jusfilófoso: "A realidade jurídica, como veremos, não pertence à esfera dos objetos ideais, nem à esfera ou ao âmbito dos objetos psíquicos, pois lhes corresponde uma estrutura própria, a dos *objetos culturais* e, mais propriamente, a dos objetos

fenômeno jurídico, cuja existência pressupõe a intervenção do ser humano, será sempre limitado pelos mesmos fatores que condicionam a experiência cultural: o espaço e o tempo.[72]

O historiador inglês Eric Robsbawm,[73] discorrendo sobre o século XX, fez a seguinte observação: "(...) a principal tarefa do historiador não é julgar , mas compreender, mesmo o que temos mais dificuldade para compreender. O que dificulta a compreensão, no entanto, não são apenas nossas convicções apaixonadas, mas também a experiência histórica que as formou (...) De qualquer forma, não é provável que uma pessoa que tenha vivido este século extraordinário se abstenha de julgar. O difícil é compreender. Como iremos compreender o Breve Século XX, ou seja, os anos que vão da eclosão da Primeira Guerra Mundial ao colapso da URSS, que, como agora podemos ver retrospectivamente, formam um período histórico coerente já encerrado? Não sabemos o que virá a seguir, nem como será o segundo milênio, embora possamos ter certeza de que ele terá sido moldado pelo Breve Século XX. Contudo, não há como duvidar seriamente de que em fins da década de 1980 e início da década de 1990 uma era se encerrou e outra nova começou".

O período histórico de que nos fala Robsbawm corresponde, no Direito Brasileiro, à vigência do Código Civil de 1916 e aos trabalhos de elaboração de um novo Código Civil brasileiro. Não temos aqui a pretensão de fazer uma análise mais aprofundada a respeito da reflexão do eminente historiador inglês. Contudo, podemos destacar, no texto, a incerteza do autor a respeito do futuro e, ao mesmo tempo, sua certeza em relação ao fato de que o futuro *terá sido moldado pelo Breve Século XX*, embora não possamos deixar de ver que o mundo que temos hoje é, desde a década de 1990, indiscutivelmente diferente do mundo que havia antes.[74]

---

culturais *tridimensionais,* por implicarem sempre elementos de *fato* ordenados *valorativamente* em um processo *normativo"* (*Filosofia...,* p. 302). Trataremos do tema no subitem 2.2.1 deste Capítulo.

[72] NADER, Paulo. *Introdução ao Estudo do Direito.* 23ª ed. Rio de Janeiro: Forense. 2003, p. 15.

[73] HOBSBAWM, Eric. *A era dos extremos – O breve século XX (1914-1991).* 2ª ed. São Paulo: Companhia das Letras. 1995, p. 15.

[74] Para Hobsbawm, as transformações mais marcantes do final do século XX e do início do século XXI são: a) a tensão entre o processo de globalização cada vez mais acelerado e a incapacidade conjunta das instituições públicas e do comportamento coletivo dos seres humanos de se acomodarem a ele; b) a desintegração de velhos padrões de relacionamento social humano, e com ela, aliás, a quebra dos elos entre as gerações, quer dizer, entre passado e presente. O autor cita o exemplo de certos países de capitalismo mais desenvolvido, onde predominam o que denomina de "valores de um individualismo associal absoluto" (*Idem,* p. 24).

O professor Miguel Reale afirmou, certa vez,[75] que *"o futuro se contém, até certo ponto, no passado"*. Essa afirmação é significativa para a compreensão do pensamento filosófico que animou o projeto de lei que se converteu no Código Civil de 2002. Além disso, confirma a observação de Robsbawm sobre a "incerteza com o que será o futuro (século XXI) e a certeza de que esse futuro será influenciado pelo passado (século XX)".

Assim sendo, para compreendermos a razão pela qual o atual Código Civil é diferente do Código de 1916, precisamos analisar alguns conceitos centrais do pensamento de Miguel Reale, responsável pela Comissão de juristas encarregada, em 1967, de elaborar um novo Código Civil para o Brasil.[76]

Francisco Amaral, com muita competência, apresenta as principais características do Código Civil de 2002: "a) preserva, no possível, como já mencionado, a estrutura do Código de 1916, atualizando-o com novos institutos e redistribuindo a matéria de acordo com a moderna sistemática civil; b) mantém o Código Civil como lei básica, embora não global, do direito privado, unificando o direito das obrigações na linha de Teixeira de Freitas e Inglez de Souza, reconhecida a autonomia doutrinária do direito civil e do direito comercial; c) aproveita as contribuições dos trabalhos e projetos anteriores, assim como os respectivos estudos e críticas; d) inclui no sistema do Código, com a necessária revisão, a matéria das leis especiais posteriores a 1916, assim como as contribuições da jurisprudência; e e) exclui matéria de ordem processual, a não ser quando profundamente ligada à de natureza material".[77]

O que está por trás dessas posturas legislativas? Os postulados do *culturalismo filosófico* de Miguel Reale. A seguir, vamos fazer uma

---

[75] REALE, Miguel. *Experiência e Cultura*. Campinas: Bookseller. 1999, p. 238, *apud* BRANCO, Gerson Luiz Carlos. O Culturalismo de Miguel Reale e sua expressão no Novo Código Civil. In: MARTINS-COSTA, Judith; BRANCO, Gerson Luiz Carlos. *Diretrizes Teóricas do Novo Código Civil Brasileiro*. São Paulo: Saraiva. 2002, p. 24.

[76] A comissão era composta por José Carlos Barbosa Moreira Alves (Parte Geral), Agostinho Alvim (Direito das Obrigações), Sylvio Marcondes (Direito de Empresa), Ebert Vianna Chamoun (Direito das Coisas), Clóvis do Couto e Silva (Direito de Família) e Torquato Castro (Direito das Sucessões). Segundo Carlos Roberto Gonçalves "(...) essa comissão apresentou, em 1972, um Anteprojeto, com a disposição de preservar, no que fosse possível, e no aspecto geral, a estrutura e as disposições do Código de 1916, mas reformulando-o, no âmbito especial, com base nos valores éticos e sociais revelados pela experiência legislativa e jurisprudencial. Procurou atualizar a técnica deste último, que em muitos pontos foi superado pelos progressos da Ciência Jurídica, bem como afastar-se das concepções individualistas que nortearam esse diploma para seguir orientação compatível com a socialização do direito contemporâneo, sem se descuidar do valor fundamental da pessoa humana" (GONÇALVES, Carlos Roberto. *Direito...*, V. I, p. 22).

[77] AMARAL, Francisco. *Op. cit.*, p. 131-132.

LIÇÕES DE TEORIA GERAL DO DIREITO CIVIL

breve análise dessas idéias que traduzem, por assim dizer, o espírito do atual Código Civil brasileiro.

2.3.1. O direito como experiência cultural

O direito não é algo criado a partir da intuição humana. O direito é um objeto cultural, isto é, resulta da experiência humana em sociedade. Nesse sentido, percebe-se a importância da Escola Histórica (Savigny) no pensamento de Miguel Reale, pois o que chamamos de direito positivo ou a norma jurídica (a Constituição, as leis, os Códigos, a jurisprudência, o direito contratual etc.) deve refletir o modo presente de produção das relações sociais (os fatos sociais) e os valores que esse corpo social vive.

Entretanto, Reale acredita que a produção de uma lei, em especial de um Código, deve respeitar a tradição, isto é, não deve inovar demais em relação a uma lei anterior, mas apenas o suficiente, i. e., naquilo que efetivamente não corresponde mais a experiência jurídica atual.[78] Também é importante destacar o fato de que a noção de experiência jurídica não traduz apenas a criação e a aplicação das leis, mas também a própria construção da jurisprudência e da doutrina jurídica nacional e estrangeira, que aponta as modificações da própria experiência jurídica, como a tendência, na segunda parte do século XX, para uma *socialização e publicização (ou constitucionalização) do direito privado*. O Código Civil de 2002 foi construído com a necessária observância e incorporação dessas modificações.[79]

2.3.2. A ontognoseologia e seu objetivo maior: o conhecimento conjetural

A *ontognoseologia* é o nome que se dá à teoria do conhecimento de Miguel Reale. Para Reale, a experiência do conhecimento humano só pode ser analisada a partir das possíveis transformações que o ato de conhecer desencadeia tanto no sujeito cognoscente (gnoselogia) quanto no objeto conhecido (ontologia).[80] O ser humano, em especial diante da realidade social e suas variantes econômicas, políticas, ar-

---

[78] Isso explica, por exemplo, a primeira característica do Código Civil de 2002 descrita por Francisco Amaral: "a) preserva, no possível, como já mencionado, a estrutura do Código de 1916, atualizando-o com novos institutos e redistribuindo a matéria de acordo com a moderna sistemática civil".

[79] Veremos, no item 2.5., o fenômeno da Constitucionalização do Direito Civil e o surgimento dos Microssistemas Jurídicos como reflexos da atual experiência jurídica. De qualquer modo, tais fenômenos explicam a segunda, terceira e quarta característica do Código Civil de 2002 descritas por Francisco Amaral.

[80] REALE, Miguel. *Filosofia* ..., p. 300-305.

tísticas etc., não consegue se manter em total estado de neutralidade, pois irá sempre emitir juízos de valor sobre aquilo que experiência. A própria experiência (relação do sujeito – o ser humano – com o objeto – a realidade social), de uma certa forma, faz com que o sujeito incorpore características do objeto (homem molda-se à realidade, p. ex.) e, ao mesmo tempo, o objeto incorpore características do sujeito (a realidade social interpretada pela escala de valores da pessoa).

A ontognoseologia demonstra que, na experiência humana em geral (e, em especial, na experiência jurídica) há uma limitação da liberdade de conhecer pela própria natureza axiológica do ser humano. Ou seja: jamais podemos conhecer plenamente (verdadeiramente) a realidade, mas apenas a realidade através de nossa experiência axiológica. Assim sendo, se nossa experiência jamais nos revela uma verdade absoluta, ao menos nos revela uma verdade dotada de uma estabilidade no processo cultural. Essa verdade relativa é chamada, por Reale, de *conhecimento conjetural*.

Nas palavras de Gerson Luiz Carlos Branco:[81] "A conjetura legitima-se pela necessidade de compreender algo que não podemos determinar por evidência nem por dedução. Como toda a conjetura parte da experiência, é possível que se façam conjeturas para transcender a experiência e alcançar uma solução plausível que integrará o *status* de verdade num determinado momento histórico.[82] A relação entre conhecimento conjetural e cultura é direta, pois sendo aquele produto da experiência da consciência, faz parte da própria cultura, já que a cultura é o acúmulo da experiência humana".

Afirma ainda o autor: "Exemplo das conseqüências do conhecimento conjetural é a crescente consciência que o legislador tem tomado da impossibilidade de tutela dos direitos baseada na *verdade absoluta*. Basta analisar a constante e contínua utilização nos últimos anos dos *juízos de verossimilhança* e *juízos de probabilidade* como instrumentos de tutela e de efetividade do direito, como se pode ver no caso da antecipação de tutela, ação monitória, inversão do ônus da prova no Código de Defesa do Consumidor, entre outros casos que têm provocado modificações nas tutelas processuais do direito brasileiro. Nesse contexto o legislador não é todo-poderoso, pois ele próprio é limitado e condicionado pela existência de estruturas condicionantes e determinantes do futuro".

---

[81] *Op. cit.*, p. 13.

[82] Um exemplo de conjetura que busca transcender a experiência atual (embora baseada no que se tem hoje como experiência) encontra-se na obra do professor Dalmo de Abreu Dallari *O Futuro do Estado*. São Paulo: Saraiva, 2001. Com efeito, o professor Dallari faz o que chama de *predição necessária e possível* a respeito da organização dos Estados Nacionais.

Podemos citar, ainda, como conseqüência do conhecimento conjetural, a incorporação significativa no Código Civil de 2002 de cláusulas gerais e demais normas de textura aberta (conceitos jurídicos indeterminados),[83] que possibilitam um maior poder decisório para o juiz,[84] diante da impossibilidade do legislador prever, de forma absoluta, todas as possibilidades de uma dada situação social. Tornam-se, assim, *pontos de mobilidade e abertura do sistema* para as modificações da realidade, cuja previsão não poderia ser feita pelo legislador.[85]

Em suma:

"Reale propõe a substituição de um normativismo jurídico lógico-formal [como aquele encontrado no formalismo conceitual do século XIX, e que influenciou a criação dos 'códigos oitocentistas' (gestados no ambiente cultural do século XIX), como os Code Civil francês, o BGB alemão e o Código brasileiro de 1916] por um normativismo jurídico concreto, mediante a utilização de modelos jurídicos [cláusulas gerais e conceitos jurídicos indeterminados, p. ex.] que compreendem em cada um de seus dispositivos normativos um papel significativo para a hermenêutica jurídica, dirigida para a concreção [aplicação da lei ao caso concreto partindo-se das particularidades do próprio caso, e não do raciocínio voltado para a aplicação do silogismo]".[86]

---

[83] Sobre o tema, v. MARTINS-COSTA, Judith. As cláusulas gerais como fatores de mobilidade do sistema jurídico. In: *Revista dos Tribunais v. 680*. São Paulo: Revista dos Tribunais (Junho de 1992), p. 47-58; Da mesma autora: O Direito Privado como um 'sistema em construção' – As cláusulas gerais no Projeto do Código Civil brasileiro. *In: Revista de Informação Legislativa n. 139*. Brasília: Senado Federal (Outubro/Setembro de 1998), p. 5-22. Sobre as cláusulas gerais no Código Civil de 2002, podemos citar, pelo menos, duas de grande importância: cláusula geral de boa-fé objetiva (art. 422); cláusula geral de responsabilidade civil objetiva (art. 927, parágrafo único). Quanto à cláusula geral de boa-fé objetiva, veja COUTO E SILVA, Clóvis Veríssimo do. *A obrigação como processo*. São Paulo: José Bushatsky Editor. 1976, p. 27-43; MARTINS-COSTA, Judith. *A Boa-Fé no Direito Privado – Sistema e tópica no processo obrigacional*. São Paulo: Revista dos Tribunais. 1999, p. 381-518. Sobre a cláusula geral de responsabilidade civil objetiva, veja CAVALIERI FILHO, Sérgio. Responsabilidade civil no novo Código Civil. In: *Revista de Direito do Consumidor n. 48*. São Paulo: Revista dos Tribunais. Outubro-dezembro de 2003, p.76-79.

[84] "Assim, os modelos como as cláusulas gerais desvinculam-se da pessoa do legislador, de seus motivos iniciais [ao contrário do formalismo conceitual do século XIX, vinculado à idéia de 'vontade do legislador'], para que 'possam atender, *prospectivamente* [isto é, aberto para as particularidades e modificações das situações no futuro], os fatos e valores supervenientes, *suscetíveis de serem situados no âmbito de validez* das regras em vigor tão somente mediante seu novo entendimento hermenêutico'. A lei é mais sabia do que o legislador" (BRANCO, Gerson Luiz Carlos. *Op. cit.*, p. 56).

[85] *Idem*, p. 55. O autor menciona, a título ilustrativo, a incidência dessas cláusulas gerais e conceitos jurídicos indeterminados ao longo do CC/02: " (...) a referência à *função social* aparece nos arts. 187, 1.228, § 1º, § 2º e § 4º, 1.239, 1.242 e 2.035, parágrafo único; a referência à *boa-fé objetiva* está nos arts. 113, 128, 164, 187, 422 e 765; os *bons costumes*, nos arts. 13, 122 e 187; a utilização de *usos*, nos arts. 113, 429 e 432; o *costume ou costume do lugar* é referido nos arts. 596, 615, 701 e 872" (*Idem, ibidem*).

[86] *Idem*, p. 56.

2.3.3. As invariantes axiológicas: a pessoa humana como valor-fonte do direito

No pensamento de Miguel Reale, a experiência jurídica não produz apenas conhecimento conjeturais, verdades relativas, a respeito da realidade social. Há que se reservar espaço, também, para verdades absolutas, invariantes axiológicas, como a idéia de que a pessoa humana é o valor-fonte do direito, *i. e.*, a valorização e a proteção da pessoa humana deve ser encarada como condição para a realização dos demais valores, como, p. ex., a justiça. Traduzindo, o direito é legítimo (justo) quando, não obstante as variações culturais apresentadas no tempo histórico[87] do grupo social, preserva ou garante a proteção da pessoa humana, visto ser essa proteção condição de realização da justiça, seja a partir do ato de legislar, seja a partir do ato de decidir (julgar) os casos concretos.[88]

Isso explica o fato de o Código Civil de 2002 ser uma legislação de caráter socializante e personalista,[89] ao contrário do Código Civil de 1916, de caráter individualista e patrimonialista.

---

[87] Uma distinção muito importante no pensamento de Miguel Reale é a que se opera entre as noções de tempo cultural (ou tempo histórico) e o tempo meramente numérico ou quantitativo. Para Reale, "A intencionalidade e pluralidade dos atos humanos com significado histórico obedecem a uma seletividade, pois *'nem tudo que acontece é histórico*, mas tão somente aquilo que, por motivos múltiplos e muitos vezes fortuitos ou insondáveis, possui *relevância de significado'*" (BRANCO, Gerson Luiz Carlos. *Op. cit.*, p. 25). Essa *relevância de significado* diz respeito ao fato de que, para o direito, interessam os fatos sociais, ou seja, as realidades que se exteriorizam na sociedade, e não os fatos da consciência que não se revelam ao corpo social. No campo da interpretação dos negócios jurídicos, o art. 110 do CC/02 (uma inovação em relação ao CC/16) protege, como regra geral, a *manifestação* de vontade do contratante contra a *reserva mental* (vontade não exteriorizada) do outro contratante, demonstrando a preocupação de regular aquilo que se apresenta no tempo cultural, *i. e.*, aquilo que *se objetiva* na realidade social.

[88] "O sujeito que conhece e que experencia é o homem, que está no centro da concepção de Reale e da ordem valorativa do novo Código Civil, como se pode ver na disciplina a respeito dos direitos da pessoa humana, igualdade do homem e mulher, posse-trabalho etc. (...) A pessoa humana não é o ser abstrato [como visto no CC/16, baseada na concepção liberal-individualista inspirada no jusracionalismo dos direitos naturais a-históricos – *Code Civil*], mas o sujeito que está submerso na realidade social e histórica [ou seja, o sujeito não apenas indivíduo, mas é também *cidadão*]. O sujeito é 'unidade e individualidade irredutível à mera parte do todo', cuja polaridade está ligada à possibilidade de ser para si e para outrem. Sua condição de valor fonte é fundante de uma hierarquia de valores, que torna injusta toda e qualquer ordem que resulte em diminuição concreta da pessoa, por violar uma das invariantes axiológicas em que se funda todo o ordenamento. Em resumo: a pessoa é o homem em sua concreta atualização, na sua condição de valor vital e valor espiritual. O homem toma consciência de si mesmo e dos outros quando está em sociedade, numa correlação essencial entre valor e liberdade" (*Idem*, p. 37).

[89] Isso porque o legislador do CC/02 foi atento à experiência jurídica ocorrida no século XX a nível constitucional, e que se traduziu no surgimento de novos direitos fundamentais (segunda e terceira gerações) a exigir, não mais uma postura negativa do Estado, mas uma postura positiva, prestacional, no intuito de fornecer à pessoa humana determinados bens essenciais (saúde, educação, segurança, habitação, previdência, meio ambiente ecologicamente equilibrado, proteção dos consumidores etc.) que o liberalismo individualista dos séculos XVIII e

2.3.4. Os três princípios estruturantes (ou diretrizes fundamentais) do Código Civil de 2002

Por fim, resta-nos analisar os três princípios (ou diretrizes) que, baseados na concepção jusfilosófica de Miguel Reale apresentada até aqui, justificam a estrutura e as inovações do atual Código Civil em relação ao diploma anterior.

Em primeiro lugar, o princípio da socialidade. Segundo a professora Judith Martins-Costa,[90] o Código Civil de 2002 concretiza a diretriz constitucional da solidariedade social, prevista no art. 3º, I, CF/88 (e que se desdobra ainda no art. 5º, XXIII).[91] Ou seja: as previsões, no CC/02, sobre a função social dos contratos (art. 421)[92] e da propriedade e da posse (art. 1.228 e §§ 1º a 5º),[93] p. ex., dão efetivida-

---

XIX não seria capaz de proporcionar. Podemos dizer que o século XX viu surgir o fenômeno da *socialização* do Direito, pelo qual o Estado passou a ser promotor da dignidade moral e social da pessoa humana (*função promocional do Direito*). Na experiência jurídica brasileira, p. ex., esse fenômeno se reflete, hoje, na positivação dos princípios (arts. 1º a 4º, CF/88) e dos direitos e garantias fundamentais de ordem individual, coletiva e difusa (art. 225, CF/88 – proteção ao meio-ambiente). Outro fenômeno que compõe a experiência jurídica do século XX, e que se encontra presente no CC/02, é o da *publicização (ou constitucionalização) do direito privado:* o Código Civil, e demais leis especiais, passam a ser *momentos de concretização das normas (regras e princípios) constitucionais,* visto que o centro de referência do direito privado se deslocou dos códigos para as constituições (Exemplos no CC/02: art. 1.228, § 1º – concretização do art. 225 da CF/88; arts. 11 a 21 – disciplina dos direitos da personalidade e possibilidade de reparação por danos a esses direitos – concretização de direitos previstos no art. 5º da CF/88, como o direito à vida, à privacidade, à intimidade e à honra). Convém salientar, a propósito, que a disposição das matérias na Constituição Federal de 1988 não foi feita ao acaso, mas, ao contrário, reflete a existência desse fenômeno de valorização da pessoa humana e da organização do Estado como instrumento para a promoção da pessoa enquanto indivíduo (dimensão pessoal) e cidadão (dimensão social ou política). Explica-se, assim, o fato de que a nossa CF/88 inicia com os princípios e direitos fundamentais da pessoa humana para, só depois, tratar da organização do Estado.

[90] MARTINS-COSTA, Judith. O Novo Código Civil Brasileiro: em busca da "Ética da Situação". In: MARTINS-COSTA, Judith; BRANCO, Gerson Luiz Carlos. *Diretrizes Teóricas do Novo Código Civil Brasileiro*. São Paulo: Saraiva. 2002, p. 88-169.

[91] Art. 3º, III, CF/88: "Constituem objetivos fundamentais da República Federativa do Brasil: I – construir uma sociedade livre, justa e solidária; Art. 5º, XXIII – "A propriedade atenderá a sua função social".

[92] "(...) o princípio da função social do contrato é mero corolário dos imperativos constitucionais relativos à função social da propriedade e à justiça que deve presidir à ordem econômica (...) Essa norma, posta no art. 421, constitui a projeção do valor constitucional expresso como garantia fundamental dos indivíduos e da coletividade que está no art. 5º, XXIII, da Constituição Federal, uma vez que o contrato tem, entre outras funções, a de instrumentalizar a aquisição da propriedade (...) [e] também inflete sobre o contrato o cometimento – ou o reconhecimento – de desempenhar função que transpassa a esfera dos meros interesses individuais, atribuindo-se ao exercício do poder negocial também funções positivas [direito de fazer, ter etc.] e negativas [dever de abster-se etc.]" (MARTINS-COSTA, Judith. *O Novo Código...*, p. 157). Sobre o tema, veja também SILVA, Luis Renato Ferreira da. A função social do contrato no novo Código Civil e sua conexão com a solidariedade social. In: SARLET, Ingo Wolfgang (organizador). *O novo Código Civil e a Constituição.* 2ª ed. Porto Alegre: Livraria do Advogado. 2006, p. 147-170.

[93] Além da cláusula geral expressa no art. 1.228, § 1º (MARTINS-COSTA, Judith. *O Novo Código...*, p. 152-153), destacamos também a inovação de uma *peculiar forma de desapropriação por*

de à Constituição Federal (além das normas constitucionais citadas, também ao art. 170,[94] que dispõe sobre os princípios informadores de ordem econômica brasileira).[95]

Pelo princípio da socialidade, busca-se conciliar as dimensões individual (ser humano enquanto indivíduo em si mesmo) e política (ser humano como cidadão, isto é, como ser social, relacional, condicionado pelo ambiente em que vive) da pessoa humana. Ou seja: busca-se um afastamento das concepções radicais de um coletivismo que anule a pessoa humana e de um individualismo que não leve em conta a necessidade da pessoa respeitar certos bens e valores coletivos.[96]

Em segundo lugar, o princípio da eticidade. O Código Civil de 2002 volta sua atenção à proteção da ética (do respeito mútuo) nas relações particulares, sejam estas de natureza patrimonial ou extrapatrimonial. A eticidade se traduz na proteção da confiança nas relações patrimoniais (em especial, no direito das obrigações e no direito contratual) – a partir da cláusula geral da boa-fé objetiva[97] – e

---

ato judicial (art. 1.228, § 4°), reveladora de uma preocupação, para além da função social da propriedade, também com a função social da *posse* enquanto *posse-trabalho* (*Idem*, p. 154-155). Para a professora Judith "Essa regra [§ 4°] é digna de nota por variados motivos, entre eles a sua oportunidade num país como o Brasil, onde o problema fundiário permanece intocado e irresoluto através dos séculos" (*Idem, ibidem*).

[94] MARTINS-COSTA, Judith. *O Novo Código...*, p. 152 e 157.

[95] *Idem*, p. 144.

[96] Por essa razão, é clara a relevância do *abuso de direito* como espécie de ato ilícito expressamente previsto no art. 187, CC/02. O exercício dos direitos da pessoa está, definitivamente, condicionado ao respeito a bens e valores da coletividade (*finalidades econômicas e sociais do direito exercido, boa-fé e bons costumes*). Não há direitos subjetivos cujo exercício seja absoluto, nem mesmo o direito à vida. Quanto a este, Carlos Roberto Gonçalves nos dá um exemplo significativo: "O Tribunal de Justiça de São Paulo teve a oportunidade de apreciar interessante caso de uma jovem que dera entrada no hospital inconsciente e necessitando de aparelhos para respirar, encontrando-se sob iminente risco de morte, em estado comatoso, quando lhe foram aplicadas as transfusões de sangue. Por questões religiosas, afirmou ela em juízo, na ação de reparação de danos morais movida contra o hospital e o médico que a salvou, que preferia a morte a receber a transfusão de sangue que poderia evitar a eliminação física. Outra pessoa havia apresentado ao médico, no momento da internação, um documento que vedava a terapia da transfusão, previamente assinado pela referida jovem e que permanecia com o portador, para eventual emergência. Entendeu o Tribunal, ao confirmar a sentença de improcedência da ação, que à apelante, embora o direito de culto que lhe é assegurado pela Lei Maior, não era dado dispor da própria vida, de preferir a morte a receber a transfusão de sangue 'a risco de que se ponha em xeque direito dessa ordem, que é intangível e interessa também ao Estado, e sem o qual os demais, como é intuitivo, não têm como subsistir" (GONÇALVES, Carlos Roberto. *Direito...*, v. I, p. 167).

[97] MARTINS-COSTA, Judith. *O Novo Código...*, p. 133-138. Da mesma autora, veja *A Boa-fé no Direito Privado(...)*, p. 427-472. Sobre a boa-fé objetiva como instrumento normativo de proteção da confiança nas relações patrimoniais, veja, no Código Civil de 2002, os arts. 113, 187, 422, 518, 523, 686, 689, 765, 766, 768, 856, parágrafo único, 879, parágrafo único. É importante salientar que, antes da entrada em vigor do CC/02, o Código de Defesa do Consumidor (Lei n. 8.078/90) já dispunha a respeito da cláusula geral de boa-fé objetiva como instrumento a serviço da proteção da confiança nas relações de consumo (art. 4°, III), CDC). Sobre o tema,

nas relações extrapatrimoniais (no direito de família, p. ex.) a partir da cláusula geral da comunhão plena de vida.[98] Também se traduz na autorização para o juiz tratar determinados casos concretos com eqüidade.[99]

Por fim, o princípio da operabilidade. O Código Civil foi redigido de forma a facilitar sua utilização (seu manejo) pelos estudantes e profissionais jurídicos. Ou seja, partindo do pressuposto de que direito é linguagem, houve uma preocupação de tornar a linguagem do Código atual mais compreensível ao intérprete. Segundo Gérson Luiz Carlos Branco[100] "(...) o Código de 1916 foi reconhecido por seu 'parnasianismo', pela intensa participação de Rui Barbosa no Senado e pelas discussões a respeito da correção de linguagem. O resultado foi uma 'preferência pela forma, em detrimento da matéria jurídica'. Assim, ao mesmo tempo em que o Código de 1916 tem uma 'impecável estrutura idiomática', possui erros crassos em matéria de técnica jurídica. Basta ver a confusão entre prescrição e decadência, tratadas de forma idêntica no art. 178, a utilização indiscriminada das palavras rescisão, resolução, extinção, sem qualquer referência ao conteúdo e significado técnico-jurídico de cada uma dessas expressões".[101]

---

veja AGUIAR JÚNIOR, Ruy Rosado de. A boa-fé na relação de consumo. In: *Revista de Direito do Consumidor n. 14*. São Paulo: Revista dos Tribunais, p. 20-27 e MARTINS-COSTA, Judith. Mercado e solidariedade social entre *cosmos* e *táxis:* a boa-fé nas relações de consumo. In: MARTINS-COSTA, Judith (Organizadora). *A Reconstrução do Direito Privado*. São Paulo: Revista dos Tribunais. 2002, p. 611-661.

[98] *Idem*, p. 140-143. A cláusula geral da comunhão plena de vida encontra-se no art. 1.511, CC/02. O professor Clóvis do Couto e Silva, jurista nomeado por Miguel Reale para compor a comissão responsável pela elaboração do Novo Código Civil, e que ficou responsável pelo Direito de Família, citado por Judith Martins-Costa, afirmou que: "A expressão comunhão de vida constitui-se em 'cláusula geral', conceito operativo e *representa para o direito de família o mesmo que a boa-fé para o direito em geral e, em particular, para o das obrigações*. Os princípios que dele (sic) podem derivar não são determináveis 'a priori' (...) Conceito de conteúdo não inteiramente determinado, será objeto de concreção através da atividade jurisdicional, sendo elemento relevante para o raciocínio casuístico, para a solução dos problemas concretos de direito de família. Sua função principal é a de sintetizar e enriquecer os deveres mútuos dos cônjuges, que de modo algum se esgotam na enumeração do Código Civil" (COUTO E SILVA, Clóvis do. Princípios para a reforma do direito de família. In: *Arquivos do Ministério da Justiça*. Rio de Janeiro: jul.-set. 1975, p. 159 *apud* MARTINS-COSTA, Judith. *O Novo Código* (...), p. 141).

[99] *Idem*, p. 139-140. Sobre a previsão da *eqüidade* como instrumento a serviço da aplicação do Direito pelo juiz. v., dentre outros, os arts. 50 (teoria da desconsideração da personalidade jurídica), 317 (teoria da imprevisão) 396, 413, 478, 479, 480 (doutrina da excessiva onerosidade nos contratos de execução continuada ou diferida) e 738, parágrafo único.

[100] *Op. cit.*, p. 53.

[101] A resolução é modo de extinção contratual que "(...) pressupõe, objetivamente, isto é, externamente ao sujeito (credor), a existência de um contrato bilateral válido e o incumprimento do devedor; subjetivamente, a decisão pessoal de escolha da via resolutiva e a sua condição de não-inadimplência" (AGUIAR JÚNIOR, Ruy Rosado de. *Extinção dos Contratos por incumprimento do devedor – Resolução*. 2ª ed. Rio de Janeiro: Aide Editora. 2004, p. 31). Com efeito, o

Ao contrário do CC/16 – que fazia alusão apenas à prescrição (Título III do Livro III da Parte Geral (arts. 161-179), e gerava confusão no intérprete e aplicador do direito – o CC/02 distinguiu claramente os institutos da prescrição e da decadência no Título IV do Livro III da Parte Geral (arts. 189-232). Assim sendo, "(...) o atual Código, considerando que a doutrina e a jurisprudência tentaram, durante anos a fio, sem sucesso, distinguir os prazos prescricionais dos decadenciais, optou por uma fórmula segura (CC, art. 189): prazos de prescrição são unicamente os taxativamente discriminados na Parte Geral, nos arts. 205 (regra geral) e 206 (regras especiais), sendo de decadência todos os demais, estabelecidos como complemento da cada artigo que rege a matéria, tanto na Parte Geral como na Especial. Adotou, ainda, de forma expressa, a tese da prescrição da 'pretensão' (art. 189). Acrescente-se que a prescrição resulta exclusivamente da lei (art. 192), enquanto a decadência pode resultar da lei, do contrato e do testamento (art. 211)".[102]

Além desse exemplo, pode-se mencionar também a opção do legislador pelas regras de remissão (p. ex, a regra contida no art. 927, caput, CC/02) que facilitam o manuseio do diploma legal ao mesmo tempo em que organizam melhor as matérias dentro do sistema normativo.[103]

Concluindo esse tópico, deixamos, por oportuna, a transcrição da observação feita pela professora Judith Martins-Costa sobre o Código Civil de 2002:[104] "(...) é preciso ter presente a sua nova racionalidade, que, não mais pretendendo tudo regular, requer as contribuições da doutrina e da jurisprudência para continuar e completar a sua força normativa, postulando por igual a consciência de todos os cidadãos, destinatários do Código[105] – os reais construtores de sua

---

autor discorre sobre as *figuras afins* ao instituto da resolução contratual, tais como a nulidade, a anulabilidade, a rescisão e a resilição (*Idem*, p. 65-76).

[102] GONÇALVES, Carlos Roberto. *Direito* ..., v. I. p. 469. Da prescrição e da decadência trataremos no próximo capítulo.

[103] Sobre essa regra de remissão, veja CAVALIERI FILHO, Sérgio. *Op. cit.*, p. 76-79. Com efeito, o legislador organizou a matéria dos atos ilícitos na Parte Geral definindo-os nos arts. 186 e 187 enquanto espécies de Fatos Jurídicos (Livro III da Parte Geral). A conseqüência da prática dos atos ilícitos, o dever de indenizar ou *responsabilidade civil*, foi tratada na Parte Especial (Livro I – Direito das Obrigações – Título IX – arts. 927-954), sendo que a cláusula geral de responsabilidade civil subjetiva (art. 927, *caput*), ao dispor que o dever de indenizar deriva da ocorrência do ato ilícito, remete o intérprete para os conceitos de ato ilícito já fixados na Parte Geral.

[104] MARTINS-COSTA, Judith. *O Novo Código* ..., p. 160.

[105] Sobre esse argumento, de que os cidadãos são destinatários do Código Civil, recomendo a análise do jurista argentino Ricardo Luis Lorenzetti exposta na seguinte obra: LORENZETTI, Ricardo Luis. *Fundamentos do Direito Privado*. São Paulo: Revista dos Tribunais. 1998 ("Crise do Código como disciplina dos cidadãos"), p. 52-53.

LIÇÕES DE TEORIA GERAL DO DIREITO CIVIL

normatividade – de que 'não existe a plenitude do Direito escrito, mas sim a plenitude ético-jurídica do ordenamento'". A seguir, tratemos brevemente dos movimentos de publicização do direito privado e descodificação.

2.4. A Constitucionalização do Direito Civil e o surgimento dos Microssistemas Jurídicos

A experiência jurídica dos povos ocidentais, no século XX, revelou uma mudança de rumos no dirteito público que se refletiu no direito privado, mais especificamente, no direito civil. Essa mudança recebeu, da doutrina, diversas denominações, como socialização do direito privado, privatização do direito público e, também, a que vamos adotar nesse estudo: a constitucionalização do direito civil.[106]

Não temos a pretensão de esgotar o tema em questão. Pretendemos apenas fazer algumas considerações a respeito do que se tem denominado Direito Civil Constitucional.[107] Em primeiro lugar, vale lembrar que no século XX o movimento constitucionalista deixou de ser liberal, nos moldes clássicos, e passou a adotar uma postura socializante, comprometendo o Estado com a promoção do bem comum. Já não temos, desde a Constituição de Weimar (1919),[108] o Estado contra a, mas o Estado a serviço da sociedade, promotor dos bens indispensáveis para a dignidade individual e social do homem. É, também, o Estado que se aventura no domínio econômico, prestando serviços públicos e determinadas atividades econômicas que antes eram apenas de competência da iniciativa privada[109] De Esta-

---

[106] Como bem observa Luiz Edson Fachin: "A Constituição Federal de 1988 erigiu como fundamento da República a dignidade da pessoa humana. Tal opção colocou a pessoa como centro das preocupações do ordenamento jurídico, de modo que todo o sistema, que tem na Constituição sua orientação e seu fundamento, se direciona para a sua proteção. As normas constitucionais (compostas de princípios e regras), centradas nessa perspectiva, conferem unidade sistemática a todo o ordenamento jurídico. Opera-se, pois, em relação ao Direito dogmático tradicional, uma inversão do alvo de preocupações do ordenamento jurídico, fazendo com que o Direito tenha como fim último a proteção da pessoa humana, como instrumento para seu pleno desenvolvimento. A inversão do *lócus* de preocupações deve ocorrer, também, no Direito Civil. Trata-se de conseqüência necessária diante da supremacia da Constituição no ordenamento jurídico. Por essa razão, todo o *standard* normativo infraconstitucional deve se amoldar ao modelo axiológico constitucional" (FACHIN, Luiz Edson. Sobre o Projeto do Código Civil Brasileiro: crítica à racionalidade patrimonialista e conceitualista. In: *Boletim da Faculdade de Direito da Universidade de Coimbra V. LXXVI.* 2000, p. 130).

[107] Veja, dentre outros, DIAS, Joaquim José de Barros. Direito Civil Constitucional. In: LOTUFO, Renan (Coordenador). *Direito Civil Constitucional – Caderno 3.* São Paulo: Malheiros. 2002, p. 13-53; VON GEHLEN, Gabriel Menna Barreto. O chamado Direito Civil Constitucional. In: MARTINS-COSTA, Judith (Organizadora). *A Reconstrução do Direito Privado.* São Paulo: Revista dos Tribunais. 2002, p. 174-210.

[108] DIAS, Joaquim José de Barros. *Op. cit.*, p. 17.

[109] AZEVEDO, Fernando Costa de. *Op. cit.*, p. 28-29.

do Liberal (Capitalista) de Direito (não-interventor na vida privada) torna-se Estado Social (Capitalista) de Direito (interventor na vida privada).[110]

Trata-se, portanto, de enxergar, no âmbito do Estado Social (Capitalista) de Direito, os direitos fundamentais, por um lado, como direitos de defesa contra as ações do poder público (eficácia contra o Estado – dever de abstenção) e privado (eficácia contra terceiros – particulares);[111] e por outro, como pretensões para ações positivas do poder público (dever de ação – promoção dos bens essenciais), dentro da ordem civil.[112] Os princípios e direitos fundamentais que regulam matérias privadas (p. ex., art. 5°, incs. X, XXII e XXIII, CF/88) são, assim, elegidos à categoria de normas essenciais do Direito Civil, sendo as normas previstas no Código Civil apenas desdobramentos daquelas.[113]

Em suma: podemos explicar a Constitucionalização do Direito Civil por meio de um movimento de duas vias ou de dois momentos, aos quais damos os seguintes nomes:

"a) Privatização do Direito Constitucional: Caracteriza-se pelo fenômeno de integração das normas civis dentro do elemento orgânico de uma Constituição (ex: direito da propriedade como direito fundamental: art. 5°, XXII e XXIII c/c art. 170, II e III; proteção ao consumidor como direito fundametal: art. 5°, XXXII c/c art. 170, V; liberdade de organização da família pelo homem e pela mulher como direito fundamental: art. 226, §§ 5° e 7°, etc.);

---

[110] Veja, a propósito, VON GEHLEN, Gabriel Menna Barreto. *Op. cit.,* p. 175-184. Nesse sentido, temos a preservação dos direitos fundamentais de primeira geração consagrados nas Constituições Liberais e mantidos nas Constituições Socializantes juntamente com os direitos de segunda e terceira gerações.

[111]Sobre a eficácia dos direitos fundamentais nas relações privadas, veja CANARIS, Claus-Wilhelm. *Direitos Fundamentais e Direito Privado.* Tradução de Ingo W. Sarlet e Paulo Mota Pinto. Coimbra: Almedina. 2006, p. 52-75; na doutrina brasileira, veja, dentre outros, ROSENVALD, Nelson. *Dignidade humana e boa-fé no Código Civil.* São Paulo: Saraiva. 2005, p. 144-156.

[112] Agora, temos os direitos fundamentais de segunda geração (direitos coletivos, sociais e econômicos – saúde, educação, habitação, segurança pública, previdência social etc.). Sobre as características dos direitos fundamentais na ordem civil, v. HECK, Luis Afonso. Direitos Fundamentais e sua influência no Direito Civil. In: *Revista de Direito do Consumidor n. 29.* São Paulo: Revista dos Tribunais. Jan.-mar). 1999, p. 43-49.

[113] Por exemplo, as normas jurídicas previstas nos arts. 11 a 21 do CC/02 (Direitos da Personalidade) são desdobramentos dos direitos fundamentais previstos nos art. 5° e ss. da Constituição Federal de 1988. Considero, a propósito, extremamente oportuna a tese de que os direitos fundamentais são os responsáveis pela proteção dos *direitos humanos entendidos como relação jurídica fundamental: o direito de cada um ao respeito de sua própria pessoa, ao mesmo tempo em que cada um deve respeitar todos os demais como pessoas em sua dignidade individual e social* (DIAS, Joaquim José de Barros. *Op. cit.,* p. 36-37).

b) Publicização do Direito Civil: Trata-se do fenômeno de concretização, pelo Código Civil e demais leis infraconstitucionais (em especial os microssitemas), das normas (princípios e regras)[114] e valores[115] constitucionais (ex: art. 1.228, § 1º – submissão do exercício do direito de propriedade ao cumprimento de sua função social – concretização dos arts. 5º, XXII e XXIII c/c art. 170, II e III, CF/88; Código de Defesa do Consumidor (art. 1º e ss.) – momento de concretização do art. 5º, XXXII c/c art. 170, V, CF/88; art. 1.521 – cláusula geral da comunhão plena de vida – momento de concretização do art. 226 e seus incs., CF/88 etc.)"

O segundo movimento, de descodificação, é uma conseqüência (ou, pelo menos, surgiu de modo paralelo), do movimento constitucionalizador do direito privado.[116] Ele se caracteriza pela perda de prestígio dos "códigos oitocentistas" (Código Civil de 1916) como leis capazes de dar solução à complexidade do século XX, em especial, a partir do Segundo Pós-Guerra.

Segundo Roberto Senise Lisboa,[117] "(...) com o avanço tecnológico, dos meios de transportes e das comunicações, o sistema positivo existente tornou-se ultrapassado e anacrônico. Caiu por terra a idéia de completude do sistema [formalismo conceitual do século XIX], por sua incapacidade de regular todas as situações jurídicas (...) Por isso é que inúmeras leis especiais foram editadas, descodificando-se o Direito e substituindo-se a falsa completude do sistema por subsistemas jurídicos (...) A constitucionalização do Direito Civil, aliás, levou a uma necessária revisão do código e mesmo das leis especiais anteriores à Constituição de 1988, dada a maior relevância outorgada à proteção da pessoa e de sua dignidade".

E continua o autor: "O monossistema codificado não se demonstrou ágil o suficiente para acompanhar as mudanças socioe-

---

[114] As normas jurídicas, em especial as constitucionais, compreendem-se como regras e princípios. Sobre a distinção entre elas, veja: ALEXY, Robert. *Teoria de los derechos fundamentales.* Madrid: Centro de Estudios Constitucionales. 1993, p. 82-138; ÁVILA, Humberto. *Teoria dos Princípios.* 7ª ed. São Paulo: Malheiros. 2007, p. 30-40.

[115] Sobre a distinção entre princípio e valor, veja GRAU, Eros Roberto. *Direito posto e direito pressuposto.* 5ª ed. São Paulo: Malheiros. 2003, p. 112-113.

[116] DIAS, Joaquim José de Barros, *Op. cit.,* p. 19. Segundo o professor Ricardo Luis Lorenzetti é perfeitamente aceitável a relação entre os movimentos de constitucionalização e descodificação do direito privado. Assim o professor argentino sintetiza a relação da seguinte forma "O Código divide sua vida com outros Códigos e com microssistemas e subsistemas. O Código perdeu a centralidade, porquanto ela se desloca progressivamente. O Código é substituído pela constitucionalização do Direito Civil, e o ordenamento jurídico codificado pelo sistema de normas fundamentais" (LORENZETTI, Ricardo Luis. *Op. cit.,* p. 45).

[117] LISBOA, Roberto Senise. *Responsabilidade Civil nas Relações de Consumo.* São Paulo: Revista dos Tribunais. 2001, p. 46-47.

conômicas implementadas pela rápida evolução tecnológica e pela globalização (...) O pluralismo tornou-se evidente com o surgimento dos microssistemas (...) Dotados de normas jurídicas que não estabelecem propriamente deveres, mas reconhecem valores a serem observados pelas pessoas em suas relações jurídicas, os microssistemas possuem como fundamento constitucional a proteção da pessoa e de sua dignidade e têm como objetivo a erradicação da pobreza e a solidariedade social (...) Dentre os microssistemas destaca-se a Lei 8.078, de 1990, que introduziu uma legislação protetiva do consumidor e instaurou um regime jurídico que afasta o princípio da igualdade formal e abstrata entre as pessoas e tem por objetivo a transparência das relações jurídicas, mediante o efetivo equilíbrio da equação jurídico-econômica do vínculo de consumo".[118]

Os microssistemas surgiram, assim, pela inércia das grandes codificações diante da dinâmica da realidade social na última metade do século XX. Aliado a isso, a experiência jurídica demonstrou que a pessoa humana deveria ser protegida em primeiro lugar, ainda mais levando-se em conta que as relações humanas tornaram-se massificadas e impessoais, aumentando as desigualdades econômicas, políticas e culturais entre determinadas categorias sociais, vistas como hipossuficientes (consumidor, criança, idoso etc.).

No Brasil, além do Código de Defesa do Consumidor, existem outros microssistemas (ex: Lei dos Registros Públicos – Lei n. 6.015/73; Estatuto da Criança e do Adolescente – Lei n. 8.069/90; Lei do Inquilinato – Lei n. 8.245/91), além dos chamados subsistemas, que são leis de âmbito mais específico do que os microssistemas, mas cujas regras encontram-se vinculadas aos princípios desses.[119] Apenas para exemplificar, temos, em vigor no Brasil, três espécies de leis: a) Sistema: Código Civil de 2002 – Lei n. 10.406, de 10 de janeiro de 2002 (aplicação subsidiária em relação ao microssistema e ao subsistema – princípios e regras de caráter geral); b) Microssistema: Código de Defesa do Consumidor – Lei n. 8.078, de 11 de setembro de 1990 (aplica-se antes do sistema – quanto às regras específicas, cede lugar ao subsistema, mas desde que essas regras não conflitem com seus princípios); c) Subsistema: Lei dos Planos e Seguros-Saúde Privados – Lei n. 9.656, de 3 de junho de 1998 (aplica-se antes do sistema e do microssistema, no que não contrariar os princípios deste diploma legal).

---

[118] LISBOA, Roberto Senise. *Responsabilidade Civil...*, p. 48-51.
[119] *Idem*, p. 51-52.

Capítulo 2

A Teoria Geral do Direito Civil como Teoria Geral da Relação Jurídica

1. A Relação Jurídica

1.1. A Parte Geral do Código Civil: razão de ser, elementos

O estudo tecnológico (dogmático) da Parte Geral do Código Civil compõe, normalmente, o conteúdo da disciplina de Teoria Geral do Direito Civil (ou Direito Civil I) nos cursos de direito e nos cursos preparatórios para as carreiras jurídicas, e será objeto do presente Capítulo deste livro.

Antes, porém, se faz necessária uma rápida abordagem a respeito da utilidade da Parte Geral na estrutura do Código Civil de 2002.[120] Por que ela está dividida, desde o Código de 1916, em três Livros (Livro I – Das Pessoas; Livro II – Dos Bens; Livro III – Dos Fatos Jurídicos)? A resposta é simples: trata-se dos elementos (pessoas e bens) que compõem *toda e qualquer relação jurídica – não apenas a relação de natureza civil –* bem como do pressuposto imediato (fatos jurídicos) à existência dessas relações.[121]

---

[120] Há quem conteste a utilidade da Parte Geral na estrutura do Código Civil. Luiz Edson Fachin, a respeito do então Projeto do Código Civil, já observava que "(...) almejando manter a estrutura do Código vigente [CC/16], foi elaborado anteriormente à Constituição de 1988, datando o começo da década de 70. Sua elaboração se deu a partir de uma racionalidade herdada do Código de Napoleão e da Escola Pandectista e, portanto, do século XIX, em que prevalecia a preocupação patrimonialista e conceitualista, expressa na existência de uma Parte Geral. O conceitualismo é, vale dizer, outro elemento através do qual se coloca a pessoa humana em segundo plano (...) Outros autores, como Menezes Cordeiro, também atribuem à parte geral dos códigos a excessiva abstração em que mergulhou o Direito Privado, afastando-se da realidade concreta (...) A racionalidade que permeia todo o projeto está ligada à proteção e à apropriação e da circulação de bens, abstraindo-se os seres humanos concretos que estarão envolvidos nas relações jurídicas ali previstas" (*Op. cit.*, p. 132-133). Com efeito, refere o autor que mesmo a Parte Especial do Código Civil foi concebida dentro da racionalidade patrimonialista, em especial, pela ordem da distribuição das matérias no diploma legal e pela inserção do Direito de Empresa (p. 133).

[121] Teixeira de Freitas, no século XIX, foi provavelmente o primeiro jurista brasileiro a atentar para a importância de uma Parte Geral no contexto do sistema civil codificado, justamente por ser ela que apresentaria as normas jurídicas elementares para a formação de uma Teoria Geral da Relação Jurídica a partir dos seus elementos constitutivos. Com efeito, na Introdução à *Consolidação das Leis Civis*, observava o eminente jurista: "Sob as idéas fundamentaes, que

Nesse sentido, é importante atentar para o que o professor Fábio Ulhoa Coelho chama de *caráter "enciclopédico" do Direito Civil*, em especial, da Parte Geral do Código Civil, uma vez que os institutos previstos ali estão presentes em quaisquer áreas jurídicas.[122] Em síntese, podemos afirmar que a Teoria Geral do Direito Civil compreende a Teoria Geral da Relação Jurídica a partir dos seus elementos constitutivos e pressuposto de existência das relações jurídicas em geral. São eles:

1. Os sujeitos de direito (Livro I – Das Pessoas) – Os sujeitos de direito são as pessoas naturais e jurídicas. Quanto às primeiras, o Código Civil dispõe a respeito da aquisição e da extinção da personalidade jurídica e dos graus gerais de capacidade de fato ou de exercício dos direitos (seja por motivos de idade, seja por razões psicológicas);[123] dispõe ainda sobre os principais atos e fatos jurídicos sujeitos à registro e à averbação públicos, bem como sobre certos direitos da personalidade,[124] suas características mais peculiares e sobre a possibilidade de reparação dos danos à pessoa;[125] cuida, por fim, da situação subjetiva da ausência em função dos efeitos sucessórios que acarreta (necessidade de ser aberta a sucessão dos bens do

---

temos desenvolvido, a Consolidação das Leis Civis apresenta em sua primeira divisão duas grandes categorias, que formão sua Parte Especial. A'esta Parte Especial antecede uma Parte Geral, que lhe serve de prolegomenos. A Parte Geral trata em dois Títulos das *pessôas* e das *cousas*, que são os elementos constitutivos de todas as relações jurídicas, e portanto das relações jurídicas na esphera do Direito Civil" (*Consolidação...*, V. I, p. CXII-CXIII).

[122] COELHO, Fábio Ulhoa. *Curso...*, p. 22-23.

[123] Destaque para a redução da maioridade civil, dos 21 para os 18 anos (art. 5º).

[124] A disciplina dos direitos da personalidade no Código Civil é uma das principais inovações da Parte Geral e demonstra a justamente a inversão de valores em relação ao velho Código de 1916, de cunho *individualista e patrimonialista*. O CC/02, de natureza mais *socializante* e *personalista*, incorpora o paradigma da Constituição como centro de referência, e incorpora a proteção aos direitos da personalidade como momentos de concretização dos já existentes direitos fundamentais. Torna-se, assim, um Código mais *democrático* do que o anterior, visto que os bens jurídicos protegidos pelos direitos da personalidade são inerentes ao ser humano pelo simples fato de ser pessoa, i. e., independem, como no caso dos direitos patrimoniais, de razões econômicas, possuíndo, ainda, uma natureza não-exclusivista (o exercício dos direitos da personalidade não impede o exercício dos mesmos direitos pelas outras pessoas), ao contrário dos direitos patrimoniais (o fato de uma pessoa ser proprietária de um bem implica a impossibilidade de outra pessoa ser proprietária do mesmo bem). Temos, assim, a previsão dos direitos da personalidade referentes aos atos de disposição do próprio corpo, à proibição do tratamento médico de risco, à existência de um nome, à proteção da palavra e da imagem e à proteção da privacidade e intimidade. O rol desses direitos, por óbvio, é apenas exemplificativo.

[125] Sobre a reparação de danos à pessoa, veja, dentre outros, COUTO E SILVA, Clóvis do. O conceito de dano no direito brasileiro e comparado. In: *Revista dos Tribunais v. 667*. São Paulo: Revista dos Tribunais. Maio de 1991, p. 12-15; e MARTINS-COSTA, Judith. Os danos à pessoa no direito brasileiro e a natureza de sua reparação. In: MARTINS-COSTA, Judith (Organizadora). *A Reconstrução do Direito Privado*. São Paulo: Revista dos Tribunais. 2002, p.408-446.

ausente). Quanto às pessoas jurídicas, o Código Civil dispõe sobre a classificação geral dessas entidades em pessoas de direito público e privado, sobre a cláusula geral de responsabilidade civil *objetiva* do Estado (art. 43),[126] bem como sobre o início da personalidade jurídica das pessoas de direito privado pelo registro,[127] os deveres gerais dos administradores e o acolhimento da teoria da desconsideração da personalidade jurídica (art. 50);[128] cuida das regras gerais sobre as pessoas jurídicas sem fins lucrativos, quais sejam as associações e as fundações, deixando o regramento das sociedades (pessoas jurídicas com fins lucrativos) para a Parte Especial (Direito de Empresa);[129] por fim, trata das regras gerais sobre o domicílio das pessoas naturais e jurídicas.[130]

2. *Os objetos das relações jurídicas (Livro II – Dos Bens)* – Da mesma forma que no código anterior, o Livro II da Parte Geral trata dos bens jurídicos (materiais ou imateriais) enquanto objeto das relações jurídicas de natureza *patrimonial*, pois os bens jurídicos extrapatrimoniais são aqueles protegidos pelos direitos da personalidade, já expostos no Livro I, como vimos. Trata-se do menor livro da Parte Geral e cuida dos seguintes assuntos: dos bens considerados em si

---

[126] Trata-se de inovação em relação ao Código de 1916. Ocorre que a responsabilidade civil objetiva do Estado só foi acolhida no ordenamento jurídico pátrio na Constituição Federal de 1946. Antes disso, vigorava, nessa matéria, a cláusula geral de responsabilidade subjetiva (fundada na teoria da culpa) prevista no art. 159 do CC/16. Na verdade, a matéria foi sendo regulada, ao longo da vigência do CC/16 e até a vigência da Carta de 46, por inúmeras leis especiais. Atualmente, é pacífica a regra geral a respeito da responsabilidade civil *objetiva* do Estado, seja a nível constitucional (art. 37, § 6º, CF/88), seja nos diversos diplomas legais existentes (p. ex., o Código de Defesa do Consumidor, art. 22). A diferença do art. 43 do CC/02 para os arts. 22 do CDC e 37, § 6º, da CF/88 está no fato de que o primeiro não dispõe a respeito da responsabilidade dos *prestadores privados de serviços públicos*. Justifica-se a omissão pela época em que o projeto do CC/02 foi concebido (fim dos anos 60 e início dos anos 70), quando ainda não se falava em *privatizações*. O fato é que a omissão não prejudica a aplicação do sistema jurídico.

[127] As pessoas jurídicas de direito público, sabemos, têm sua personalidade jurídica concedida por lei ou por ato administrativo, matérias de direito público que, por não serem relevantes para o Direito Civil, não foram tratadas no Código, que, não obstante a influência dos comandos constitucionais, ainda pode ser classificado como uma lei de direito privado, segundo os critérios que estudamos no primeiro capítulo de nossa aula (item n.1.2).

[128] Outra inovação em relação ao código anterior, o art. 50 não chegou a ser inovador no sistema jurídico brasileiro, tendo em vista a previsão, pelo Código de Defesa do Consumidor (art. 28), a respeito dessa teoria. Seja como for, existem doutrinadores que elogiam a redação do art. 50 em comparação com a do art. 28, CDC, confusa e contraditória (o *caput* e o § 5º do artigo possuem redações que, efetivamente, são contraditórias, pois enquanto a cabeça diz que existem critérios para a aplicação judicial da desconsideração, o § 5º sustenta que não há critérios limitados).

[129] Temos aqui outro importante exemplo da aplicação do princípio ou diretriz fundamental da *operabilidade* no Código Civil de 2002.

[130] Destaque para a inovação referente ao *domicílio voluntário* de natureza *profissional* (art. 72 e parágrafo único).

mesmos (materiais – móveis e imóveis, imateriais – móveis e imóveis por equiparação, fungíveis, consumíveis, divisíveis, singulares, coletivos, as universalidades de fato e de direito); dos bens reciprocamente considerados (principais, acessórios, benfeitorias e pertenças.[131] Por fim, aborda os bens públicos, sem maiores inovações em relação ao Código de 1916.

3. Dos Fatos que desencadeiam, modificam ou extinguem as relações jurídicas (Livro III – Dos Fatos Jurídicos) – O maior Livro da Parte Geral (tem cinco Títulos, ao contrário do Livro I que tem três) também parece ser aquele que sofreu as alterações mais significativas. Logo no começo, percebe-se a mudança de tratamento doutrinário a respeito da Teoria dos Atos Jurídicos. No Código anterior, foi acolhida a teoria monista, de inspiração francesa, que não distinguia, quanto aos atos jurídicos lícitos, os atos dos negócios jurídicos. O Código atual adotou a teoria dualista, de inspiração alemã (foi obra dos pandectistas do século XIX), que concebe o negócio jurídico como figura autônoma, merecedora de tratamento jurídico especial. O Título I do Livro III é totalmente dedicado ao negócio jurídico (arts. 104 – 184), possibilitando à doutrina construir uma verdadeira *teoria geral do negócio jurídico* no Direito Civil brasileiro. Temos, nesse ponto, as seguintes matérias: os requisitos de validade e eficácia dos negócios jurídicos,[132] os critérios ou regras gerais de interpretação dos negócios jurídicos[133] e as regras gerais sobre o exercício da representação (legal ou voluntária) na formação dos negócios jurídicos (arts. 115 – 120);[134] também trata das situações de modulação dos negócios jurídicos (condição, termo e encargo) e das situações patológicas ou

---

[131] Temos aqui a única inovação deste Livro em relação ao código anterior: o conceito de pertenças (art. 93) que, embora pareçam ser bens assessórios (pela disposição na qual o art. 93 se encontra no Código), na verdade não o são (pelo menos, enquanto regra geral), como se infere da leitura do art. 94 "Os negócios jurídicos que dizem respeito ao bem principal *não abrangem as pertenças*, salvo se o contrário resultar da lei, da manifestação de vontade, ou das circunstâncias do caso".

[132] Destaque para a inovação do art. 106: "A impossibilidade inicial do objeto não invalida o negócio jurídico se for relativa, ou se cessar antes de realizada a condição a que ele estiver subordinado".

[133] Temos aqui várias inovações: disposição sobre a aplicação da reserva mental ou vontade não manifestada (art. 110), o silêncio como manifestação de vontade positiva para a formação do vínculo negocial (art. 111) a predominância do conteúdo da manifestação de vontade sobre o sentido literal da linguagem, seja verbal seja escrita (art. 112) e a boa-fé objetiva como cláusula geral para a interpretação dos negócios jurídicos (art. 113).

[134] O Capítulo II – Da Representação é uma inovação do CC/02. A matéria da representação, a bem da verdade, foi divida em dois momentos dentro do CC/02. Na Parte Geral, cuidou-se da representação legal; na Pare Especial, da representação voluntária ou convencional (contrato de mandato – arts. 653-692). O art. 120 do CC/02, seguindo a já vista diretriz fundamental da *operabilidade* do Código Civil, cumpriu o papel de remeter o intérprete para a Parte Especial.

ilícitas: os defeitos (arts. 138-165)[135] e as causas de invalidade (arts. 166-184) dos negócios jurídicos.[136] O Título II, que contém apenas uma norma jurídica (art. 185), é uma das regras mais inteligentes da Parte Geral, em clara obediência à diretriz fundamental da *operabilidade:* tratando dos atos jurídicos *em sentido estrito* (os atos jurídicos que não são negócios jurídicos), dispõe a respeito da aplicação subsidiária do Título I (*teoria geral do negócio jurídico*) e essas espécies de atos jurídicos *em sentido amplo;*[137] o Título III é dedicado aos atos ilícitos (arts. 186 – 188),[138] e o Título IV, às regras gerais sobre prescrição e decadência (arts. 189-211).[139] Por fim, o Título V trata dos meios de prova como atos jurídicos indispensáveis para a comprovação dos fatos alegados nos processos judiciais (arts. 212-232).[140]

1.2. A relação jurídica como resultado da eficácia normativa (incidência) e como realização da eficácia jurídica (produção de efeitos)

Segundo o mestre Pontes de Miranda:[141] "Relação jurídica é a relação inter-humana, a que a regra jurídica, incidindo sobre os fatos, torna jurídica". Essa definição apresenta o *fato da incidência* como

---

[135] Destaque para duas inovações: o Estado de Perigo (art. 156) e a Lesão (art. 157).

[136] A invalidade dos negócios jurídicos aborda a matéria da *teoria das nulidades.* Nesse ponto, devemos destacar a clareza do diploma legal quanto à espécie de nulidade (relativa ou anulabilidade) referente aos defeitos dos negócios jurídicos (art. 171, II) e à espécie de nulidade (absoluta) referente a situações mais graves (art. 166 e 167).

[137] As regras sobre a invalidade dos negócios jurídicos (arts. 166-184), p. ex., aplicam-se aos atos jurídicos lícitos.

[138] Aqui também se revela outra importante inovação do CC/02: no art. 186 temos o ato ilícito fundado na idéia de culpa em sentido amplo (dolo ou culpa em sentido estrito), com a recepção do dano moral como dano indenizável (art. 5º, X, CF/88). No art. 187 temos a tipificação expressa do abuso de direito (que já existia, a bem da verdade, no CC/16, a partir da interpretação *a contrario sensu* do art. 160 e incs., – hoje, art. 188 e incs. – pois se o exercício *regular* de um direito não é considerado ato ilícito, então o exercício *irregular (abuso)* só pode sê-lo). Entretanto, o art. 187 consagrou a chamada *teoria objetiva do abuso de direito* (COELHO, Fábio Ulhoa. *Curso...*, p. 363), *i. e.*, não há necessidade de se comprovar, para fins de reparação de danos materiais e/ou morais, a culpa do agente, mas apenas o abuso no exercício de um direito (seja de natureza patrimonial ou extrapatrimonial) e o dano sofrido em função desse abuso. A importância dessa tipificação expressa do abuso de direito no Código Civil está em informar (ou explicar) a existência das regras do Código de Defesa do Consumidor que combatem a abusividade (CDC, arts. 39, 42, 51, etc).

[139] Destaque para a distinção entre os institutos, que não havia no código anterior. Sobre a prescrição e a decadência nos deteremos em outra oportunidade.

[140] Destaque para a inovação prevista nos arts. 231 e 232. Essas regras são importantes, p. ex., nas ações judiciais que envolvem reconhecimento da paternidade, pois protegem o autor da ação (aquele que busca assegurar seu direito de saber a respeito da identidade do seu pai biológico) contra a recusa injustificada do réu de se submeter a exame ou perícia médica, prevalecendo a presunção *relativa* (admite prova em contrário) da paternidade.

[141] PONTES DE MIRANDA, Francisco Cavalcanti. *Tratado de Direito Privado – Tomo I.* 4ª ed. São Paulo: Revista dos Tribunais. 1983, p. 117.

realidade fundamental para o surgimento, a modificação ou a extinção de uma relação jurídica. Marcos Bernardes de Mello,[142] com base na doutrina de Pontes de Miranda, explica que a *incidência* (eficácia legal ou normativa) é pressuposto (ou condição de realização) da eficácia jurídica (produção dos efeitos jurídicos *no âmbito da relação jurídica*, ou seja, produção do exercício dos direitos, deveres e demais categorias eficaciais).

O resultado (a conseqüência) do *fato da incidência* é a *juridicização* da relação social, isto é, "(...) constituição de situações jurídicas que criam direitos ↔ deveres (= relações jurídicas) ou simplesmente qualificam pessoas, entes ou coisas".[143] Temos, assim, a presença da norma jurídica[144] e do fato jurídico como *pressupostos* de toda e qualquer relação jurídica.[145] Segundo Pontes de Miranda:[146] *"Fato jurídico é, pois, o fato ou complexo de fatos sôbre o qual incidiu a regra jurídica".* A norma jurídica (regra ou princípio) possui um *suporte fático* (se for regra – previsão abstrata do fato jurídico;[147] se for princípio – abertura para a concreção do fato jurídico[148]). Quando ocorre deter-

---

[142] "A *incidência* é, assim, o efeito da norma jurídica de transformar em fato jurídico a parte do seu suporte fático que o direito considerou relevante para ingressar no mundo jurídico. Somente depois de gerado o fato jurídico, por força da incidência, é que se poderá falar de situações jurídicas e todas as demais categorias de efeitos jurídicos (eficácia jurídica). É preciso, portanto, considerar que há a eficácia da norma jurídica (denominada eficácia legal, por Pontes de Miranda), de que resulta o fato jurídico, e a eficácia que decorre do fato jurídico já existente. Não é possível, dessarte, falar de eficácia jurídica (relação jurídica, direitos, deveres e demais categorias eficaciais) antes de ocorrida a eficácia normativa (incidência)" (MELLO, Marcos Bernardes. *Teoria do Fato Jurídico – Plano da Existência.* 12ª ed. São Paulo: Saraiva. 2003, p. 71).

[143] *Idem,* p. 90.

[144] Na atual compreensão do fenômeno jurídico a norma jurídica pode (e deve) ser vista, ou como *regra* ou como *princípio*. As regras possuem uma linguagem mais precisa, específica, o que torna a percepção do fato da incidência mais clara para intérprete; já o princípio tem uma linguagem mais ampla, por vezes bastante vaga, o que não impede a existência e a constatação, pelo intérprete, daquele mesmo fato, isto é, da incidência do princípio na realidade social. É preciso, pois, defender a tese da normatividade dos princípios jurídicos e a necessidade de sua aplicação enquanto normas jurídicas dotadas de imperatividade. Para uma melhor compreensão dessa matéria, em especial, dos princípios *constitucionais*, v. GRAU, Eros Roberto. *A Ordem Econômica na Constituição de 1988.* 5ª ed. São Paulo: Malheiros. 2000, p. 75-122; Do mesmo autor: *O direito posto e o direito pressuposto.* 5ª ed. São Paulo: Malheiros. 2003, p. 112-113. Veja ainda, sobre a eficácia das regras e dos princípios, ÁVILA, Humberto. *Op. cit.,* p. 97-120.

[145] Não podemos confundir os *pressupostos* com os *elementos* da relação jurídica. A propósito, trataremos a seguir dos elementos das relações jurídicas (item 1.3.).

[146] *Op. cit.,* p. 77.

[147] Exemplo: previsão do art. 121 do Código Penal: suporte fático do fato jurídico ilícito (crime) de homicídio.

[148] Um exemplo de norma-princípio que possui *abertura para a concreção do fato jurídico* é o da cláusula geral de boa-fé objetiva (arts. 113, 187 e 422, CC/02; art. 4°, III, CDC). Com efeito, a norma permite que o intérprete perceba (e decida) pela concreção do princípio, p. ex., na relação jurídica de compra e venda envolvendo o alienante e o adquirente (Código Civil) ou o fornecedor (comerciante) e o consumidor (CDC), e cuja forma de pagamento tenha sido o cheque *pré-datado*. O fato social de realizar negociação com cheque *pré-datado* recebe a *incidên-*

minado fato social, previsto pela (ou com possibilidade de concreção da) norma jurídica, acontece o *fato da incidência*, isto é, o suporte fático da norma *incide (juridiciza)* o fato social, que se torna, por isso, *fato jurídico*. Esse processo é chamado, como vimos, de *eficácia normativa*. A partir dessa eficácia normativa é que teremos a eficácia jurídica ou relação jurídica e, no âmbito desta, a produção, ou não,[149] dos efeitos jurídicos entre sujeitos segundo determinado objeto ou interesse.

1.3. Os elementos constitutivos da relação jurídica

Uma vez compreendido que a análise dos *pressupostos* da relação jurídica (norma e fato jurídicos) passa pela compreensão do fato (ou fenômeno) da incidência (eficácia normativa) como condição para a realização da relação jurídica e seus efeitos (eficácia jurídica), podemos tratar, agora, dos *elementos constitutivos* da relação jurídica.

A doutrina brasileira sobre Teoria Geral do Direito[150] e Direito Civil são praticamente unânimes[151] em apresentar como elementos constitutivos da relação jurídica:

---

cia do princípio da boa-fé objetiva na medida em que, sendo princípio regente das relações contratuais em geral, e considerando que houve acordo de vontades entre vendedor (que não é obrigado a trabalhar com cheque pré-datado) e comprador sobre a pré-datação, concretiza-se o princípio na relação jurídica, e dá-se, a tal relação, a natureza contratual (cheque pré-datado é *negócio jurídico*). Logo, se o comerciante desconta o cheque pré-datado antes da data combinada (contratada) está violando a norma-princípio prevista nos arts. 113, 187 e 422, CC. E, entre violar uma regra jurídica (Lei do Cheque) e violar um princípio jurídico, considera-se muito mais grave a violação desta espécie de norma jurídica, razão pela qual alguns juízes e Tribunais têm entendido que o comerciante deve indenizar o comprador/consumidor lesado em razão do desconto antecipado do cheque pré-datado, quando, desse desconto, resultou danos materiais e/ou morais ao comprador/consumidor-autor, e em que pese a existência de regra específica na "Lei do Cheque" definindo o título de crédito como "ordem de pagamento à vista" (o que autorizaria o comerciante a descontar o título antes da data combinada).

[149] Segundo Pontes de Miranda: "A incidência da lei independe da sua aplicação" (*Op. cit.*, p. 11). Essa afirmação é importante, porque demonstra que a incidência (eficácia normativa) é condição de realização da eficácia jurídica (relação jurídica), mas essa realização (momento da "aplicação") pode não ocorrer. Exemplo: a norma jurídica prevê determinado crime (suporte fático) e a sanção para quem praticá-lo (eficácia jurídica – relação jurídica proveniente de ato ilícito). Supondo que esse crime ocorra (fato social), haverá, automaticamente, o fato (ou fenômeno) da incidência (fato social = fato jurídico). Agora, supondo que esse crime só possa ser punido através de ação penal privada – isto é, por meio de provocação do ofendido perante o Estado – se o ofendido não procurar a autoridade policial para fazer a ocorrência, então não será instaurado o inquérito policial e a queixa-crime em juízo e, consequentemente, a relação jurídica não produzirá efeitos, ou seja, "a lei não será aplicada" (eficácia jurídica).

[150] Veja, dentre outros: DINIZ, Maria Helena. *Compêndio de Introdução à Ciência do Direito.* 16ª ed. São Paulo: Saraiva, p. 505-526; NADER, Paulo. *Op. cit.*, p. 291-297; REALE, Miguel. *Op. cit.*, p. 217-222; RIZZATTO NUNES, Luiz Antônio. *Manual de Introdução ao Estudo do Direito.* 4ª ed. São Paulo: Saraiva. 2002, p. 134-146; TELLES JR., Goffredo. *Op. cit.*, p. 280-281;

[151] O professor Miguel Reale, na obra citada acima (p. 217-218), afirma que os elementos são três: sujeitos, objeto e vínculo de atributividade (norma jurídica). Entendemos porém, que o vínculo de atributividade não é elemento da relação, mas pressuposto da mesma.

- Elemento subjetivo: os sujeitos de direito (pessoas naturais ou jurídicas)[152]
- Elemento objetivo: o objeto (mediato ou imediato)[153]

Podemos fazer um quadro esquemático para melhor visualização dos pressupostos e elementos da relação jurídica:

PRESSUPOSTOS → a norma jurídica (regra ou princípio); o fato jurídico

ELEMENTOS CONSTITUTIVOS → os sujeitos de direito (pessoas naturais e jurídicas) os objetos:
- *mediato* → os bens jurídicos[154]
- *imediato* → a prestação

---

[152] Trataremos dos sujeitos de direito (pessoas naturais ou jurídicas) quando analisarmos o Livro I da Parte Geral do Código Civil de 2002. Por ora, queremos apenas lembrar que os sujeitos de direito encontram-se envolvidos, nas relações jurídicas, em situações *ativas* (quando estão aptos a exigir algo de alguém) ou *passivas* (quando se encontram obrigados a uma conduta em relação ao sujeito ativo). Esta idéia, bastante simples, é eficaz para explicar os vínculos jurídicos de natureza pessoal ou obrigacional, em especial aqueles que nascem de negócios jurídicos *sinalagmáticos* (negócios em que há equivalência de direitos e deveres entre os sujeitos). Entretanto, existem relações jurídicas da natureza permanente, que derivam da simples convivência social. Trata-se da chamada *relação jurídica fundamental*, que consiste em praticar condutas de respeito aos direitos dos outros. Tais condutas, que são permanentes, muitas vezes não se traduzem em ações, mas em abstenções (ex: dever geral de respeitar a propriedade alheia, dever geral de respeitar a vida alheia etc.). Nesse sentido, todos nós somos, o tempo todo, sujeitos passivos e, ao mesmo tempo, ativos (na medida em que os outros têm o mesmo dever geral de conduta para comigo).

[153] Segundo Paulo Nader: "O objeto, também denominado *objeto imediato*, é a coisa em que recai o poder do sujeito ativo, enquanto que conteúdo, ou *objeto mediato*, é o fim que o direito garante. O objeto é o meio para se atingir o fim, enquanto que o fim garantido ao sujeito ativo denomina-se conteúdo (...) 'na propriedade, o conteúdo é a utilização plena da coisa, o objeto é a coisa em si; na hipoteca, o objeto é a coisa, o *conteúdo* é a garantia à dívida' (...)" (*Op. cit.*, p. 293). Luiz Antônio Rizzatto Nunes, por sua vez, entende que "(...) o objeto imediato, isto é, o que toca imediatamente o sujeito, é chamado de 'prestação'. Esta consiste em certo ato, ou em sua abstenção, que o sujeito ativo da relação jurídica tem direito de exigir do sujeito passivo. A prestação está, por isso, dividida em positiva e negativa (...) Os 'bens jurídicos' sobre os quais recaem a para os quais se dirigem os direitos e obrigações são os chamados objetos mediatos, porque tocam o sujeito de maneira indireta. O termo 'bem jurídico' tem o sentido de valor, utilidade ou interesse de natureza material, econômica ou moral, ou, em outras palavras, é tudo aquilo que é protegido pelo Direito, tendo ou não conteúdo ou valoração econômica (...) No conceito de 'bem jurídico' inclui-se, ainda, a própria pessoa, na sua condição física (pessoa física) e espiritual ou moral (pessoa física, pessoa jurídica e 'entes despersonalizados. Os bens jurídicos aí são a vida, a integridade, a honra, a imagem, o nome etc.". (*Op. cit.*, p. 143-144). Preferimos, por sua didática, a classificação do professor Rizzatto Nunes, sempre levando em conta a idéia segundo a qual as classificações (como aquela que distingue o direito público do privado) têm natureza dogmática ou tecnológica, *i. e.*, não apresentam uma verdade destinada a solucionar um problema, mas um critério para decidi-lo.

[154] Consideramos este dado realmente muito importante: a Parte Geral do Código Civil, no Livro II, cuida apenas dos bens jurídicos (materiais ou imateriais) de natureza *econômica* ou *patrimonial*, pois os bens jurídicos *não-econômicos* ou *extrapatrimoniais* encontram-se nos Títulos I (Das Pessoas Naturais) e II (Das Pessoas Jurídicas) do Livro I (Das Pessoas) da Parte Geral, e são, justamente, aqueles protegidos pelos *direitos da personalidade* das pessoas naturais (arts. 11a 21) e das pessoas jurídicas (art. 52).

1.4. Teoria Positivista (ou Moderna) da Relação Jurídica (Objeto) e Teoria Pós-Positivista (ou Pós-Moderna) da Relação Jurídica (Sujeito)

A Teoria Positivista (ou Moderna) da Relação Jurídica foi construída à luz das concepções liberais-individualistas do século XIX e primeira metade do século XX.[155] A noção de relação jurídica, para a teoria positivista, compreende:

1) a idéia de vínculo entre *sujeitos determinados* (contratante A – contratante B; autor A – réu B etc.);

2) a explicação do *objeto* da relação a partir das relações de *natureza patrimonial* (interesses individuais).

Entendemos que essa teoria positivista encontra-se superada por outra, de natureza "pós-positivista"[156] (ou pós-moderna)[157] da

---

[155] Tais concepções foram tratadas nos subitens 2.1 e 2.2 do presente Capítulo.

[156] O pós-positivismo, em linhas gerais, combate a idéia do silogismo como única forma de interpretação e aplicação do direito, sendo contrário também ao dogma da completude do ordenamento jurídico. Valoriza, acima de tudo, a concretização dos princípios jurídicos enquanto normas jurídicas de aplicação imediata, e não apenas nos casos de lacuna legal, como último critério a serviço do juiz (art. 4º da Lei de Introdução ao Código Civil – lei, aliás, que foi concebida sob o paradigma positivista do direito). Não se trata de um jusnaturalismo, mas de um rompimento com os principais postulados do positivismo jurídico dos séculos XVIII, XIX e primeira metade do século XX.

[157] Se a teoria positivista da relação jurídica foi concebida no período da modernidade, a teoria pós-positivista compreende-se dentro do período histórico da pós-modernidade, ou seja, do momento pelo qual a civilização está passando. Com efeito, no subitem 2.3 do Capítulo anterior transcrevemos uma passagem da obra *A Era dos Extremos,*de Eric Robsbawm, na qual o historiador inglês faz a seguinte afirmação: "(...) não há como duvidar seriamente que em fins da década de 1980 e início da década de 1990 uma era se encerrou e outra nova começou" (*Op. cit.* p. 15). Pois bem. Esse período, descrito por Hobsbawm é o período da Pós-Modernidade. O professor Erik Jayme, da Universidade de Heidelberg, (Alemanha), afirma que "A pós-modernidade vive de antinomias, de pares contrapostos: ela se define justamente através da modernidade, que ela não quer ser" (JAYME, Erik. Visões para uma teoria pós-moderna do direito comparado. In: *Revista dos Tribunais v. 759*. São Paulo: Revista dos Tribunais. Janeiro de 1999, p. 25). No mesmo sentido, o professor lusitano Boaventura de Sousa Santos explica que o período da pós-modernidade pode ser compreendido dentro de uma perspectiva que ele denomina de "não cumprimento das promessas da modernidade". Essas 'promessas' foram, segundo Sousa Santos, assentadas sobre dois pilares fundamentais: o pilar da regulação – dentro do qual se articulam os princípios do Estado (Hobbes), do mercado (Locke) e da comunidade (Rousseau) – e o pilar da emancipação – dentro do qual se articulam a racionalidade estético-expressiva (arte e literatura), a racionalidade moral-prática (ética e direito) e a racionalidade cognitivo-instrumental (ciência e técnica). Refere o eminente pensador que a pós-modernidade é o retrato da não realização – ou da realização insuficiente – desse projeto sócio-cultural da modernidade construindo a partir do séculos XVI e XVII pelas idéias racionalistas e iluministas (SOUSA SANTOS, Boaventura de. *Pela mão de Alice – O social e o político na pós-modernidade*. 7ª ed. São Paulo: Cortez. 2000, p. 77-78). Infelizmente, pelas limitações deste trabalho, não temos condições de dar mais atenção a esse tema. Contudo, além das obras supracitas, é importante consultar: LISBOA, Roberto Senise. *Manual Elementar de Direito Civil – volume 1 (Teoria Geral do Direito Civil)*. 2ª ed. São Paulo: Revista dos Tribunais. 2002, p. 43-47; LORENZETTI, Ricardo Luis. *Op. cit.*, p. 34); e MARQUES, Cláudia Lima. *Contratos no Código de Defesa do Consumidor*. 4ª ed. São Paulo: Revista dos Tribunais. 2002, p. 155-175. Gostaríamos,

LIÇÕES DE TEORIA GERAL DO DIREITO CIVIL

relação jurídica, pois não consegue explicar a relação jurídica a partir:

1) da existência de *sujeitos indeterminados* (ex: proteção ao consumidor-coletividade: arts. 2º, parágrafo único e 29, CDC; proteção ao meio ambiente – art. 225, CF/88) e seus *interesses transindividuais* (art. 81, parágrafo único, I e II, CDC)[158] e *individuais coletivamente tuteláveis* (art. 81. parágrafo único, III, CDC);[159]

2) do fenômeno da *socialização (ou repersonalização)*[160] *do direito*, que valoriza a pessoa humana como valor-fonte do direito,[161] e contempla, nos Códigos atuais, a existência de relações jurídicas sem objetos de natureza patrimonial (arts. 11 a 21 e 52, CC).

Para o professor Roberto Senise Lisboa[162] "(...) o objeto da teoria jurídica, segundo Fachin, não pode mais ser detectado somente por

apenas, de destacar um dos aspectos da pós-modernidade no direito (em especial, no direito privado), descrito pela eminente jurista gaúcha: a crença nos direitos humanos (positivados enquanto direitos *fundamentais* – CF/88) como referências para o intérprete a aplicador do direito (*Op. cit.*, p. 164).

[158] São os interesses *transindividuais de natureza difusa e coletiva.* No primeiro caso, os sujeitos ativos são indeterminados e não há, entre eles, nem com o sujeito passivo, relação jurídica previamente estabelecida (relação negocial), mas apenas uma circunstância de fato. – ex: consumidores (nº indeterminado) lesados pelo fato de uma publicidade enganosa na televisão; ex: cidadãos (nº indeterminado) lesados pelo fato da poluição sonora em uma grande cidade; cidadãos (nº indeterminado) pelo fato da depredação de um patrimônio histórico. Decorrência da indeterminação do número de sujeitos lesados é a indivisibilidade do dano ou lesão. No segundo caso, os sujeitos ativos também são indeterminados (pois os interesses se qualificam como *transindividuais*). Porém, existe uma relação jurídica base (previamente estabelecida) entre essa coletividade de sujeitos ou entre a coletividade e a parte contrária (sujeito passivo) – ex: convenção coletiva de consumo (CDC, art. 107) entre uma entidade civil de defesa do consumidor e um órgão representativo de determinados fornecedores. Da mesma forma que no caso anterior, a indeterminação do número de sujeitos lesados tem, como decorrência, a indivisibilidade do dano ou lesão. É importante destacar que os conceitos previstos nos incisos I, II e III do parágrafo único do art. 81, CDC, não valem apenas para o Direito do Consumidor, mas para quaisquer áreas jurídicas que regulem interesses dessa natureza (p. ex.: Direito Ambiental, Direito Urbanístico etc.).

[159] São os interesses *individuais homogêneos*, que se caracterizam por ser: 1) interesses (ou direitos) *individuais* (número de sujeitos ativos é determinado ou determinável); 2) interesses (ou direitos) cujo dano ou lesão apresenta-se como divisível (i. e., pode-se saber ao certo o quanto determinada pessoa foi lesada); 3) a *origem comum* da lesão a cada indivíduo (não significa que o fato tenha ocorrido ao mesmo tempo para todos, mas que uma mesma espécie de fato, proveniente da atividade do mesmo sujeito passivo (o fornecedor), gerou as lesões – ex: consumidores de empresa de telefonia celular lesados pela má prestação do serviço. O ponto em comum entre esses interesses e os interesses transindividuais (difusos e coletivos) reside no fato da posssibilidade de tutela judicial coletiva, por meio de *substituição processual* (legitimação extraordinária do Ministério Público, Procons (ainda que sem personalidade jurídica), Entidades da União, Estados e Municípios e Associações Civis de Defesa do Consumidor (art. 82, CDC).

[160] FACHIN, Luiz Edson. *Op. cit.*, p. 132.

[161] Veja, a propósito, REALE, Miguel. *Filosofia...*, p. 211-214.

[162] *Op. cit.*, p. 168.

meio do conceito de relação jurídica,[163] pois ela deve exprimir mais uma ordenação conceitual para dar conta de um modo de ver a vida e suas circunstâncias. Sob uma concepção pós-moderna, deve-se conferir uma maior importância à pessoa e não ao patrimônio, pois, como se disse anteriormente, o direito tem que proteger a pessoa e garantir-lhe um patrimônio mínimo para o exercício de suas atividades e seu desenvolvimento social. Por esse motivo, o objeto[164] de direito deve ter uma menor ênfase na análise da relação jurídica".

A seguir, observa o autor[165] que: "(...) na pós-modernidade, o patrimônio não pode ser considerado, como lembra Ricardo Lorenzetti, uma emanação do indivíduo, como um atributo de sua personalidade.[166] O patrimônio deve ser um instrumento da atividade econômica, sempre buscando a proteção dos interesses de terceiros determinados e indeterminados, enfim, de interesses socialmente relevantes".[167]

O professor Antônio Junqueira de Azevedo, por sua vez, entende que a *pós-modernidade* representa uma mudança de paradigma na compreensão e aplicação do direito positivo. Segundo Azevedo, no estágio atual do direito, o *direito pós-moderno*, predomina o paradigma da *fuga do juiz*, segundo o qual um grande número de demandas sociais não necessita (porque a sociedade assim o deseja) ser levado ao Judiciário.[168] Esse paradigma da *fuga do juiz*, reconhece o eminen-

---

[163] O autor se refere ao conceito de relação jurídica extraído da doutrina positivista (individualismo, patrimonialismo, silogismo etc.).

[164] O autor se refere à explicação (de natureza positivista) do objeto da relação jurídica a partir das relações jurídicas patrimoniais.

[165] *Idem, ibidem.*

[166] No mesmo sentido, FACHIN, Luiz Edson. *Op. cit.*, p. 131.

[167] Isso explica o conteúdo da norma prevista no art. 187 do Código Civil de 2002: *Abuso de direito – "Também comete ato ilícito o titular de um direito* [o direito de propriedade, p. ex.] *que, ao exercê-lo, excede manifestamente os limites impostos pelo seu fim econômico e social, pela boa-fé ou pelos bons costumes"* (grifamos). O exercício individual dos direitos (principalmente os de natureza patrimonial) encontra limites nos fins econômicos e sociais que esses direitos têm em razão da dimensão comunitária que os direitos civis também possuem (exerço o direito *para mim* nos limites ditados *pela convivência social*). Assim sendo, os direitos (e o patrimônio) são *meios (instrumentos)*, e não *fins*.

[168] O professor Azevedo faz uma análise a respeito dos três paradigmas pelos quais passou a ciência do direito. O primeiro deles, o *paradigma da lei*, entendia que a lei, abstrata e geral, continha o direito e a justiça, cabendo ao juiz, unicamente, sua aplicação mecânica pela subsunção (silogismo). O segundo paradigma, chamado pelo autor de *fuga para juiz*, representa o movimento de crítica à idéia de completude da lei e ao conseqüente surgimento, nos textos legais, das *normas de conteúdo aberto* (cláusulas gerais, como a boa-fé objetiva e a função social do contrato; conceitos jurídicos indeterminados, como ordem pública, interesse público, bem comum etc.) a fim de que *o juiz*, analisando os casos concretos, mantivesse a lei atualizada diante de sua natural imperfeição (pela incapacidade do legislador prever todas as possibilidades fáticas existentes). Esses dois paradigmas são *modernos*, isto é, compreendem o período de prática das idéias modernas, entre os séculos XIX e XX – até os anos 70 (v. AZEVEDO, Antônio Junqueira. Direito pós-moderno e codificação. *Revista de Direito do Consumidor n. 33.*

LIÇÕES DE TEORIA GERAL DO DIREITO CIVIL

te jurista, encontra exceção na necessidade de atuação do Estado-juiz para a defesa da *vida* e do acesso aos bens essenciais à *dignidade da pessoa humana* (CF, arts. 5°, *caput*, e 1°, III).[169]

Em outras palavras, a teoria pós-positivista (ou pós-moderna) da relação jurídica, em sintonia com a experiência jurídica da *socialização (ou repersonalização) do direito* e seus reflexos (*constitucionalização e descodificação do direito privado; a consagração constitucional do Estado "Democrático" de Direito*),[170] percebe as relações patrimoniais

São Paulo: Revista dos Tribunais. Janeiro-março de 2000, p. 125-126). Sobre o tempo presente, afirma o autor: "O tempo que estamos a viver, em primeiro lugar, não se conforma com as noções vagas que tudo fazem depender do juiz como nem, por outro lado, deseja, pura e simplesmente, uma volta ao passado com a lei abstrata (...) Da fuga para o juiz, cabe hoje falar em fuga *do juiz* – e isto, diga-se, não diminui o Poder Judiciário, eis que este fica limitado a agir nas hipóteses em que, de fato, é necessário como *julgador*. Para que juiz, em casos nos quais as partes admitem um árbitro? Para que juiz, se é somente para notificar alguém? Para que juiz, se é caso de resolução contratual, 'rescisão', em que uma das partes já declarou expressamente que não vai cumprir o contrato? Para que juiz, se é para alterar um pacto antenupcial em que o Registro fixa a eficácia?" (*Idem*, p. 126-127). O autor faz uma crítica ao Código Civil de 2002 como uma lei centrada no segundo paradigma e que, por isso, exige a presença do juiz em situações que poderiam ser resolvidas pela negociação entre as partes (*Idem*, p. 128). A análise do professor da USP parece estar em sintonia com a observação do professor Erik Jayme sobre o interesse da pós-modernidade "(...) no acontecimento contemporâneo, momentâneo" (*Op. cit.*, p. 28). Um exemplo do paradigma pós-moderno (*fuga do juiz*) no sistema jurídico brasileiro é o da Lei n. 11.441, de 4 de janeiro de 2007, que, alterando disposições do Código de Processo Civil, possibilitou a realização das separações judiciais, divórcios, inventários e partilhas através pela via administrativa, isto é, através de escritura pública lavrada em tabelionato. A referida lei acaba, assim, com a obrigatoriedade do procedimento judicial, salvo nos casos de conflito entre as partes, existência de filhos menores ou incapazes ou, no caso do inventário e da partilha, se houver testamento.

[169] *Idem*, p. 127. É importante frisar que o Direito do Consumidor compõe a parte da ordem jurídica brasileira que se apresenta como *exceção* ao paradigma pós-moderno da *fuga do juiz*, e justamente pela norma constitucional que atribuiu ao Estado (leia-se Estado-legislador, administrador e *juiz*) o dever de proteger os interesses e necessidades dos consumidores, sendo que as normas jurídicas do CDC demonstram a verdade dessa afirmação. Com efeito, o Código do Consumidor, em seu art. 51, inciso VII dispõe sobre a *nulidade absoluta* de cláusula contratual que submeta o consumidor à *arbitragem* como único mecanismo de resolução de conflitos. A nulidade existe justamente por causa da necessidade do consumidor ser tutelado pelo Estado, o que lhe dá o direito de recorrer ao poder judiciário ou aos órgãos administrativos na defesa dos seus legítimos direitos.

[170] Eis aqui um tema que merece, apesar das limitações do trabalho, uma breve atenção de nossa parte. Quando afirmamos que a época atual pode ser definida como "Pós-Moderna", e que a Pós-Modernidade alcança o sistema jurídico, temos que admitir, por óbvio, que as Constituições elaboradas e promulgadas durante esse período apresentam-se como Constituições "Pós-Modernas". Assim, conforme Willis Santiago Guerra Filho, a nossa Constituição Federal de 1988 tem essa natureza (GUERRA FILHO, Willis Santiago. *Teoria da Ciência Jurídica*. São Paulo: Saraiva. 2001, p. 155), pois, para o professor cearense, a consagração, pela Carta Magna, de um Estado "Democrático" de Direito " a síntese em que supera, dialeticamente, Estado Liberal de Direito e *Welfare State*, de um lado, e, de outro, Estado Social e Socialista de Direito" (*Idem*, p. 154). Segundo o autor, a Constituição Federal de 1988 deve ser interpretada como um *processo em permanente construção*, ou seja, devemos olhar a Constituição como um *projeto de país* que, através de suas normas-princípio, mantém uma permanente *abertura para o futuro* (*Idem*, p. 155). Essa abertura, porém, deve encontrar limites no chamado núcleo fundamental da Constituição que não pode sofrer alterações, nem ser excluído da ordem constitucional, ao longo do tempo (art. 60, § 4°, CF/88). Assim, "(...) essa visão do texto constitucional como uma

(contratuais, de posse e propriedade, empresariais etc.) não como fins em si mesmas,[171] mas como *meios (instrumentos)* aptos, não apenas a concretizar a ordem jurídica capitalista (art. 170, CF/88), mas também a proporcionar o *patrimônio mínimo* necessário à promoção da pessoa humana enquanto valor-fonte (art. 1º, III)[172] no contexto

'obra aberta', cujo sentido é permanentemente construído e reconstruído por seus destinatários, seria ela própria um reclamo do Estado Democrático de Direito, visto que este representa um intento de conciliar valores que só abstratamente se compatibilizam perfeitamente [p. ex., art. 170, *caput*, Cf/88 – *livre iniciativa* e *justiça social*], pois no momento de sua concretização podem chocar-se, por exemplo, a segurança jurídica (=respeito à legalidade) e a igualdade perante a lei [Além disso] (...) tem-se o compromisso básico do Estado Democrático de Direito na harmonização de interesses que se situam em três esferas fundamentais: a *pública*, ocupada pelo Estado, a *privada*, em que se situa o indivíduo, e um segmento intermediário, a *esfera coletiva*, na qual há os interesses de indivíduos enquanto membros de determinados grupos, formados para a consecução de objetivos econômicos, políticos, culturais ou outros. Há quem veja na projeção cultural desses grupos [a *esfera coletiva*], no campo político e social, um dos traços característicos da pós-modernidade, quando então as ações mais significativas se deveriam a esses novos sujeitos coletivos, e não às sujeitos individuais ou àqueles integrados na organização política estatal [exemplo disso é o crescimento, no Brasil pós-CF/88 (art. 5º, XVII) e pós-Código de Defesa do Consumidor (arts. 4º, II, 'b' c/c art. 82, IV e § 1º), do número de associações civis de defesa dos direitos e interesses dos consumidor – sobre o tema, v. GRINOVER, Ada Pellegrini (...) [et. al]. *Código Brasileiro de Defesa do Consumidor: comentado pelos autores do anteprojeto*. 7ª ed. Rio de Janeiro: Forense Universitária. 2001, p. 57-58 e 724-730; veja também, na internet (*www.uol.com.br/fornac/Entidades.htm*), as entidades ligadas ao FNECDC (Fórum Nacional das Entidades Civis de Defesa do Consumidor)] (...) Compreende-se, então, como o centro de decisões politicamente relevantes, no Estado Democrático contemporâneo, sofre um sensível *deslocamento* do Legislativo e Executivo *em direção ao Judiciário [grifamos]*. O processo judicial que se instaura mediante a propositura de determinadas ações, especialmente aquelas de natureza coletiva e/ou de dimensão constitucional – ação popular, ação civil pública, mandado de injunção etc. – torna-se um instrumento privilegiado de *participação política e exercício permanente da cidadania"* (*Op. cit.*, p. 157-161). Sobre a *cidadania* como fundamento constitucional do Estado Democrático de Direito brasileiro (art. 1º, II, CF/88), veja o que escrevi em *Defesa do Consumidor e Regulação...*, p. 101-108. Sobre a atuação dos novos sujeitos coletivos no contexto do Estado Democrático de Direito, veja WOLKMER, Antônio Carlos. *Pluralismo Jurídico – Fundamentos de uma nova cultura no direito*. 2ª ed. São Paulo: Alfaômega. 1997, p. 109-137.

[171] O Código Civil de 1916, por suas marcas individualista e patrimonialista, foi concebido conforme essa visão da relação jurídica patrimonial como fim, e não como meio, visto que os direitos de propriedade e as liberdades inviduais (como a de contratar) eram compreendidas como direitos inatos do homem enquanto ser individual (não se levava em sua dimensão cidadã ou comunitária do ser humano: o *pertencer a algum lugar* como *limite* ao exercício do meu direito). Logo, protegendo-se, de forma absoluta, esses direitos e liberdades de natureza patrimonial, protegia-se também, por causa de sua natureza inata (direito natural), o próprio homem. Confundia-se os meios com os fins, talvez, porque, como diria Maquiavel, "os fins (proteção dos interesses da burguesia liberal) justificassem os meios (defesa do direito de propriedade e das liberdades econômicas privadas como direitos absolutos)". A distância entre o idealismo iluminista do século XVIII (ideário do direito natural – *liberdade, igualdade e fraternidade*) e o pragmatismo burguês do século XIX (redução da igualdade à um conceito formal e exaltação das liberdades burguesas (civis e políticas), de exercício excludente, na medida em que estava relacionado à propriedade), ilustra bem o que queremos dizer. O resultado, vimos na aula anterior, foi o fim do liberalismo e o surgimento, no século XX, do Estado (Capitalista) Social de Direito.

[172] Essa parece ter sido, mesmo, a intenção do legislador constituinte, quando da elaboração do art. 170 da Carta Magna, pois encontramos, no *caput*, a busca da conciliação entre *livre iniciativa* (promoção do sistema capitalista, apoiada na idéia do lucro) e a *justiça social* (pro-

LIÇÕES DE TEORIA GERAL DO DIREITO CIVIL

de uma sociedade *plural* (aberta à coexistência de múltiplos interesses políticos, econômicos e culturais).[173]

1.5. Características da Relação Jurídica

As relações jurídicas, tenham como objeto um bem jurídico patrimonial (propriedade, crédito etc.), ou extrapatrimonial (vida, integridade física e moral etc.), apresentam as seguintes características:[174]

1. Bilateralidade – A relação jurídica é sempre uma relação integrada por duas partes ou pólos, isto é, não podemos falar em relação jurídica sem a presença de, pelo menos, dois sujeitos (pessoas naturais ou jurídicas).[175] Cada pólo (ou parte) da relação jurídica pode ser composto de mais de um sujeito (exs: relação jurídica processual com litisconsórcio; relação jurídica material – solidariedade passiva (dois ou mais devedores) em relação ao credor etc.).

moção da pessoa humana enquanto sujeito e enquanto cidadão, apoiada na idéia da pessoa humana como valor-fonte). São reflexos desse movimento jurídico: art. 5°, XXIII c/c arts. 170, III, CF/88 e art. 1.228, §§ 1° e 4°, CC/02 – função social da propriedade e da posse; art. 421, CC/02 – função social do contrato; art. 478 e 479, CC/02 c/c art. 6°, V, CDC – resolução (ou revisão) do contrato por onerosidade excessiva em razão de fatos supervenientes à formação do vínculo contratual etc.

[173] Observa o professor Erik Jayme que: "Dentre os valores básicos da pós-modernidade destaca-se o reconhecimento do pluralismo, da pluralidade de estilos de vida e a negação de uma pretensão universal à maneira própria de ser" (*Op. cit.*, p. 29). Veja, a propósito, WOLKMER, Antônio Carlos. *Op. cit.*, p. 155 e segs.

[174] O conhecimento dogmático (ou tecnológico) foi extraído da obra, já citada, do professor Roberto Senise Lisboa (p. 170-172).

[175] Precisamos fazer aqui uma observação: nos chamados *negócios jurídicos unilaterais* (p ex., o testamento) existe a presença da *bilateralidade* na relação jurídica, embora não seja necessária – e por isso o negócio se chama *unilateral* – a manifestação de vontade do beneficiário para a *perfectibilização (formação)* do negócio. Também é importante dizer, ainda em relação à matéria dos *negócios jurídicos*, que existem os chamados *negócios jurídicos plurilaterais ou acordos* (p. ex, uma deliberação em assembléia de condôminos ou uma deliberação de acionistas de uma empresa). Neste caso, não cabe falar em *bilateralidade* (dois pólos ou partes), mas em *plurilateralidade* (mais de dois pólos ou partes). O professor Roberto Senise Lisboa, com efeito, afirma que "(...) a bipolaridade é característica que se presta a um fim didático, pois ela não resiste à análise perante as relações jurídicas de cunho associativo. Digna de referência é essa teoria. Afirma-se que a relação jurídica é, neste caso, *plurilateral*, pois os interesses não seriam contrapostos, mas convergentes para uma mesma finalidade e propósito. Exemplo disso seria o contrato de constituição de sociedade, o de aquisição de cota de consórcio, e assim por diante" (*Op. cit.*, p. 171). A seguir, observa o autor que "(...) mesmo a teoria plurilateral não satisfaz. Nos contratos associativos há interesses particulares que não se confundem com a comunhão de direitos ou a constituição de uma pessoa jurídica. Alguns, aliás, nada têm de convergentes com os demais. Na cota de consórcio, a pessoa quer adquirir o automóvel, não propriamente auxiliar os outros consorciados a obterem os seus respectivos veículos. Na constituição da sociedade civil, pretende-se obter o *pro labore* respectivo, não apenas dar existência a uma entidade moral. E assim por diante" (*Idem, ibidem*). Por fim, conclui no seguinte sentido: "A tradição da *bilateralidade*, entre nós, deve ser revista, à luz de noções atuais que coloquem a pessoa como elemento preponderante da relação jurídica" (*Idem, ibidem*).

2. Intersubjetividade – A relação jurídica é relação entre *sujeitos de direitos e deveres*, isto é, entre *pessoas* (Código Civil – Parte Geral – Livro I). Há algum tempo, admitia-se a existência de relação jurídica entre pessoa e coisa, como naquelas que envolviam o exercício do direito de propriedade. Na verdade, a relação ocorre entre sujeitos, sendo o proprietário aquele que tem um poder (não absoluto – art. 5°, XXIII c/c art. 170, III, CF/88 e art. 1.228, § 1° e 5°, CC) de subordinar um bem material (móvel ou imóvel) ou imaterial (uma criação intelectual) a sua vontade e controle. Percebemos, assim, que a coisa não é sujeito, mas objeto da relação jurídica em questão.

3. Vinculação – Por fim, a relação jurídica *vincula*, por meio da lei, do negócio jurídico, da sentença judicial ou por outra forma de expressão jurídico-normativa (um título de crédito, p. ex.), os sujeitos envolvidos, ainda que tenhamos, em um dos pólos da relação, sujeitos *indeterminados* (ex. – relação entre empresa fornecedora e coletividade indeterminada de consumidores). Dessa vinculação os sujeitos só podem se eximir por previsão da lei[176] ou por manifestação (ou autorização) da outra parte.[177] A vinculação, sob o prisma da oponibilidade dos direitos subjetivos, pode ser:

"1. Absoluta – quando a oponibilidade do direito não é endereçada à pessoa certa, mas a toda a coletividade ou sociedade. No Direito Civil, a vinculação absoluta ocorre no exercício dos direitos reais (propriedade, superfície, usufruto, uso, habitação, direito do promitente comprador de imóvel, hipoteca, penhor e anticrese[178]) e nos direitos da personalidade (direito à vida, ao nome, à integridade física e moral etc.).

2. Relativa – quando a oponibilidade do direito é endereçada à pessoa certa ou grupo de pessoas certas. No Direito Civil, a vinculação relativa ocorre no exercício dos direitos pessoais ou obrigacionais (direitos de crédito, direitos contratuais em geral)".

Além do prisma da oponibilidade dos direitos subjetivos, é necessário analisar a característica da vinculação sob outro enfoque a

---

[176] Exemplo: a prescrição – fato jurídico, previsto apenas em lei (art. 192, CC), responsável pela extinção da *pretensão* (art. 189, CC), isto é, do direito de exigir uma prestação de alguém, de forma extrajudicial ou judicialmente. Com a prescrição, o sujeito ativo não podem mais exigir seu direito, logo a vinculação com o sujeito passivo desaparece.

[177] Exemplo: o negócio jurídico da remissão (perdão) de dívidas (arts. 158, 262, 272, 277 e 385 a 388, CC). Pela remissão, extingue-se a vinculação entre o credor e o devedor, desde que não prejudique terceiro (art. 385).

[178] Art. 1.225 e incisos, CC.

LIÇÕES DE TEORIA GERAL DO DIREITO CIVIL

saber, o da presença ou não do Estado como sujeito da relação.[179] Assim sendo, a relação jurídica pode ser:

1. Relação de Coordenação – quando o Estado não participa como sujeito ou, se participa, não atua com poder de império. (Ex: relações jurídicas entre pessoas naturais ou entre pessoas jurídicas de direito privado ou entre pessoas naturais e jurídicas de direito privado; relações jurídicas entre pessoa natural ou jurídica de direito privado e o Estado enquanto empresário ou prestador de serviço público). Esse tipo de relação é, normalmente, regido por leis de direito privado, como o Código Civil, o Código de Defesa do Consumidor etc.

2. Relação de Subordinação – quando o Estado participa como sujeito exercendo seu poder de império, *i. e.*, sua função de mando. (Ex: relação jurídica entre o proprietário de um bem imóvel e o Estado para fins de desapropriação por utilidade pública – art. 1.228, § 3°, CC; Ex: relação jurídica tributária – contribuinte e Estado enquanto fisco etc.). Esse tipo de relação jurídica é, normalmente, regido por leis de direito público, como a Constituição Federal, o Código Tributário Nacional etc.

1.6. As principais inovações e alterações da Parte Geral do CC/02

A Parte Geral do Código Civil, como vimos, destina-se a apresentar o regramento geral a respeito dos elementos constitutivos (Livros I e II) e pressupostos (Livro III) das relações jurídicas em geral. O CC/02, na sua Parte Geral, trouxe algumas inovações ou alterações importantes em relação ao Código de 1916.[180] São elas:

"a) Substancial mudança na regulamentação da *capacidade* da pessoa natural, com cessação da menoridade aos dezoito anos completos e fazendo-se a distinção, com base em subsídios mais recentes da psiquiatria e da psicologia, entre 'enfermidade ou retardamento mental' e 'fraqueza da mente', determinando esta a incapacidade relativa, além de outras importantes distinções.

b) Introdução de um capítulo dedicado dos *direitos da personalidade*, desde a proteção dispensada ao nome e à imagem até

---

[179] Para exame desse ponto, utilizamos a doutrina do professor Goffredo Telles Jr. (*Op. cit.*, p. 280-281).

[180] GONÇALVES, Carlos Roberto. *Principais inovações no Código Civil de 2002*. São Paulo: Saraiva. 2002, p. 6.

o direito de se dispor do próprio corpo para fins científicos e altruísticos.

c) Deslocamento do capítulo referente à *ausência* para a Parte Geral, permitindo a declaração de morte presumida com e sem declaração de ausência.

d) Novo tratamento às *pessoas jurídicas*, melhor distinguindo as de fins não econômicos (associações e fundações) e as de escopo econômico (sociedade simples e empresária).

e) Atualização das normas referentes aos fatos jurídicos, dando-se preferência à disciplina dos *negócios jurídicos*, com mais cuidadosa determinação de sua constituição, de seus defeitos e de sua invalidade.

f) Reconhecimento e disciplina da *lesão* e do *estado de perigo*, incluídos no rol dos defeitos do negócio jurídico.

g) Tratamento da *simulação* como causa de nulidade do negócio jurídico.

h) Reconhecimento de que prescreve a *pretensão* e não a ação".

Além dessas inovações ou alterações, também devem ser mencionadas as seguintes:

"i) No Livro II (*Dos Bens*), a criação de uma norma jurídica a respeito das *pertenças* (art. 95), enquanto bens essencialmente principais e acidentalmente acessórios (art. 94).

j) A consagração, no Livro III, de modernos meios de prova (arts. 222, 225, 231 e 232 – exames de DNA para ações de investigação de paternidade)".

2. As Pessoas como Sujeitos das Relações Jurídicas

2.1. Das Pessoas Naturais: início da personalidade e graus de capacidade

O Código Civil de 2002, em seus arts. 1° e 2°,[181] já demonstra o rompimento com os paradigmas liberais do século XIX que inspiraram a criação do Código anterior (individualismo, patriarcalismo, patrimonialismo).[182] Repetindo as normas previstas nos arts. 2° e 4° do Código de Beviláqua, que foram importantes – principalmente a primeira – numa época em que o país havia se libertando, há pouco, da escravidão,[183] o novo Código substituiu o vocábulo "homem", de feição patriarcal e individualista,[184] pelo vocábulo "pessoa", considerado mais abrangente e em harmonia com a igualdade de direitos e deveres entre homens e mulheres, consagrada o texto constitucional (art. 5°, *caput*, e inc. I, CF/88).[185]

---

[181] Art. 1° "Toda *pessoa* é capaz de direitos e deveres na ordem civil"; Art. 2° "A personalidade civil *da pessoa* começa do nascimento com vida; mas a lei põe a salvo, desde a concepção, os direitos do nascituro.

[182] AMARAL, Francisco. *Op. cit.*, p. 216.

[183] Segundo o professor Caio Mário da Silva Pereira a universalidade da norma contida no art. 2° do CC/16 (art. 1°, CC/02) representa efetivamente um tratamento igualitário dos seres humanos como expressão da abolição da escravidão. Nem sempre, afirma o professor, foi assim: "No direito romano [o mesmo acontecia no Brasil até 1888] o escravo era tratado como coisa, era desprovido da faculdade de ser titular de direitos, e na relação jurídica ocupava a situação de seu objeto, e não de seu sujeito. Enquanto durou a instituição da escravidão, e onde ainda subsiste, na Idade Moderna, a situação jurídica do que a ela é submetido importa em permanente e inegável inferioridade, não obstante os esforços contrários dos espíritos bem formados" (PEREIRA, Caio Mário da Silva. *Instituições de Direito Civil* – v. I. 21ª ed. Rio de Janeiro: Forense. 2005, p. 213). De fato, ainda é possível ter notícia, no Brasil, de situações jurídicas que afrontam a igualdade dos seres humanos enquanto pessoas, como ocorre nos casos de *trabalho escravo*, muito freqüentes em alguns centros urbanos e regiões rurais.

[184] Trata-se do homem como pai de família (pátrio poder), proprietário (em especial, de bens imóveis) e contratante.

[185] Para Miguel Reale: "Esses dois preceitos [arts. 2° e 4°, CC/16 – arts. 1° e 2°, CC/02] formam como que o pórtico da legislação civil dos povos modernos. Representam eles o resultado de uma longa e trabalhosa evolução histórica. Dizer que todos os homens, via de regra, sem distinção de nacionalidade, são titulares de direitos e obrigações na ordem civil é afirmar uma conquista da civilização" (*Op. cit.*, p. 228). O jusfilósofo se refere, em especial, ao rompimento da ordem jurídico-política dita "Absolutista" e à passagem dessa ordem para outra, de feição "Constitucional", o Estado Constitucional de Direito, consagrador dos

A personalidade civil ou jurídica da pessoa natural é a aptidão para ser titular de direitos e deveres[186] na ordem civil. Temos, aqui, que observar a distinção, feita pelo legislador nos dois diplomas, entre o início da personalidade jurídica e início da vida humana. O art. 2º, com efeito, dispõe que o nascimento com vida é o marco inicial da personalidade civil, mas que a lei porá a salvo, desde a concepção, os direitos do nascituro.[187]

Assim sendo, a ordem jurídica privada estabelece:

Início da personalidade jurídica → *nascimento com vida*[188]

Início da vida humana → *concepção*[189]

---

direitos humanos de primeira, segunda, terceira e quarta gerações, e da limitação do poder pela lei.

[186] Outra modificação terminológica do Código de 2002 – em obediência à diretriz fundamental da *operabilidade* – foi a substituição do vocábulo "obrigações" (presente no art. 2º, CC/16) pelo vocábulo "deveres", pois a noção de dever, na atual dogmática do Direito Civil, é mais abrangente do que a noção de "obrigação". Fábio Ulhoa Coelho ensina que a "obrigação" é uma espécie de dever jurídico que tem, necessariamente, o atributo da *patrimonialidade, i. e.,* "(...) a obrigação, além de poder acarretar repercussões no patrimônio dos sujeitos de direito envolvidos, tem por objeto prestação – ainda que representada por um fazer ou um não fazer do devedor – sempre passível de mensuração em dinheiro, direta (na execução) ou indireta (na inexecução) Não há obrigação sem esta característica. É o atributo da *patrimonialidade* que a distingue de outros vínculos de sujeição não revestidos de patrimonialidade" (COELHO, Fábio Ulhoa. *Curso de Direito Civil – volume 2.* São Paulo: Saraiva. 2004, p. 35). Ao contrário, encontramos o dever nas relações jurídicas que envolvem, p. ex., a conduta obrigatória de abstenção (respeito) ao exercício (regular – art. 187 c/c art. 188, I, CC/02) dos direitos da *personalidade* (vida, liberdade de ir e vir, liberdade de expressão, direito ao nome, à privacidade etc.). Com o vocábulo "deveres", no art. 1º, o novo diploma abrange os deveres patrimoniais próprios do Direito das Obrigações (Parte Especial – Livro I) e os deveres extrapatrimonais de respeito ao exercício dos direitos da personalidade (Parte Geral – Livro I).

[187] Sobre o tema, v., dentre outros, COELHO, Fábio Ulhoa. *Curso de Direito Civil – volume 1.* São Paulo: Saraiva. 2003, p. 141-152; GOMES, Orlando. *Introdução ao Direito Civil.* 18ª ed. Rio de Janeiro: Forense. 2001, p. 144; LISBOA, Roberto Senise. *Op. cit.,* p. 204-207; e PEREIRA, Caio Mário da Silva, *Op. cit.,* p. 216-221.

[188] Segundo Orlando Gomes: "(...) a *personalidade civil* começa do *nascimento com vida.* Não basta o nascimento. É preciso que o concebido nasça vivo. O *natimorto* não adquire personalidade. Entende-se que alguém nasceu com vida quando respirou. Se viveu ou não é questão que só se resolve mediante perícia médico-legal. Algumas legislações exigem outro requisito: a *viabilidade* do recém-nascido, isto é, a possibilidade fisiológica de vida, que pressupõe a existência de órgãos essenciais do corpo humano [como ocorre no direito civil francês e espanhol, que exige "forma humana" e sobrevida após o parto de 24 horas]. A tendência para abandonar essa exigência difunde-se nos códigos mais novos" (*Op. cit.,* p. 144).

[189] O nascituro não tem, propriamente, direitos, mas expectativas de direitos (TELLES JR., Goffredo. *Op´. cit.,* p. 332-334). Esse é, também, o entendimento do professor Caio Mário da Silva Pereira (*Op. cit.,* p. 218), que entende ter o nascituro "direitos em potencial" não apenas para resguardar seu direito à vida (que independe da personalidade jurídica), pois está atrelado ao fato jurídico da concepção, mas também direitos de ordem patrimonial, como a curatela (arts. 1.779-1780, CC/02) sua vocação para herdar (art. 1.799, CC/02) ou receber bens em doação (art. 542, CC/02). Existem porém, outras questões correlatas à proteção do nascituro. Segundo Roberto Senise Lisboa "Uma vez reconhecida a titularidade de direitos da personalidade em favor do nascituro, cabe responder à indagação: e a gestante pode realizar aborto? (...) O ordenamento jurídico brasileiro permite expressamente tão-somente o aborto para a

A personalidade civil ou jurídica (também chamada capacidade de direito ou de gozo)[190] da pessoa natural não se confunde com a capacidade jurídica e esta, por sua vez, não se confunde com legitimação.[191] Capacidade jurídica (ou capacidade de exercício ou de fato) é a medida da personalidade,[192] pois representa a aptidão para exercer os direitos (principalmente, os de ordem patrimonial) que se possui a partir do nascimento com vida[193] ou aptidão que o sujeito tem para "(...)praticar, pessoalmente, os atos da vida civil, sem necessidade de assistência ou representação".[194]

A capacidade de fato é medida em graus. Temos, assim, os absolutamente incapazes (art. 3º),[195] os relativamente incapazes (art.

---

salvaguarda da vida da gestante ou porque o produto da concepção resultou de estupro. Tais modalidades de aborto são chamadas de *aborto necessário*" (*Op. cit.*, p. 206-207). O autor conclui que os direitos (ou expectativas de direitos) do nascituro devem preponderar, fora dos casos de *aborto necessário*, em relação ao direito de disposição do próprio corpo da mãe (art. 13, CC/02), inclusive porque o próprio art. 13 apresenta o conceito jurídico indeterminado "bons costumes" cuja concretização, em nossa sociedade, repele a prática indiscriminada do aborto (o aborto de *anencéfalo* [nascituro sem cérebro] foi recentemente (e acaloradamente) discutido no STF!). Além disso, há também críticas à redação do art. 2º ligadas à ausência da expressão *embrião (in vitro)*, pois além da forma natural de concepção, a ciência médica produziu novas formas, ditas artificiais, como o embrião *in vitro*. Sobre o assunto, Fábio Ulhoa Coelho faz o seguinte questionamento: "(...) o embrião fecundado in vitro e *não implantado* in útero *é sujeito ou objeto de direito? Não há ainda uma resposta consensual, na tecnologia jurídica, para essa complexa questão*" (*Curso...*, v. 1, p. 149). E as situações não acabam por aqui. Antes disso, passam pelas pesquisas com as chamadas *células-tronco* extraídas de *embriões*. Sobre o tema sugerimos a seguinte leitura: PEIXOTO, Ester Lopes. A tutela da engenharia genética: reflexões sobre a sua concretização no âmbito do direito privado. In: MARTINS-COSTA, Juditn (Oirganizadora). *A Reconstrução do Direito Privado*. São Paulo: Revista dos Tribunais, 2002, p. 571-608.

[190] Preferimos a expressão "personalidade jurídica", para não gerar confusões.

[191] GONÇALVES, Carlos Roberto. *Direito Civil Brasileiro* – v. I. São Paulo: Saraiva. 2003, p. 72-73. Segundo o autor: "*legitimação* é a capacidade especial exigida em certas situações. Assim, por exemplo, o ascendente é genericamente capaz, mas só estará legitimado a vender a um descendente se o seu cônjuge e os demais descendentes expressamente consentirem (CC, art. 496). A falta de legitimação alcança pessoas impedidas de praticar certos atos jurídicos, sem serem incapazes, como por exemplo, o tutor, proibido de adquirir bens do tutelado (CC, art. 1.749, I); o casado, exceto no regime de separação absoluta de bens, de alienar imóveis sem a outorga do outro cônjuge (art. 1.647); os tutores ou curadores de dar em comodato os bens confiados a sua guarda sem autorização especial (art. 580) etc.".

[192] *Idem*, p. 71.

[193] Veja, dentre outros, COELHO, Fábio Ulhoa. *Curso...*, v. 1, p. 156-180; GONÇALVES, Carlos Roberto. *Direito...*, p. 84-114; PEREIRA, Caio Mário da Silva. *Op. cit.*, p. 263-294.

[194] COELHO, Fábio Ulhoa. *Curso...*, v. 1, p. 157. Observa Carlos Roberto Gonçalves que "(...) essa capacidade de natureza civil não deve ser confundida com a disciplinada em leis especiais, como a capacidade eleitoral, que hoje se inicia, facultativamente, aos 16 anos (CF, art. 14, § 1º, II, c; Código Eleitoral, art. 4º) (...)" (*Op. cit.*, p. 106).

[195] Os absolutamente incapazes só podem exercer os atos da vida civil (em especial, os que decorram das relações jurídicas de natureza patrimonial) *através* dos seus representantes legais (pais) ou judiciais (tutores, curadores etc.). Os atos praticados pessoalmente por pessoas *absolutamente incapazes* são *nulos*, isto é, uma vez declarada sua invalidade por sentença judicial, seus efeitos têm que ser desfeitos direta (prática de algum ato) ou indiretamente (pagamento de indenização).

4°)[196] e os capazes, por idade (art. 5°, *caput*), ou por emancipação (art. 5°, parágrafo único). Há dois critérios para se medir a capacidade de fato: 1) critério cronológico (idade); 2) critério psicológico (estado mental). Aqui, as inovações foram significativas. Em relação aos absolutamente incapazes,[197] o legislador contemplou situações especiais decorrentes de enfermidade ou deficiência mental que impedissem o necessário discernimento da realidade,[198] abolindo a expressão "loucos de todo gênero" (art. 5°, II, CC/16), incompatível com a evolução da ciência média em geral. Também previu situações transitórias, do mesmo modo impeditivas do discernimento a respeito da realidade.[199]

Em relação aos relativamente incapazes, houve redução da faixa etária (no CC/16 – entre 16 e 21 anos; no CC/02 – entre 16 e 18 anos)[200] e, quanto ao critério psicológico, foram previstas, expressamente, situações que afligem milhares de pessoas e famílias no Brasil (assim como no mundo todo): o envolvimento com drogas e com álcool, desde que tal envolvimento tenha reduzido o discernimento do sujeito para a realidade. Também dispôs o legislador sobre os excepcionais sem desenvolvimento mental completo.[201] E, no parágrafo único, delegou para legislação especial a disposição sobre a capacidade dos índios, em razão do conhecimento e da absorção, por estes, de certos valores e práticas da cultura "do homem branco" ao longo do século passado.[202]

---

[196] Os relativamente incapazes podem exercer atos da vida civil, *desde que* sejam acompanhados de *assistentes* legais (pais) ou judiciais (tutores, curadores etc.). Não se exige que o assistente esteja presente no momento da prática do ato, mas que manifeste sua concordância com a prática do mesmo. Essa manifestação poderá ser expressa ou tácita, dependendo do que a lei determinar. Também poderá ocorrer antes ou depois da prática do ato. Quando ocorrer após a prática do ato, tem como escopo tornar o ato válido.

[197] Os absolutamente incapazes são os menores de 16 anos. Não houve alterações em relação ao Código de Beviláqua. Nessa faixa etária o menor é considerado *impúbere* (COELHO, Fábio Ulhoa, *Curso...*, v. 1, p. 164).

[198] Segundo Carlos Roberto Gonçalves "(...) a fórmula genérica empregada pelo legislador abrange todos os casos de insanidade mental, provocada por *doença* ou *enfermidade mental* congênita ou adquirida, como a oligofrenia e a esquizofrenia, por exemplo, bem como por *deficiência mental* decorrente de distúrbios psíquicos (doença do pânico, p. ex.), desde que em grau suficiente para acarretar a privação do necessário discernimento para a prática dos atos da vida civil" (*Direito...*, p. 87).

[199] "A expressão, também genérica, não abrange as pessoas portadoras de doença ou deficiência mental permanente (...) mas as que não puderem exprimir totalmente sua vontade por causa *transitória,* ou em virtude de alguma patologia (p. ex., arteriosclerose, excessiva pressão arterial, paralisia, embriaguez *não* habitual, uso *eventual* e excessivo de entorpecentes ou substâncias alucinógenas, hipnose ou outras causas semelhantes, mesmo não permanentes) " (*Idem*, p. 92).

[200] Nessa faixa etária o menor é considerado *púbere* (*Idem*, p. 165).

[201] Exemplo: os portadores da "Síndrome de Down" e os surdos-mudos (*Idem.*, p. 97).

[202] Sobre o tema, *Idem*, p. 99-101.

Os absolutamente e os relativamente incapazes por razões psicológicas podem ser interditados segundo as regras previstas nos arts. 1.767 a 1.778, CC/02 e o procedimento previsto nos arts. 1.177 e s. do Código de Processo Civil.[203] Deste modo, a leitura e interpretação dos arts. 3º e 4º deve ser feita de forma conjunta com a dos artigos supramencionados. Os relativamente incapazes (menores púberes) podem ser emancipados por consentimento dos seus assistentes ou, na falta desse consentimento ou se houver divergências, por decisão judicial.[204]

2.2. Das Pessoas Naturais: fim da personalidade e estado de ausência

O fim da personalidade civil da pessoa natural ocorre com o fato jurídico denominado morte. É o que preceitua o art. 6º do CC/02, o qual distingue dois tipos de morte: a real (aquela cuja prova pode ser feita por meio do atestado de óbito) e a presumida (aquela cuja decretação se dá por meio de sentença judicial de natureza declaratória, com (art. 6º) ou sem (art. 7º) decretação de ausência[205]).

Existem também, embora não sejam muito comuns, os casos de presunção de morte simultânea ou comoriência (art. 8º), cuja importância se revela sobremaneira no tema da sucessão patrimonial. Assim, p. ex., quando duas pessoas com laços familiares (pai e filho, marido e mulher) morrem em determinado acidente e não há como saber quem foi o primeiro a falecer, presume-se a morte de forma simultânea (comoriência) para que não haja sucessão dos bens e direitos entre as pessoas falecidas.[206]

---

[203] *Idem*, p. 87-88.

[204] *Idem*, p. 107-114.

[205] "A ausência foi deslocada do livro 'Do Direito de Família', onde se situava no Código de 1916, para a Parte Geral do novo, onde encontra sua sede natural. *Ausente* é a pessoa que desaparece de seu domicílio sem dar notícia de seu paradeiro e sem deixar um representante ou procurador para administrar-lhe os bens (CC, art. 22). O novo Código não apresenta, nesse assunto, modificações substanciais, conservando a disciplina do Código de 1916 e introduzindo critérios mais condizentes com as facilidades de comunicação e informação próprias dos dias atuais, especialmente no tocante à redução de prazos. Anote-se, contudo, a inovação que aparece no parágrafo único do art. 33: 'Se o ausente aparecer, e ficar provado que a ausência foi voluntária e injustificada, perderá ele, em favor do sucessor, sua parte nos frutos e rendimentos' " (GONÇALVES, Carlos Roberto. *Principais...*, p. 16).

[206] "Por conseguinte, se morrem em acidente casal sem ascendentes e descendentes, sem se saber qual morreu primeiro, um não herda do outro. Assim, os colaterais da mulher ficarão com a meação dela, enquanto os colaterais do marido ficarão com a meação dele" (GONÇALVES, Carlos Roberto. *Direito...*, p. 116).

2.3. Das Pessoas Naturais: atos jurídicos sujeitos a registro e à averbação públicos

Segundo Carlos Roberto Gonçalves: "Registro civil é a perpetuação, mediante anotação por agente autorizado, dos dados pessoais dos membros da coletividade e dos fatos jurídicos de maior relevância em suas vidas, para fins de autenticidade, segurança e eficácia. Tem por base a publicidade, cuja função específica é provar a situação jurídica do registrado e torna-la conhecida de terceiros".[207]

Já dissemos que as normas jurídicas pertencentes ao direito público têm, como objetivo, garantir a preservação do valor fundamental da segurança.[208] Os registros civis, sendo públicos, têm também essa finalidade. No Código Civil, a matéria é regulada de forma subsidiária ao microssistema jurídico da Lei n. 6.015, de 31 de dezembro de 1973 (Lei dos Registros Públicos),[209] pois dispõe apenas a respeito dos atos essenciais à vida das pessoas naturais, visto que relativos ao início e fim da personalidade jurídica, ao estado civil, à emancipação ou interdição e à decretação de ausência ou de morte presumida (art. 9º), situações ou estados relacionados ao Direito de Família (Parte Especial – Livro IV) e aos direitos da personalidade.[210]

A averbação "(...) é qualquer anotação feita à margem do registro, para indicar as alterações ocorridas no estado jurídico do registrado".[211] Os atos sujeitos à averbação (art. 10), da mesma forma que no art. 9º, também pertencem ao Direito de Família e aos direitos da personalidade. E o Código Civil também tratou a matéria de forma subsidiária ao microssistema jurídico da Lei 6.015/73.[212]

---

[207] *Idem*, p. 150.

[208] Cf. item 1 (subitem 1.2) do presente Capítulo.

[209] Com efeito, o art. 1º, § 1º da referida lei dispõe a respeito das modalidades de registros públicos, a saber: I – o registro civil das pessoas naturais; II – o registro civil das pessoas jurídicas; III- o registro de títulos e documentos; IV – o registro de imóveis. E o art. 29 do *microssistema* dispõe sobre o registro e a averbação dos fatos (ou atos) jurídicos referentes às pessoas naturais, isto é, sobre os fatos (atos) jurídicos cuja existência deve ser levada ao conhecimento do Cartório de Registro Civil das Pessoas Naturais.

[210] Além do art. 9º, devemos citar as normas contidas no Direito das Coisas (Parte Especial – Livro III) a saber, aquelas constantes no art. 1227 c/c arts. 1245 a 1247, CC/02, que estabelecem a obrigatoriedade do *registro no Cartório de Registro de Imóveis* para a eficácia do *direito de propriedade* em relação ao comprador ou donatário de bem *imóvel*. Isso significa que o *negócio jurídico bilateral (contrato)* não transfere a propriedade de bens imóveis, pois é necessário, além do cumprimento do contrato, o ato do registro. Para os bens móveis, da mesma forma, o contrato também não tem efeito translativo, isto é, não transfere, por si só, a propriedade, pois é necessário, neste caso, o ato da *tradição (entrega efetiva do bem)*.

[211] GONÇALVES, Carlos Roberto. *Direito...*, p. 151.

[212] Art. 29, § 1º da Lei 6.015/73.

LIÇÕES DE TEORIA GERAL DO DIREITO CIVIL

2.4. Das Pessoas Naturais: seus direitos da personalidade

O Código Civil de 2002, em sintonia com a experiência jurídica ocorrida no século XX (socialização (repersonalização) do direito – constitucionalização do direito privado), contemplou, na Parte Geral, um capítulo (Capítulo II) do Título I, Livro I (arts. 11 a 21) aos direitos da personalidade, realizando o movimento de publicização do Direito Civil (fenômeno da concretização, pelo Código Civil e demais leis especiais, das normas (princípios e regras) e valores constitucionais). No âmbito do CC/02, esses direitos cumprem a função de concretizar o princípio fundamental da dignidade da pessoa humana (art. 1º, III, CF/88).[213]

Os direitos da personalidade "(...) são os direitos subjetivos que têm por objeto os bens e valores essenciais da pessoa, no seu aspecto físico, moral e intelectual",[214] ou "(...) os direitos considerados essenciais à pessoa humana, que a doutrina moderna preconiza e disciplina, a fim de resguardar a sua dignidade".[215] Gostaríamos de chamar a atenção para o fato de que a matéria prevista nos arts. 11 a

---

[213] Segundo a professora Judith Martins-Costa a disciplina normativa dos direitos da personalidade no âmbito do Código Civil de 2002 (principalmente, a previsão das normas contidas nos arts. 12 e 21) possibilita ainda – como reflexão da aplicação do art. 1º, III, CF/88 – a concretização das normas constitucionais previstas nos art. 5º, V e X, que tratam da possibilidade de indenizar os *danos à pessoa* ou *danos morais*. Afirma, pois, a jurista gaúcha: "O campo dos *danos à pessoa* é exemplar, pela excelência do tratamento dado pelo Código ao instituto da responsabilidade civil. Conectando-se este instituto ao princípio constitucional [*da dignidade da pessoa humana – art. 1º, III, CF/88*], às cláusulas gerais e regras objeto do novo Código, e ainda operando-se a ligação com instrumentos de índole processual, poderá ser viabilizada a permanente e crescente *reconstrução* do modelo jurídico da responsabilidade civil por danos à pessoa, ou danos aos direitos da personalidade. Para tanto, é necessário estabelecer conexão entre as normas do art. 5º, V e X, constitucional, as cláusulas gerais dos arts. 12, 21, 187 e as regras dos arts. 927 e seu parágrafo único e 944 do novo Código Civil e ainda, se for o caso, as regras dos arts. 287, 644 e 645 do Código de Processo Civil ou, havendo relação de consumo, do art. 84, *caput*, do Código de Defesa do Consumidor " (MARTINS-COSTA, Judith. O Novo Código Civil Brasileiro: em busca da "Ética da Situação". In: MARTINS-COSTA, Judith; BRANCO, Gerson Luiz Carlos. *Diretrizes Teóricas do Novo Código Civil Brasileiro*. São Paulo: Saraiva. 2002, p. 126). Sobre o princípio fundamental da *dignidade de pessoa humana* e sua relação com o direito civil, v., dentre outros, ALVES, Gláucia Correa R. Barcelos. Sobre a dignidade da pessoa. In: MARTINS-COSTA, Judith (Organizadora). *A Reconstrução do Direito Privado*. São Paulo: Saraiva. 2002, p. 213-229; CUNHA, Alexandre dos Santos. Dignidade da pessoa humana: conceito fundamental do direito civil. In: MARTINS-COSTA, Judith (Organizadora). *A Reconstrução do Direito Privado*. São Paulo: Saraiva. 2002, p. 230-264.

[214] AMARAL, Francisco. *Op. cit.*, p. 245.

[215] GOMES, Orlando. *Op. cit.*, p. 148. O tema dos direitos da personalidade é amplíssimo e, infelizmente, não poderemos, pelas limitações do trabalho, fazer uma análise mais aprofundada. Sendo assim, remetemos o leitor para a leitura da doutrina jurídica atual ou atualizada, em especial, dos autores que se seguem: AMARAL, Francisco. *Op. cit.*, p. 245-270; COELHO, Fábio Ulhoa. *Curso...*, v. 1, p. 180-212; GOMES, Orlando. *Op. cit.*, p. 148-164; GONGALVES, Carlos Roberto. *Direito...*, p. 153-173; LISBOA, Roberto Senise. *Op. cit.*, p. 175-202; PEREIRA, Caio Mário da Silva. *Op. cit.*, p. 237-259. Recomendamos também, na doutrina jurídica portuguesa, a leitura do seguinte artigo: CAMPOS, Diogo José Paredes de. Lições de Direito da Personalidade. In: *Boletim da Faculdade de Direito de Coimbra v. LXVII*. Coimbra, 1992, p. 52 e segs.

21 cuida dos bens de natureza extrapatrimonial, enquanto a matéria prevista no Livro II da Parte Geral (Dos Bens) trata apenas dos bens (materiais ou imateriais) de natureza patrimonial.

As principais características dos direitos da personalidade são:

"a) A formação de relações jurídicas com vinculação absoluta;[216]
b) A intransmissibilidade como regra geral (art. 11,CC/02);
c) A irrenunciabilidade como regra geral (art. 11, CC/02);
d) A imprescritibilidade (menção da doutrina);[217]
e) A não-limitação (menção da doutrina);[218]
f) A impenhorabilidade (reflexo da intransmissibilidade e irrenunciabilidade);[219]
g) Não-sujeição à desapropriação (art. 11, *in fine*, CC/02);[220]

---

[216] Veja o que dissemos no item 1 (subitem 1.5) do presente Capítulo.

[217] "Essa característica é mencionada pela doutrina em geral pelo fato de os direitos da personalidade não se extinguirem pelo uso e pelo decurso do tempo, nem pela inércia na pretensão de defendê-los. Malgrado o *dano moral* consista na lesão a um interesse que visa à satisfação de um bem jurídico extrapatrimonial contido nos direitos da personalidade, como a vida, a honra, o decoro, a intimidade, a imagem etc., a pretensão à sua reparação está sujeita aos prazos prescricionais estabelecidos em lei, por ter caráter patrimonial. Com efeito, já decidiu o Superior Tribunal de Justiça que 'o direito de ação por dano moral é de *natureza patrimonial* e, como tal, transmite-se aos sucessores da vítima (*RSTJ*, 71/183)'. Não se pode, pois, afirmar que é imprescritível a pretensão à reparação do dano moral, embora consista em ofensa à direito da personalidade" (GONÇALVES, Carlos Roberto. *Op. cit.*, p. 157-158).

[218] "É ilimitado o número de direitos da personalidade, malgrado o Código Civil, nos arts. 11 a 21, tenha se referido expressamente apenas a alguns. Reputa-se tal rol meramente exemplificativo, pois não esgota o seu elenco, visto ser impossível imaginar-se um *numerus clausus* nesse campo [como ocorre, p. ex., com os *direitos reais* – art. 1225, CC/02]" (*Idem*, p. 157).

[219] "Todavia (...) a indisponibilidade dos referidos direitos não é absoluta [art. 11 *Com exceção dos casos previstos em lei* (...)], podendo alguns deles ter o seu uso cedido para fins comerciais, mediante retribuição pecuniária, como o direito autoral e o direito de imagem, por exemplo. Nesses casos, os reflexos patrimoniais dos referidos direitos podem ser penhorados" (*Idem*, p. 158). Fábio Ulhoa Coelho, na matéria do *direito de imagem*, desenvolve interessante argumentação sobre o que denomina *imagem-retrato* – a visualização *da pessoa por fotografia, desenho, pintura, filme ou televisão* (*Curso(...)* v. 1, p. 206-208) e *imagem-atributo* – a *honra objetiva da pessoa ou como a pessoa é conhecida pelos outros* (*Idem*, p. 208-209). Nesses dois casos, o direito de imagem tem, regra geral, natureza *extrapatrimonial*. Porém, a imagem-retrato ou imagem-atributo pode assumir natureza *patrimonial* (*Idem*, p. 209-210), toda vez que esse direito for titularizado por "(...) *pessoas famosas que forem associadas, pelo imaginário popular, a características positivas como beleza, competência profissional, boa forma física e outras*" (p. 210). O autor cita o exemplo da modelo Gisele Bündchen que, em 2002, ao fazer a publicidade de uma marca de sandálias, possibilitou um retorno financeiro (de vendas) para a empresa relativo a "três milhões de pares *a mais* do que o estimado" (p. 209). Por conta disso e "(...) em consequência do valor de mercado que se lhe atribui, a imagem da pessoa famosa, além de protegida como direito extrapatrimonial da personalidade, é também objeto de direito patrimonial. Tem uma proteção específica, portanto, como bem do patrimônio de seu titular. Pode, assim, ser objeto de negócio jurídico [art. 425, CC/02] ou renúncia eficaz e é transmissível por ato entre vivos ou falecimento" (p. 210).

[220] Os direitos da personalidade não são suscetíveis de desapropriação, por serem inatos e se ligarem à pessoa humana de modo indestacável. Não podem dela ser retirados contra a sua vontade, nem o seu exercício sofrer limitação voluntária (CC, art. 11)" (GONÇALVES, Carlos Roberto. *Direito...*, p. 158).

h) Vitaliciedade (menção da doutrina – v. art 12, parágrafo único, CC/02)".[221]

Quanto aos bens jurídicos protegidos pelos direitos da personalidade – e quanto às espécies de direitos da personalidade previstas nos arts. 11 a 21, CC/02 – temos a seguinte classificação:[222]

a) Direitos à *integridade física* (vida,[223] alimentos,[224] próprio corpo vivo ou morto,[225] imagem (enquanto imagem-retrato), voz (reprodução)[226] etc.)

b) Direitos à *integridade intelectual ou psíquica* (liberdade de pensamento,[227] autoria científica, artística e literária,[228] convivência social,[229] intimidade,[230] sigilo[231] etc.)

---

[221] "Os direitos da personalidade, como também já assinalado, são inatos: adquiridos no instante da concepção, acompanham a pessoa até sua morte. Por isso, são vitalícios. Mesmo após a morte, todavia, alguns desses direitos são resguardados, como o respeito ao morto, à sua honra ou memória e ao seu direito moral de autor, por exemplo. A propósito, preceitua o art. 12, parágrafo único, do novo Código Civil que, em se tratando de morto, terá legitimação para requerer que cesse a ameaça, ou a lesão a direito da personalidade, e reclamar perdas e danos, sem prejuízo de outras sanções previstas em lei, *'o cônjuge sobrevivente, ou qualquer parente em linha reta, ou colateral até o quarto grau'* " (*Idem*, p. 158-159).

[222] As classificações, como já observamos, são um conhecimento de natureza dogmática ou tecnológica. Sendo assim, e após analisarmos algumas classificações propostas pela doutrina jurídica brasileira, *optamos (decidimos)* pelas classificações propostas pelos seguintes autores: GONÇALVES, Carlos Roberto. *Direito(...)*, p. 154 e 161-173; LISBOA, Roberto Senise. *Op. cit.*, p. 186-202. Esses autores têm em comum o fato de apresentarem suas classificações a partir dos critérios *integridade física, intelectual (psíquica) e moral*. Sobre as menções, feitas a seguir, das normas jurídicas constitucionais e infraconstitucionais, são elas apenas exemplificativas.

[223] Art. 5º, *caput*, CF/88 c/c art. 2º, CC/02. Sobre o direito à vida é importante lembrar que ele é superior, não no aspecto lógico-formal, mas no aspecto *axiológico*, aos demais direitos da personalidade previstos ao longo do sistema jurídico constitucional e infraconstitucional. Isso, porque se trata de um direito cuja garantia e exercício é *condição para a garantia e exercício de todos os demais direitos*. Eis porque a doutrina e a jurisprudência brasileiras vêm defendendo, de forma acertada, a tese segundo a qual não pode haver conflito entre o direito à vida e os demais direitos da personalidade. Se esse conflito for suscitado no judiciário (ex: direito à vida *'x'* liberdade de crença religiosa (art. 5º, VI, CF/88) – a respeito, v. GONÇALVES, Carlos Roberto. *Direito(...)*, p. 167-168) deve prevalecer, na decisão judicial, a garantia do direito à vida, cuja *disponibilidade* não pertence ao seu titular, mas apenas o seu exercício (art. 187 – tentativa de encerrar o direito à vida como *abuso de direito* ("... *excede manisfestamente os limites* impostos pelo seu fim econômico *e social*, pela boa-fé ou pelos *bons costumes*"). Na verdade, a questão é mais delicada do que parece, pois envolve aspectos morais e até mesmo religiosos. Exemplo disso é o conflito entre os movimentos sociais pró e contra- *eutanásia*, existentes, não só no Brasil, mas em quase todo o globo.

[224] Arts. 1.694 a 1710, CC/02.

[225] Art. 5º, II e III, CF/88 c/c arts. 13, 14 e 15, CC/02.

[226] Direito de imagem e direito de voz: art. 20, CC/02.

[227] Art. 5º, IV e VI, CF/88.

[228] Art. 5º, IX, CF/88.

[229] Art. 1º, II c/c art. 5º, XLV, CF/88

[230] Art. 5º, X, CF/88 c/c art. 21, CC/02.

[231] Art. 5º, XII, XIV, CF/88.

c) Direitos à *integridade moral* (honra (imagem-atributo),[232] recato,[233] segredo profissional e doméstico,[234] identidade pessoal (prenome – imagem), familiar e social (sobrenome-imagem),[235] educação,[236] emprego,[237] habitação,[238] cultura.[239]

Em suma: o Código Civil atual reconhece a pessoa humana como valor-fonte (como já fizera a Constituição Federal de 1988) e, por conta disso, apresenta-se como um Código mais democrático do que o anterior, visto que a garantia e o exercício dos direitos da personalidade independe de capacidade econômica da pessoa, não possuindo, além disso, caráter exclusivista[240] como ocorre com os direitos patrimoniais.

2.5. Das Pessoas Naturais: regras gerais sobre domicílio

O instituto do domicílio deve ser analisado, em relação à pessoa natural, como um instrumento a serviço dos direitos fundamentais à moradia e ao trabalho (arts. 6°, CF/88).[241] Essa é a primeira observação que devemos fazer antes de analisarmos a matéria no Código Civil (Parte Geral – Livro I – Título III), visto que o instituto, da forma como está previsto no Código, reflete justamente o exercício desses direitos (domicílio residencial e domicílio profissional)[242] pela pessoa humana. Trata-se da sede jurídica da pessoa.[243]

Em relação à disposição da matéria no Código Civil de 2002, percebe-se que ocorreram algumas alterações ou inovações importantes.[244] A principal delas foi a inclusão, no art. 72, *caput*, e parágra-

---

[232] Art. 5°, X, CF/88 c/c art. 21, CC/02.

[233] Art. 5°, X, CF/88 c/c art. 21, CC/02.

[234] Art. 5°, XI, XII, XIV, CF/88

[235] Arts. 16 a 20, CC/02.

[236] Art. 6°, CF/88.

[237] Arts. 6° e 7° c/c art. 170, VIII, CF/88 e art. 1228, § 4°, CC/02.

[238] Art. 6°, CF/88 c/c art. 1228, § 4°, CC/02.

[239] Art. 1°, II c/c art. 3° e incs. e arts. 215 e 216, CF/88.

[240] O direito de propriedade protege bem jurídico cuja titularidade pelo proprietário significa a impossibilidade de titularidade do mesmo bem por outra pessoa. Já os direitos da personalidade permitem que seus titulares (todas as pessoas) exercitem seus direitos (dentro dos limites impostos pela finalidade social do direito pelos bons costumes – art. 187, CC/02) de forma conjunta, comunitária.

[241] Quando tratarmos do domicílio da pessoa jurídica (item n. 2.12) veremos que a análise do instituto à luz da Constituição também se faz necessária.

[242] Dispõe, com efeito, o art. 5°, XI, CF/88, a respeito da inviolabilidade do domicílio.

[243] AMARAL, Francisco. *Op. cit.*, p. 241.

[244] Veja, dentre outros: COELHO, Fábio Ulhoa. *Curso(...) v. 1*, p. 228-229; GOMES, Orlando. *Op. cit.*, p. 177-184; GONÇALVES, Carlos Roberto. *Direito(...)*, p. 141-148; PEREIRA, Caio Mário da Silva. *Op. cit.*, p. 369-385. Segundo Carlos Roberto Gonçalves "Diversamente do que dispunha

fo único, do domicílio profissional e da pluralidade de domicílios profissionais.[245] As classificações do domicílio da pessoa natural apontam, em geral, para os seguintes tipos de domicílio:

a) Domicílio de origem – trata-se do primeiro domicílio da pessoa natural e correponde ao de seus pais ou representantes judiciais, à época do seu nascimento;

b) Domicílio voluntário – é aquele escolhido livremente pela pessoa (domicílio voluntário geral) ou fixado no contrato (domicílio voluntário especial). O domicílio voluntário geral, por sua vez, pode ser: residencial ou familiar (arts. 70, 71 e 73, CC/02)[246] ou profissional (art. 72, CC/02). O domicílio voluntário especial, por sua vez, pode ser: foro contratual (local indicado no contrato para a execução espontânea das obrigações – art. 78, CC/02)[247] ou foro de eleição (local indicado no contrato para a propositura das ações judiciais referentes às obrigações contratuais – art. 111, §§ 1º e 2º, CPC c/c art. 51, IV, Código de Defesa do Consumidor).[248]

c) Domicílio necessário ou legal – é aquele fixado pela lei, em razão de determinadas condições ou situações das pessoas naturais (art. 76. CC/02).[249]

---

o Código Civil de 1916, o novo mais considera como domicílio o *centro de ocupação habitual*. É certo, porém, que este Código não afasta totalmente o centro de ocupação habitual do conceito de domicílio, pois consagra, no art. 72, o *domicílio profissional (...)*" (*Principais...*, p. 18).

[245] Art. 72, *caput*: "É também domicílio da pessoa natural, quanto às relações concernentes à profissão, o lugar onde esta é exercida"; Parágrafo único: "Se a pessoa exercitar profissão em lugares diversos, cada um deles constituirá domicílio para as relações que lhe correspondem". Assim, por exemplo, se um advogado, enquanto profissional liberal, estiver sendo processado por seu cliente em função de uma má prestação de serviço (Código de Defesa do Consumidor, art. 14, § 4º), a citação deve ser encaminhada para o seu escritório; Da mesma forma, um representante comercial que atende a determinadas cidades de uma região, responde por suas obrigações no lugar (cidade) onde elas ocorrerem etc.

[246] O art. 70 define o instituto do domicílio em geral e apresenta os seus elementos *objetivo* ou *físico* (residência) e *subjetivo* ou *moral* (ânimo de permanecer na residência de modo definitivo); o art. 71 estabelece o *princípio da pluralidade domiciliar*; e o art. 73 cuida do chamado *domicílio aparente ou ocasional*. É necessário atentar para a importância da prova do domicílio do casal nas ações declaratórias (ou de reconhecimento) da *união estável*, já que o Código, no art. 1.723, estabelece como requisitos para o reconhecimento dessa união a *convivência* (pública, contínua e duradoura e estabelecida com o objetivo de constituição de família).

[247] GONÇALVES, Carlos Roberto. *Op. cit.*, p. 146.

[248] Com base na interpretação do art. 51, IV, CDC o Superior Tribunal de Justiça tem entendido que são nulas de pleno direito as cláusulas contratuais de *eleição de foro* nos contratos de adesão sujeitos ao referido diploma legal (GONÇALVES, Carlos Roberto. *Direito...*, p. 147).

[249] Carlos Roberto Gonçalves observa que "(...) no sistema da pluralidade domiciliar, acolhido pelo nosso direito, as pessoas não perdem automaticamente o domicílio que antes possuíam ao receberem, por imposição legal, o novo. Tal poderá ocorrer se porventura se estabelecerem com residência no local do domicílio legal" (*Idem*, p. 148). Complementa o autor, observando o art. 76, CC/02 não é taxativo em relação às pessoas que têm domicílio *necessário*. Assim "(...) há outras hipóteses de domicílio necessário na lei civil: a) o de cada cônjuge, será o do casal (art. 1.569); b) o agente diplomático do Brasil que, citado no estrangeiro, alegar extra-

Passemos, agora, ao estudo das pessoas jurídicas como sujeitos das relações jurídicas no Código Civil de 2002 (Parte Geral – Livro I – Título II).

2.6. Das Pessoas Jurídicas: noção, teorias e classificação geral

As pessoas jurídicas são sujeitos de direito na medida em que o direito positivo admite a personificação de determinados grupos sociais que desejam realizar, por meio da pessoa jurídica, certos objetivos ou fins de natureza econômica (lucrativa) ou não-econômica (social, política, cultural, religiosa etc.).[250] São, pois "(...) entidades a que a lei confere personalidade, capacitando-as a serem sujeitos de direitos e obrigações".[251] O fenômeno da personificação confere a autonomia patrimonial da pessoa jurídica frente aos seus membros componentes, sendo esse um dos aspectos mais salientados pela doutrina.

O fenômeno da personificação sempre despertou a atenção dos juristas, que desenvolveram teorias a seu respeito.[252] Carlos Roberto Gonçalves reúne as diversas teorias, surgidas principalmente a partir do século XIX,[253] em dois grandes grupos, a saber: a) teorias negativistas (ou teorias da ficção); b) teorias afirmativistas (ou teorias da realidade). As primeiras negavam, no século XIX, que o fenômeno da personalificação fosse um dado real, concreto, pois a qualidade de ser pessoa seria inerente apenas ao ser humano. Assim, apenas pela abstração legal (teoria da ficção legal – Savigny) e pela construção intelectual da doutrinária (teoria da ficção doutrinária – Vareilles-Sommeères) poder-se-ia chegar à personificação de determinados grupos sociais.[254]

---

territorialidade sem designar onde tem, no país, o seu domicílio, poderá ser demandado no Distrito Federal ou no último ponto do território brasileiro onde o teve (art. 77); c) o viúvo sobrevivente conserva o domicílio conjugal, enquanto, voluntariamente, não adquirir outro (*RF*, 159/81)" (*Idem, ibidem*).

[250] Veja, dentre outros: AMARAL, Francisco. *Op. cit.*, p. 271-297; COELHO, Fábio Ulhoa. *Curso...*, v. 1. p. 230-263; GOMES, Orlando. *Op. cit.*, p. 185-197; GONÇALVES, Carlos Roberto. *Direito...*, p. 181-232; LISBOA, Roberto Senise. *Op. cit.*, p. 230-274; PEREIRA, Caio Mário da Silva, *Op. cit.*, p. 295-366.

[251] GONÇALVES, Carlos Roberto. *Op. cit.*, p. 182.

[252] Acreditamos, em conformidade com as reflexões que expusemos no Capítulo anterior (item 1), que essas teorias jamais se revestiram de um caráter científico, mas sim dogmático ou tecnológico.

[253] Trata-se do período que analisamos no Capítulo anterior (item 2 – subitem 2.1).

[254] "As teorias da ficção não são, hoje, aceitas. A crítica que se lhes faz é a de que não explicam a existência do Estado como pessoa jurídica. Dizer-se que o Estado é uma ficção legal ou doutrinária é o mesmo que dizer que o direito, que dele emana, também o é. Tudo quanto se encontre na esfera jurídica seria, portanto, uma ficção, inclusive a própria teoria da pessoa jurídica" (GONÇALVES, Carlos Roberto. *Op. cit.*, p. 184).

As teorias afirmativistas (ou teorias da realidade), por sua vez, subdividem-se em: b.1.) Teoria da realidade objetiva ou realidade orgânica – pessoa jurídica é uma realidade social, um organismo vivo, nascido da vontade de certas pessoas em sociedade. A ordem jurídica positiva apenas reconhece a existência da pessoa jurídica;[255] b.2) Teoria da realidade jurídica ou institucionalista – a pessoa jurídica é um dado jurídico-social, isto é, considera que a vida social produz instituições (realidades) destinadas à realização de fins socialmente úteis;[256] b.3) Teoria da Realidade Técnica – a pessoa jurídica é criada (personificação) pelo Estado, através da lei, e por razões técnicas, isto é, para possibilitar a realização de determinados objetivos coletivos que não podem ser realizados individualmente.[257]

A classificação geral das pessoas jurídicas, no direito positivo brasileiro, é estudada no Direito Civil, pois o Código Civil (o de 1916 e, agora, o de 2002) é sua sede natural. Atualmente, a matéria encontra-se regulada nos arts. 40, 41, 42 e 44, CC/02.[258] Quanto ao

[255] "A crítica que se lhe faz é que ela não esclarece como os grupos sociais, que não têm vida própria e personalidade, que é característica do ser humano, podem adquiri-la e se tornarem sujeitos de direitos e obrigações. Ademais, reduz o papel do Estado a mero conhecedor de realidade já existentes, desprovido de maior poder criador" (*Idem*, p. 185).

[256] "Merece a mesma crítica feita à teoria anteriormente comentada. Nada esclarece sobre as sociedades que se organizam sem a finalidade de prestar um serviço ou de preencher um ofício, nem sobre aquelas infensas ao poder autonormativo do grupo, como as fundações, cuja constituição decorre fundamentalmente da vontade do instituidor" (*Idem, ibidem*).

[257] "Malgrado a crítica que se lhe faz, de ser positivista e, assim, desvinculada de pressupostos materiais, é a que melhor explica o fenômeno pelo qual um grupo de pessoas, com objetivos comuns, pode ter personalidade própria, que não se confunde com a de cada um de seus membros e, portanto, a que melhor segurança oferece. É a teoria adotada pelo direito brasileiro, como se depreende do art. 45 do Código Civil, que disciplina o começo da existência legal das pessoas jurídicas de direito privado, bem como dos arts. 51, 54, VI, 61, 69 e 1.033 do mesmo diploma" (*Idem*, p. 186).

[258] No art. 41 a inovação foi a inclusão dos incisos IV e V, assim como o parágrafo único. As pessoas jurídicas previstas neste último inciso podem ser, por exemplo, as *agências reguladoras (ANATEL,ANEEL,ANVISA etc.)*, e as pessoas jurídicas previstas no parágrafo único, as *empresas públicas* e as *sociedades de economia mista*. O art. 42 foi uma inovação em relação ao Código de 1916, que cuidava apenas das pessoas jurídicas de direito público interno. O art. 44 interessa sobremaneira para a estrutura do CC/02, já que o legislador distinguiu as pessoas jurídicas de direito privado *com finalidades econômicas ou lucrativas (sociedades)*, daquelas *sem fins econômicos (associações e fundações)*. Importante, nesse sentido, a norma que constava no extinto parágrafo único e que agora, com a Lei 10.825/03, consta no § 2°, art. 44 dispondo a respeito da possibilidade de aplicação *subsidiária* das normas sobre as Associações (Parte Geral – Livro I – Título II – Capítulo II) às relações jurídicas envolvendo as Sociedades (Parte Especial – Livro II – Título II). Por fim, a já mencionada Lei n. 10.825/03 incluiu mais dois incisos no art. 44, referentes às organizações religiosas (inc. IV) e aos partidos políticos (inc. V). Em obediência ao disposto no art. 5°, VI, CF/88 (liberdade para o exercício de cultos religiosos), o novo § 1° não permite qualquer óbice, público ou privado, à constituição das organizações e ao exercício dos cultos religiosos exercida por das pessoas jurídicas constituídas para esse fim; e o novo § 3°, dispondo sobre a organização dos partidos políticos, remete sua disciplina jurídica para legislação especial.

regramento geral das pessoas jurídicas de direito privado no CC/02, temos:

a) As associações (arts. 53-61) – são as pessoas jurídicas formadas pelo vínculo entre pessoas para a realização de fins não-econômicos (art. 53).

b) As fundações (arts. 62-69) – são as pessoas jurídicas formadas pela afetação de um patrimônio – por vontade de uma pessoa (instituidor), manifestada por escritura pública ou por testamento (art. 62) – destinado à realização de determinados fins não-econômicos, mais precisamente, religiosos, morais, culturais ou de assistência (art. 62, parágrafo único). Nas fundações, ao contrário das associações e das sociedades, o Ministério Público exerce papel de agente fiscalizador (art. 66 e 68) dos atos dos administradores da pessoa jurídica, podendo promover ainda a extinção da fundação (art. 69).

c) As sociedades (Parte Geral – art. 44, §§ 2º a 52; Parte Especial – Livro II) – são as pessoas jurídicas com finalidades lucrativas, em cujas relações incidem, apenas subsidiariamente, as regras da Parte Geral sobre o funcionamento das associações (art. 44, § 2º) e outras, também da Parte Geral, concernentes às Disposições Gerais sobre as pessoas jurídicas (arts. 45 a 52).

2.7. Das Pessoas Jurídicas: início e fim da personalidade

O Código Civil de 2002, a exemplo do Código anterior, tratou apenas dos fatos (atos) jurídicos responsáveis pelo fenômeno da *personificação* das pessoas jurídicas de *direito privado*.[259] No art. 45, encontramos o ato jurídico do *registro público* do *ato constitutivo*[260] como termo inicial da personalidade das entidades privadas.[261] Antes do registro, a entidade será apenas uma "entidade de fato" (no caso das sociedades, uma "sociedade não personificada" (arts.

---

[259] As pessoas jurídicas de direito público são criadas por lei ou ato administrativo. Não estão, pois, sujeitas ao estudo do Direito Civil, mas de outros ramos do direito público, como o Direito Constitucional (organização do Estado como pessoa jurídica), o Direito Administrativo (criação de pessoas jurídicas da administração pública indireta, como as autarquias) e o Direito Internacional Público (relação entre os Estados por meio de acordos, convenções e tratados internacionais). Sobre o tema, v. GONÇALVES, Carlos Roberto. *Direito(...)*, p. 187.

[260] No caso das associações, o ato constitutivo é o *estatuto*, que deve ser registrado no Cartório de Registro Civil das Pessoas Jurídicas; para as sociedades, o *contrato social*, que deve ser registrado na Junta Comercial do município onde a empresa tiver sua sede; e para as fundações, a *escritura pública* ou o *testamento*, que, a exemplo das associações, também devem ser registrados no Cartório de Registro Civil das Pessoas Jurídicas (*Idem*, p. 186).

[261] A matéria submete-se ao *microssistema* da Lei 6.015/73 (arts. 114 a 126).

986-996, CC/02).[262] Quanto às averbações, dispõe ainda o art. 45 que elas devem ser feitas no registro do ato constitutivo a fim de atestar as alterações ocorridas ao longo da existência do ente jurídico (p. ex., a alteração do *estatuto* das associações, prevista nos arts. 59, IV e parágrafo único, CC/02).

A norma jurídica em comento também menciona a possibilidade do ato de registro ser precedido, para sua validade e eficácia (art. 104, III c/c art. 185, CC/02), de aprovação ou autorização do Poder Executivo, como ocorre, p. ex., com empresas estrangeiras, agências ou estabelecimentos de seguros, caixas econômicas, cooperativas, instituições financeiras, sociedades de exploração de energia elétrica etc. (CF/88, arts. 21, XII, *b*; 192, I, II, IV; 176, § 1°, e 223).[263]

O art. 46, por sua vez, trata dos elementos indispensáveis à validade do ato constitutivo e que, por isso mesmo, devem constar no registro público da pessoa jurídica, sendo o procedimento registral de competência da Lei n. 6.015/73, art. 121.

Por fim, o art. 51 e seus §§ 1°, 2° e 3°, CC/02 dispõem a respeito da *dissolução* das pessoas jurídicas de direito privado, inovando em relação ao Código de 1916. O art. 51, *caput*, em respeito aos direitos dos credores de toda ordem que a pessoa jurídica possa ter (fiscais, trabalhistas, previdenciários, civis), determina que a personalidade do ente privado deve *subsistir* (permanecer) enquanto a liquidação do patrimônio da entidade não seja concluída. Essa liquidação, quanto às associações e fundações, poderá ocorrer conforme as regras estabelecidas (arts. 1.033 a 1.038, CC/02) para a liquidação das sociedades (§ 2°). Após a liquidação, a personificação se encerra com o cancelamento da inscrição da pessoa jurídica no cartório (registro civil ou junta comercial) onde a mesma foi registrada (§ 3°).

Em suma, as pessoas jurídicas de direito privado são extintas de diversos modos, como o *convencional* (art. 54, VI, *in fine*), o *legal* (art. 69, CC/02), o *administrativo* (art. 51, *caput* "(...) cassada a autorização para o seu funcionamento(...)") e o *judicial* (art. 51, *caput*, primeira parte, e § 2°).

---

[262] Interessante mencionar, aqui, que as "sociedades de fato", enquanto "entes despersonalizados" são considerados fornecedores para os efeitos do Código de Defesa do Consumidor (art. 3°, *caput*), embora saibamos que a intenção da lei é atingir a *massa falida* enquanto "ente despersonalizado", isto é, o consumidor lesado por uma empresa que está em processo falimentar poderá ingressar no concurso de credores para buscar a satisfação do seu direito à reparação de danos.

[263] GONÇALVES, Carlos Roberto. *Direito(...)*, p. 188.

2.8. Das Pessoas Jurídicas de direito público interno: responsabilidade civil objetiva

A responsabilidade civil do Estado (pessoas jurídicas de direito público interno) também foi objeto de profundas modificações no Código Civil atual, se comparado ao diploma anterior. Ocorre que o art. 15 do CC/16, em sintonia com a *teoria da culpa* consagrada na responsabilidade civil privada (art. 159, CC/16), previu também a responsabilidade civil *subjetiva*[264] do Estado, baseada na idéia de *culpa do funcionário.*

Ocorre que a Constituição Federal de 1946, no art. 194, consagrou no ordenamento jurídico pátrio a responsabilidade civil *objetiva* do Estado[265] sendo que, a partir de então, considerou-se revogado, pela não recepção constitucional, o referido art. 15 do Código Beviláqua. Atualmente, o art. 37, § 6°, CF/88 mantém a responsabilidade civil *objetiva* do Estado, não havendo quase distinção entre a norma constitucional e o art. 43 do Código Civil de 2002, que tratou da matéria.[266]

É importante mencionar, ainda, o art. 22 do Código de Defesa do Consumidor que cuidou da responsabilidade civil *contratual* do Estado (o art. 37, § 6°, CF/88 cuida da responsabilidade civil *extracontratual* do Estado)[267] na prestação de serviços públicos e instituiu o *princípio da continuidade do serviço público essencial* (água, luz, telefone etc.) – como instrumento de concretização do princípio da *dignidade humana* (art. 1°, III, CF/88).[268] Por último, há que se mencionar,

---

[264] Dispunha o art. 15, CC/16: "As pessoas jurídicas de direito público são civilmente responsáveis por atos dos seus representantes que nessa qualidade causem danos a terceiros, *procedendo de modo contrário ao direito ou faltando a dever prescrito por lei,* salvo o direito regressivo contra os causadores do dano" (grifamos).

[265] AZEVEDO, Fernando Costa de. *Op. cit.,* p. 86-89.

[266] Art. 37, § 6°, CF/88: "As pessoas jurídicas de direito público e as de direito privado prestadoras de serviços públicos responderão pelos danos que seus agentes, nessa qualidade, causarem a terceiros, assegurado o direito de regresso contra o responsável nos casos de dolo ou culpa"; Art. 43, CC/02: "As pessoas jurídicas de direito público interno são civilmente responsáveis por atos dos seus agentes que nessa qualidade causem danos a terceiros, ressalvado direito regressivo contra os causadores do dano, se houver, por parte destes, culpa ou dolo". Podemos notar que a redação do Código não incluiu, a exemplo da Constituição, as pessoas jurídicas *de direito privado prestadoras de serviços públicos,* talvez porque à época em que o Projeto do Código foi elaborado (fim dos anos 60 e início dos anos 70) o processo de privatização estivesse apenas em debate, tendo iniciado, efetivamente, a partir da década de 80.

[267] Neste caso, o Estado é responsabilizado por danos causados pela má prestação de serviços públicos remunerados por impostos ou taxas: saúde, educação, segurança pública etc. No caso da responsabilidade civil *contratual* do Estado, o serviço público é remunerado por *tarifas* (água, luz, telefonia, pedágios etc.).

[268] Uma das questões mais polêmicas a respeito do Direito do Consumidor diz respeito à possibilidade da suspensão do fornecimento de serviço público essencial em razão do inadimplemento do consumidor-usuário. Ocorre que o art. 22 afirma, de modo categórico, que todos os serviços essenciais são contínuos, mas o art. 6°, § 3°, II, da Lei n. 8.987/95 (Lei de Concessões e Permissões de Serviços Públicos) dispõe não ser descumprimento do princípio da conti-

no CDC, a *cláusula geral de solidariedade passiva entre os fornecedores* (art. 7º, *caput*) que alcança o Estado, enquanto mau gestor (ou fiscalizador) dos serviços públicos delegados, e os prestadores privados desses serviços.[269]

2.9. Das Pessoas Jurídicas: a desconsideração da personalidade jurídica

Eis um dos temas mais interessantes no estudo a respeito das pessoas jurídicas de direito privado. Em observância à diretriz fundamental *da eticidade,* que protege a boa-fé nas relações jurídicas privadas,[270] o legislador entendeu que a personificação das pessoas jurídicas e seus reflexos imediatos, como a *autonomia patrimonial,* não poderiam servir de pretexto para os seus *presentantes*[271] realizarem atos fraudulentos, lesivos ao patrimônio da pessoa jurídica e a terceiros.[272]

Por essa razão, o ordenamento jurídico pátrio importou, do sistema jurídico anglo-saxão, a chamada *disregard doctrine* ou *disregard of legal entity* (teoria da desconsideração da personalidade jurídica). O instituto da desconsideração (art. 50, CC/02) aplica-se, em especial, às sociedades, embora esteja previsto na Parte Geral do Código Civil e, por isso, possa ser aplicado também nas pessoas jurídicas de fins não econômicos (associações e fundações). Segundo essa teoria,

---

nuidade, previsto no art. 22, CDC, a suspensão no fornecimento do serviço público essencial em razão do inadimplemento do usuário. Há quem sustente ser essa norma jurídica (a da Lei 8.987/95) *inconstitucional,* em razão do chamado *princípio da proibição de retrocesso das garantias constitucionais,* já que o CDC é uma *extensão* da garantia constitucional expressa no art. 5º, XXXII, CF/88. Do outro lado, encontramos aqueles que sustentam a legalidade do ato de suspensão, em razão do *princípio da proporcionalidade,* segundo o qual argumentam não ser de bom senso manter o fornecimento do serviço nessas condições, sob pena de aumentar os custos para as empresas prestadoras e, consequentemente, para os consumidores que pagam suas contas em dia. Sobre o tema, veja o que escrevi em AZEVEDO, Fernando Costa de. A suspensão do fornecimento de serviço público essencial por inadimplemento do consumidor-usuário. Argumentos doutrinários e entendimento jurisprudencial. In: *Revista de Direito do Consumidor n. 62.* São Paulo: Revista dos Tribunais. Abril-junho de 2007, p. 86-123.

[269] Na verdade, não há consenso na doutrina brasileira sobre o tema da responsabilidade civil do Estado-gestor pelos atos (ou omissões) das empresas privadas prestadoras de serviços públicos, entendendo alguns que ela é *subsidiária,* e outros, que é *solidária,* desde que se possa demonstrar que a falha na escolha ou na fiscalização da concessionária ou permissionária foi *causa imediata* do evento danoso (art. 7º, *caput,* CDC). Sobre o tema, v. GONÇALVES, Carlos Roberto. *Direito...,* p. 219.

[270] Veja, a propósito, o que escrevemos no Capítulo anterior (item 2 – subitem 2.3 – 2.3.5).

[271] A expressão "presentante" é da lavra de Pontes de Miranda (*Op. cit.,* p. 412-415). São as pessoas responsáveis pela criação e administração direta da pessoa jurídica, ao contrário dos *representantes, i. e.,* das pessoas que, por mandato, agem em nome da pessoa jurídica (ex: um advogado). Os atos dos *presentantes* (administradores ou sócios) da pessoa jurídica obrigam-na, conforme os limites dispostos nos arts. 47 a 49, CC/02.

[272] COELHO, Fábio Ulhoa. *Curso...,* v. 1, p. 241-243.

o juiz deve ter poderes para, uma vez provocado, *suspender (desconsiderar)* a personalidade jurídica do ente privado a fim de que o patrimônio *individual* dos administradores ou sócios possa responder pelos atos ilícitos praticados *no exercício* (ou *em nome*) da pessoa jurídica.[273]

Cumpre observarmos, por fim, que o art. 50, CC/02, não inovou no sistema jurídico brasileiro, uma vez que o art. 28 do Código de Defesa do Consumidor, em vigor desde 11 de março de 1991, foi que introduziu a teoria da desconsideração da personalidade jurídica no direito brasileiro. Entretanto, a redação da norma jurídica é alvo de críticas, principalmente dos autores de Direito Comercial ou Empresarial, devido ao fato de que o art. 28, *caput* estabeleceu critérios para que o juiz proceda à desconsideração, e o § 5º dispôs que a personalidade jurídica da empresa pode ser desconsiderada "(...) sempre que for, *de alguma forma*, obstáculo ao ressarcimento de prejuízos causados aos consumidores", isto é, não estabeleceu critérios definidos, estando, por isso, em contradição com a norma prevista anteriormente.

2.10. Das Pessoas Jurídicas: seus direitos da personalidade

As pessoas jurídicas, segundo dispõe o art. 52, CC/02, também podem ser titulares de certos direitos da personalidade, como o direito de impedir agravos ao seu nome, privacidade, imagem e honra, bem como de serem indenizadas pelos prejuízos materiais e morais decorrentes (art. 5º, V e X, CF/88 c/c arts. 186, 187, 927, *caput* e parágrafo único, CC/02).[274]

2.11. Das Pessoas Jurídicas: regras gerais sobre domicílio

O domicílio das pessoas jurídicas, assim como o das pessoas naturais, reveste-se de uma importância que transcende o âmbito do Direito Civil e Processual Civil. Tem, pois, a função de ser instrumento para efetivação de determinadas normas constitucionais

---

[273] "Note-se, a decisão judicial que desconsidera a personalidade jurídica da sociedade não desfaz o seu ato constitutivo, não o invalida, nem importa a sua dissolução. Trata, apenas e rigorosamente, de suspensão episódica da eficácia desse ato. Quer dizer, a constituição da pessoa jurídica não produz efeitos apenas no caso em julgamento, permanecendo válida e inteiramente eficaz para todos os outros fins (...) Cumpre distinguir, pois, *despersonalização* de *desconsideração* da personalidade jurídica. A primeira acarreta a dissolução da pessoa jurídica ou a cassação da autorização para seu funcionamento, enquanto na segunda 'subsiste o princípio da autonomia subjetiva da pessoa coletiva, distinta da pessoa de seus sócios ou componentes, mas essa distinção é afastada, provisoriamente, e tão-só para o caso concreto' " (GONÇALVES, Carlos Roberto. *Direito...*, p. 210-211).

[274] COELHO, Fábio Ulhoa. *Curso...*, v. 1, p. 261.

relacionadas à existência das pessoas jurídicas de direito privado (p. ex., arts. 5°, XVIII; 17 e §§ 1° a 4°; 170, *caput – livre iniciativa* (liberdade de emprendimento negocial ou empresarial) e IX (pequenas empresas) etc.).

O art. 75, CC/02, tratou do domicílio das pessoas jurídicas de direito público interno (incs. I a III) e do domicílio das pessoas jurídicas de direito privado (inc. IV). O § 1° consagra o já referido *princípio da pluralidade domiciliar*, agora para as pessoas jurídicas. E o § 2° define como domicílio o *lugar da formação do vínculo obrigacional no Brasil*, para as obrigações contraídas por pessoa jurídica cuja administração tenha sede no exterior. Assim, se uma empresa *multinacional* contrai obrigações em Porto Alegre, será este o domicílio da empresa para responder por essas obrigações.

3. Os Bens como Objetos das Relações Jurídicas

3.1. Bens jurídicos e bens patrimoniais

Os bens jurídicos representam os objetos de interesse (valor) das pessoas ou da sociedade em geral e, por isso mesmo, são tutelados pela ordem jurídica. Os bens jurídicos constituem, na Teoria Geral da Relação Jurídica, os objetos *mediatos* dessas relações, pois a satisfação dos direitos que os tutelam, no contexto de uma relação jurídica, está sempre vinculada à realização de uma *prestação* (ação ou abstenção) de sujeito determinado ou da própria coletividade (objeto *imediato*).[275]

Os bens jurídicos *mediatos* podem ter natureza patrimonial (o crédito, a propriedade etc.) ou extrapatrimonial (a vida, a integridade física e moral etc.). Por essa razão, é necessário fazer a distinção entre bem jurídico e bem patrimonial. A expressão bem jurídico, enquanto objeto mediato das relações jurídicas, significa "(...) tudo aquilo que é protegido pelo Direito, tendo ou não conteúdo ou valoração econômica".[276] Abrange, portanto, os bens da natureza econômica (patrimonial) e não econômica (extrapatrimonial) tutelados pelo ordenamento jurídico. Temos, então, que bem patrimonial é *espécie* do *gênero* "bem jurídico".

No Livro I da Parte Geral do CC/02 – referente aos *sujeitos das relações jurídicas (as pessoas)* – encontramos as normas gerais a respeito dos bens jurídicos de natureza *extrapatrimonial*, tutelados pelos

---

[275] Veja o que referimos no presente Capítulo (item 1 – subitem 1.3). Nesse sentido, o direito que tutela o bem jurídico mediato chamado *propriedade* será satisfeito quando houver a realização de prestação (no caso, uma abstenção) da coletividade (ex: dever de não violar a propriedade alheia, salvo nos casos em que o exercício da propriedade não se conformar com o interesse público ou a *função social* da propriedade – CC/02, art. 1.228, § 1º). Assim também o direito que tutela o bem jurídico mediato chamado *liberdade de ir e vir* será satisfeito sempre que houver uma prestação dessa natureza (ex: não impedir que uma pessoa saia de um recinto, salvo se estiver legalmente obrigada a permanecer presa – CF/88, art. 5º, II). Já o direito que tutela o bem jurídico chamado *crédito* será satisfeito quando houver a realização de prestação (no caso, uma ação) do sujeito determinado, ou seja, do devedor, fiador etc. (ex: o dever do fornecedor cumprir a oferta que anunciou aos consumidores pela televisão – CDC, art. 30).

[276] RIZZATTO NUNES, Luiz Antônio. *Manual de Introdução ao Estudo do Direito.* 4ª ed. São Paulo: Saraiva. 2002, p. 143.

direitos da personalidade (arts. 11 a 20). Já o Livro II da Parte Geral do CC/02, que agora vamos analisar, contém as normas gerais a respeito da tipologia dos bens jurídicos mediatos de natureza *patrimonial*. Sendo assim, tais normas são importantes para caracterizar esses bens jurídicos no contexto das relações jurídicas pertencentes aos campos do direito civil que cuidam da aquisição e da transmissão de patrimônio (ex: Direito das Obrigações,[277] Direito de Empresa,[278] Direito das Coisas,[279] Direito (Patrimonial) de Família[280] e Direito das Sucessões[281]).

3.2. Dos bens considerados em si mesmos

No Capítulo I do Livro II da Parte Geral, encontramos os *bens (patrimoniais) considerados em si mesmos*, isto é, da classificação legal dos bens sem relação com outros bens, e levando-se em conta determinados critérios, como o fato de serem ou não corpóreos (bens materiais ou imateriais), de terem ou não mobilidade própria (bens móveis ou imóveis), de serem ou não-fungíveis e consumíveis, divisíveis ou indivisíveis, singulares ou coletivos.[282]

Segundo a lição do professor Goffredo Telles Jr. os bens materiais (ou corpóreos) são *coisas*. Para o jusfilófoso da USP a *coisa* (bem material ou corpóreo) pode ser definida como "(...) uma certa *matéria com sua forma. É matéria enformada*. Todas as coisas existentes são feitas de *matéria e forma*".[283] Já o bem de natureza imaterial "(...) é o ser que, não sendo *matéria*, não é *coisa*. O ser que não é *coisa* – o ser que não é *matéria* – é somente *forma*, ou seja, é *qualidade, atributo, modo de ser*".[284] Como exemplos de bens materiais temos as *coisas* em geral, previstas nos arts. 79, 81, 82 e 84, CC/02. Como exemplos dos bens imateriais temos *os atributos (ou modos de ser) da personalidade* tutelados pelos direitos previstos nos arts. 11 a 21 e 52, CC/02 (*Direitos da*

---

[277] CC/02, Parte Especial, Livro I, arts. 233 a 965.

[278] CC/02, Parte Especial, Livro II, arts. 966 a 1.195.

[279] CC/02, Parte Especial, Livro III, arts. 1.196 a 1.510.

[280] CC/02, Parte Especial, Livro IV (Título II), arts. 1.639 a 1.722.

[281] CC/02, Parte Especial, Livro V, arts. 1.784 a 2.027.

[282] Segundo Orlando Gomes "(...) a classificação dos bens considerados em relação à própria natureza não corresponde apenas a uma diversidade natural, mas, também, social. O regime econômico influi na valorização das diversas categorias de bens, inspirando sua hierarquização jurídica, como ocorre, nitidamente, com os bens móveis ou imóveis. A função econômica determina a preeminência de uns sobre os outros. Em conseqüência, a organização jurídica dos bens reflete a diversidade da valoração" (GOMES, Orlando. *Introdução ao Direito Civil*. 18ª ed. Rio de Janeiro: Forense. 2001, p. 214).

[283] TELLES JR., Goffredo. *Iniciação na Ciência do Direito*. São Paulo: Saraiva. 2001, p. 305.

[284] *Idem*, p. 306.

Personalidade), assim como os bens previstos nos arts. 80 e 83, CC/02 (*Bens imóveis e móveis por equiparação*).[285]

Os bens materiais são, em regra, patrimoniais (suscetíveis de alienação), mas podem ser extrapatrimonais (não suscetíveis de alienação ou bens fora do comércio) por expressa definição da lei (ex: art. 100, CC/02) ou por disposição das partes (ex: bem imóvel gravado com cláusula de inalienabilidade). Já os bens imateriais, por sua vez, podem ser patrimoniais (ex: o crédito como objeto de direito pessoal ou obrigacional, a imagem-atributo da pessoa famosa[286]) ou extrapatrimoniais (ex: a vida, a privacidade, a liberdade de pensamento etc.). Podemos dizer, então, que os bens jurídicos em geral podem ser classificados da seguinte forma:

Bens Jurídicos em Geral

1 – *Materiais (Corpóreos)* → Natureza patrimonial
(regra geral – arts. 79, 81, 82 e 84)
→ Natureza extrapatrimonial
(exigência legal ou convenção)

2 – *Imateriais (Incorpóreos)* → Natureza patrimonial
(Parte Geral – Livro II – arts. 80 e 83)
→ Natureza extrapatrimonial
(Parte Geral – Livro I – arts. 11 a 21)

Os bens materiais podem ser *imóveis (ou bens de raiz)* ou *móveis (móveis propriamente ditos ou semoventes)*,[287] Para Carlos Roberto

---

[285] As definições que estamos adotando têm caráter tecnológico (dogmático). Assim sendo, existem outras definições na doutrina jurídica a respeito distinção entre bens e coisas. No nosso sentir, *bem* é gênero (bem jurídico) e *coisa* é espécie. Entretanto, Fábio Ulhoa Coelho entende que "'*Coisa' é tudo que existe além dos sujeitos de direito; se tem valor econômico, isto é, quanficável em dinheiro, é chamada de 'bem'. Nessa categoria jurídica, portanto, enquadram-se os objetos, animais e direitos, desde que possam ter seu valor para homens e mulheres mensurado pecuniariamente*" (COELHO, Fábio Ulhoa. *Curso de Direito Civil v. 1*. São Paulo: Saraiva. 2003, p. 265). A bem da verdade, é preciso dizer que a maior parte da doutrina entende ser o vocábulo *coisa* mais abrangente do que o vocábulo *bem* (GONÇALVES, Carlos Roberto. *Principais Inovações no Código Civil de 2002*. São Paulo: Saraiva. 2002, p. 19). Ainda assim, sustentamos a idéia oposta (bem – gênero; coisa – espécie).

[286] Veja, no presente Capítulo, o que dissemos a respeito do direito patrimonial de imagem (item 2 – subitem 2.4).

[287] "A tecnologia civilista brasileira, tradicionalmente, conceitua como imóveis os bens que não podem ser transportados de um lugar para o outro sem comprometimento de sua integridade, e móveis os que se podem transportar íntegros (por todos, Beviláqua, 1934: 261). Esse conceito encontra-se reproduzido na lei, que considera imóveis 'o solo e tudo quanto se lhe incorporar natural ou artificialmente' (CC, art. 79) e móveis 'os bens suscetíveis de movimento próprio, ou de remoção por força alheia, sem alteração de substância ou da destinação econômico-social (CC, art. 82). São bens imóveis, assim, o lote de terreno, a árvore plantada e seus

Gonçalves,[288] os principais efeitos práticos da distinção entre bens móveis ou imóveis são:

"a) Os bens móveis são adquiridos, em regra, por simples tradição enquanto os imóveis dependem de escritura pública e registro no Cartório de Registro de Imóveis (CC, arts. 108, 1.226 e 1.227).

b) A propriedade imóvel pode ser adquirida também pela acessão, pela usucapião e pelo direito hereditário (CC, arts. 1.238 a 1.244, 1.248 e 1.784); e a mobiliária pela usucapião, ocupação, achado de tesouro, especificação, confusão, comistão, adjunção (CC, arts. 1.260 a 1.274).

c) Os bens imóveis exigem, para serem alienados, hipotecados ou gravados de ônus real, a anuência do cônjuge, exceto no regime da separação absoluta (CC, art. 1.647, I), o mesmo não acontecendo com os móveis.

d) Usucapião de bens imóveis requer prazos mais dilatados (5, 10 e 15 anos) do que a de bens móveis (três e cinco anos), conforme dispõe a Constituição Federal, nos arts. 183 e 191, e o Código Civil, nos arts. 1.238, 1.239, 1.240, 1.242, 1.260 e 1.261.

e) Hipoteca é direito real de garantia reservado aos imóveis, com exceção dos navios e aeronaves (CC, art. 1.473), enquanto o penhor é reservado aos móveis (art. 1.431).

f) Só os imóveis são sujeitos à concessão da superfície (art. 1.369), enquanto só os móveis prestam-se ao contrato de mútuo (art. 586).

g) No direito tributário, os imóveis estão sujeitos ao imposto de sisa (ITBI – Imposto de Transmissão de Bens Imóveis, em caso de alienação *inter vivos*), bem como aso impostos territorial, predial e de transmissão *mortis causa*, enquanto a venda de móveis é geradora de ICM – Imposto de Circulação de Mercadorias, de imposto sobre produtos industrializados e de transmissão *mortis causa*.

h) No direito penal, somente os móveis podem ser objeto de furto ou roubo (CP, arts. 155 e 157).

i) No direito processual civil, as ações reais imobiliárias exigem a citação de ambos os cônjuges (CPC, art. 10, parágrafo único).

---

frutos pendentes, as edificações; e móveis os animais (semoventes), os veículos automotores, os livros, os eletrodomésticos etc". (*Idem*, p. 266).

[288] GONÇALVES, Carlos Roberto. *Direito Civil Brasileiro – v. I*. São Paulo: Saraiva. 2003, p. 241-242; No mesmo sentido, COELHO, Fábio Ulhoa. *Op. cit.*, p. 268.

j) São maiores as exigências legais para a venda de bens imóveis pertencentes a incapazes sob o poder familiar, tutela e curatela, do que para bens móveis.

l) Somente imóveis podem ser objeto de bem de família (CC, art. 1.711)".

Certos bens de natureza imaterial (ou incorpórea) são equiparados aos bens materiais (corpóreos) *para os efeitos legais*, isto é, para que possam gozar dos mesmos efeitos jurídicos atribuídos aos bens materiais, como, p. ex., a *transmissibilidade* e a *disponibilidade*. Assim sendo, os arts. 80 e 83[289] tratam dos bens materiais *por equiparação (ou por determinação legal)*.

Os bens patrimoniais (Parte Geral – Livro II, CC/02) podem ser ainda:

1- Fungíveis (art. 85): são os bens *móveis* que podem ser substituídos por outros da mesma espécie, sendo os bens infungíveis, aqueles que não apresentam essa característica.[290] A distinção é importante, p. ex., para os contratos de *empréstimo* enquanto *comodato* (arts. 579 a 585) e enquanto *mútuo* (arts. 586 a 592), visto que o comodato é empréstimo gratuito de bens infungíveis (art. 579) e o mútuo, empréstimo oneroso de bens fungíveis (art. 586).[291]

Considerando que o direito de crédito é um bem móvel por determinação legal (art. 83, III), as obrigações correspondentes a esses direitos também podem ser fungíveis ou infungíveis.[292] No Direito das Obrigações essa distinção é importante porque se uma obrigação de fazer infungível[293] não pode ser adimplida pelo devedor, re-

---

[289] Art. 80 "Consideram-se imóveis para os efeitos legais: I – os direitos reais sobre imóveis e as ações que os asseguram; II- o direito à sucessão aberta"; art. 83 "Consideram-se móveis para os efeitos legais: I- as energias que tenham valor econômico [inovação do CC/02]; II – os direitos reais sobre objetos móveis e as ações correspondentes; III – os direitos pessoais de caráter patrimonial e respectivas ações".

[290] "A fungibilidade é característica dos bens móveis (...) Pode ocorrer, no entanto, que, em certos negócios, a fungibilidade venha a alcançar os bens imóveis, como, por exemplo, no ajuste, entre sócios de um loteamento, sobre eventual partilha em caso de desfazimento da sociedade, quando o que se retira receberá certa quantidade de lotes. Enquanto não for lavrada a escritura, será ele credor de coisas fungíveis, determinadas apenas pela espécie, qualidade, quantidade. A fungibilidade é o resultado da comparação entre duas coisas, que se consideram equivalentes. Os bens fungíveis são substituíveis porque são idênticos, econômica, social e juridicamente. A característica advém, pois, da *natureza* das coisas. Todavia, pode resultar também da *vontade das partes*. A moeda é um bem fungível. Determinada moeda, porém, pode tornar-se infungível, para um colecionador" (GONÇALVES, Carlos Roberto. *Direito(...)*, p. 250-251).

[291] *Idem*, p. 251.

[292] *Idem, ibidem.*

[293] Obrigação de fazer infungível é obrigação personalíssima, isto é, aquela que não pode ser realizada por outra pessoa a não ser o próprio devedor. Ex: obrigação de escrever um determinado livro ou de compor uma determinada música.

solve-se em perdas e danos (art. 247, CC/02), mas se a obrigação de fazer for fungível, o credor poderá mandar que terceiro a realize (art. 249. CC/02).[294]

2- Consumíveis (art. 86): são os bens *móveis* cujo uso importa destruição imediata da própria substância, sendo também considerados tais os destinados à alienação. Podemos perceber a presença de dois tipos de bens consumíveis: a) bens consumíveis de fato (destruição imediata); b) bens consumíveis de direito (destinados à alienação). A rigor, todos os bens materiais perdem suas características iniciais com a utilização, mas nem todos são *juridicamente consumíveis.* No Direito do Consumidor, utiliza-se a expressão "produto durável e não durável" para designar, respectivamente, bem não consumível e consumível.[295] Quanto aos bens que se destinam à alienação, temos, p. ex., as mercadorias expostas nas prateleiras dos supermercados.[296]

3- Divisíveis (arts. 87 e 88) – são os bens que podem ser fracionados sem que haja alteração na sua substância (bens divisíveis *por natureza*), uma diminuição considerável de valor ou prejuízo do uso a que se destinam (bens divisíveis *por razões econômicas*) – art. 87. Existem, portanto, dois critérios para analisar a natureza jurídica do bem: a) se ele pode ser fracionado sem comprometer sua substância – ex: a àgua); b) se ele pode ser fracionado sem comprometer seu valor ou utilidade.

O art. 88, por sua vez, dispõe a respeito da possibilidade de bens naturalmente divisíveis tornarem-se indivisíveis por determinação da lei ou por vontade das partes (negócio jurídico). No primeiro caso (indivisibilidade por determinação legal), temos, p. ex., o art. 1.386, CC/02 (indivisibilidade das servidões prediais), o art. 1.421, CC/02 (indivisibilidade da hipoteca), e o art. 1.791, CC/02 (indivisibilidade do direito dos co-herdeiros quanto à propriedade e posse da herança até a partilha). No segundo caso (indivisibilidade por negócio jurídico), temos o art. 1.320, §§ 1º e 2º, CC/02 (possibilidade de tornar a coisa comum – condomínio – indivisível por prazo não maior do que cinco anos, suscetível de prorrogação ulterior; e estabelecimento máximo do prazo de cinco anos (sem prorrogação) se a indivisibilidade for estabelecida por testamento ou doação). Por

---

[294] Exemplo de uma obrigação de fazer fungível: obrigação de pintar uma parede ou de construir um muro.

[295] Art. 26, CDC: "O direito de reclamar pelos vícios aparentes ou de fácil constatação caduca em: I- 30 (trinta) dias, tratando-se de fornecimento de serviço e de produto não duráveis; II – 90 (noventa) dias, tratando-se de fornecimento de serviço e de produto duráveis".

[296] GONÇALVES, Carlos Roberto. *Direito...*, p. 252.

fim, observa Carlos Roberto Gonçalves que "(...) as obrigações [art. 83, III, CC/02] também são divisíveis ou indivisíveis conforme seja divisível ou não o objeto da prestação (CC, arts. 257 e 258)".[297]

4- Singulares (art. 89) e Coletivos (arts. 90 e 91) – os bens singulares são aqueles que, mesmo reunidos com outros bens, se consideram *de per si*, independentemente dos demais. Os bens singulares subdividem-se em *simples* e *compostos*. Os primeiros são aqueles que formam um todo homogêneo, isto é, não são formados por peças ou componentes (ex: um cavalo, uma árvore etc.); os segundos, aqueles que são formados por peças ou componentes (ex: um automóvel, um telefone celular).[298]

Os bens coletivos podem ser *universalidades de fato (art. 90 e parágrafo único)* e *universalidades de direito (art. 91)*. Em ambos os casos, temos a reunião de bens singulares a qual, por razões de ordem econômica, só adquirem sentido enquanto uma individualidade própria, distinta das individualidades dos bens que as compõem. Como exemplos de universalidade de fato, temos um rebanho de ovelhas, uma biblioteca, uma galeria de quadros etc.; e como exemplos de universalidade de direito, temos a herança, o fundo de comércio, a massa falida etc.[299]

Por fim, resta-nos considerar que os bens componentes da universalidade de fato podem ser objeto de relações jurídicas próprias (art. 90, parágrafo único). Isso significa que uma ovelha pertencente a um rebanho pode ser objeto de doação, venda etc. Da mesma forma, um livro pertencente a uma biblioteca.

3.3. Dos bens reciprocamente considerados

O segundo capítulo do Livro II trata dos bens *reciprocamente considerados*, i. e, dos bens relacionados entre si. Nesse sentido, os bens podem ser principais e acessórios (art. 92),[300] assim como

---

[297] GONÇALVES, Carlos Roberto. *Direito...*, p. 255.

[298] Para o Direito do Consumidor, essa classificação é importante visto que o art. 18 do CDC (*in fine*), quando trata da responsabilidade civil *objetiva* por vícios dos produtos, dispõe a respeito do direito que o consumidor tem de *exigir a substituição das partes* [componentes – bens compostos] *viciadas* (grifamos).

[299] "A distinção fundamental entre universalidade de fato e a de direito está em que a primeira se apresenta como um conjunto ligado pelo entendimento particular (decorre da vontade do titular), enquanto a segunda decorre da lei, ou seja, da pluralidade de bens corpóreos a que a lei, para certos efeitos, atribui o caráter de unidade, como na herança, no patrimônio, na massa falida etc" (GONÇALVES, Carlos Roberto. *Direito...*, p. 257).

[300] Art. 92, CC/02: "Principal é o bem que existe sobre si, abstrata ou concretamente; acessório, aquele cuja existência supõe a do principal". A função econômica do bem é que distingue os bens entre principais e acessórios. Algumas conseqüências da distinção (e da relação) entre

também as obrigações [art. 83, III, CC/02] podem ser principais (ex: obrigações de pagar o aluguel) e acessórias (ex: obrigação de pagar juros moratórios ou a multa contratual).

Os bens acessórios podem ser vistos como sendo frutos (art. 95),[301] produtos (art. 95)[302] e benfeitorias (arts. 97 e 98) relativos ao bem. A distinção entre frutos e produtos é muito importante no exame da matéria a respeito do *usufruto* (art. 1.394, CC/02 – usufrutuário só tem direito à percepção dos frutos) e dos efeitos da posse (arts. 1.214, CC/02 – direitos do possuidor de boa-fé; arts. 1.216, CC/02 – direitos do possuidor de má-fé). Já o conceito[303] e a classificação das benfeitorias (art. 96) revela-se importante especialmente quanto às matérias seguintes: a) efeitos da posse e direito de retenção (art. 1.219, CC/02); b) usufruto (arts. 1.392 e 1.404, § 2°, CC/02); c) locação (art. 578, CC/02); d) extinção do condomínio (art. 1.322, CC/02); direito de família (art. 1.660, IV, CC/02); e) direito das obrigações (arts. 453 e 878, CC/02) e f) direito das sucessões (art. 2.004, § 2°).[304] O

os bens principal e acessório são mencionadas pela doutrina: "a) a natureza do acessório é a mesmo do principal; b) o acessório acompanha o principal em seu destino (exs: arts. 233, 287 e 1.392, CC/02); c) o proprietário do principal é proprietário do acessório (exs: arts. 237, 1.209, 1.232 e 1.248 e s., CC/02)" (*Idem*, p. 258-259).

[301] "Frutos são as coisas que uma propriedade produz e que dela podem ser separados sem diminuição da propriedade. Uma propriedade pode produzir frutos naturais, industriais ou civis. Os frutos naturais são os que a natureza produz dentro da propriedade, com ou sem intervenção do trabalho humano. Por exemplo, são frutos naturais: as frutas das árvores, as próprias árvores (quando plantadas para corte), as resinas vegetais, os grãos de café, de milho, de soja, etc., a cana-de-açúcar, a lã, o leite, as crias dos animais. Os frutos industriais são os que o homem produz em sua propriedade com emprego de meios mecânicos ou químicos. Por exemplo, são frutos industriais: o fubá, a farinha de mandioca, a farinha de trigo, o pó de café, o açúcar, o álcool, o vinho, o tijolo, o tecido, o tecido de pano, o sapato, o aço, o automóvel, a água oxigenada, a penicilina. Os frutos civis são os que a propriedade rende ao proprietário, em troca do aproveitamento dela por outrem. Por exemplo, são frutos civis: os alugueres, os foros, os juros, as rendas. Quando já prontos, mais ainda unidos à coisa que os produziu, os frutos se chamam *pendentes*. Depois de separados dela, são frutos *percebidos* ou *colhidos*, ou frutos *desperdiçados ou perdidos*. Quando estão armazenados ou acondicionados para utilização futura, denominam-se frutos *estantes*. E os percebidos, os que não mais existem, são frutos *consumidos*" (TELLES JR., Goffredo. *Op. cit.*, p. 313-314).

[302] "Não são frutos, as coisas que existem na propriedade e cuja retirada implica diminuição dela. Tais coisas são partes da propriedade, não frutos. A doutrina tradicional e o Código Civil as denominam *produtos*. Portanto, não são frutos, por exemplo, a madeira das árvores não plantadas para corte, as pedras das pedreiras, o barro de olaria e cerâmica, as pedras e os metais preciosos das minas, o carvão-de-pedra e demais combustíveis nas jazidas da natureza. Tais coisas, quando retiradas da propriedade, são *produtos* delas, mas não devem ser tidas como *frutos*, porque a retirada das mesmas diminui quantitativamente a propriedade e, às vezes, a danifica" (*Idem*, p. 314).

[303] As benfeitorias são obras realizadas em bem já existente. Nesse sentido, não se confundem com as acessões industriais ou artificiais (arts. 1.253 a 1.259, CC/02), que são construções e plantações, isto é, atividades humanas que criam coisas novas.

[304] GONÇALVES, Carlos Roberto. *Direito...*, p. 263.

art. 97, CC/02 trata das chamadas *acessões naturais*, que ocorrem por meio de aluvião, avulsão, formação de ilhas e abandono de álveo.[305]

Nesse sentido, poucas inovações trouxe o Código atual em relação ao Código de 1916. Entretanto, devemos salientar a inovação referente ao conceito de *pertenças* (art. 93)[306] e sua natureza essencialmente principal e acidentalmente acessória em relação ao bem principal (art. 94).[307]

3.4. Dos bens públicos

O terceiro e último capítulo do Livro II classifica o bem de acordo com a natureza do seu proprietário,[308] ou seja, quanto à natureza jurídica, pública ou privada, da pessoa titular do domínio.[309] Nesse sentido, os *bens públicos* são os bens de domínio nacional pertencentes às pessoas jurídicas de direito público interno, sendo todos os outros particulares, seja qual for a pessoa a que pertencerem (art. 98, CC/02). Classificam-se (art. 99) em: *a) bens de uso comum do povo; b) bens de uso especial; c) bens dominicais.* Os bens de uso comum do povo (inc. I) são todos aqueles bens que podem ser livremente utilizados por qualquer pessoa, sendo, regra geral, inalienáveis[310] (rios,

---

[305] "Nessas hipóteses, não há benfeitorias, mas acréscimos decorrentes de fatos eventuais e inteiramente fortuitos. Não são eles indenizáveis, porque, para a sua realização, não ocorre qualquer esforço do possuidor ou detentor. Sendo obra exclusiva da natureza, quem lucra é o proprietário do imóvel, sem compensação alguma para quem quer que seja" (*Idem*, p. 265).

[306] Art. 93: "São pertenças os bens que, não constituindo partes integrantes, se destinam, de modo duradouro, ao uso, ao serviço ou ao aformoseamento de outro". São exemplos de pertenças os objetos de decoração de uma residência, os objetos de exploração de uma propriedade agrícola etc.

[307] Art. 94: "Os negócios jurídicos que dizem respeito ao bem principal não abrangem as pertenças, salvo se o contrário resultar da lei, da manifestação de vontade, ou das circunstâncias do caso". Fábio Ulhoa Coelho ilustra as situações em que as pertenças podem ser consideradas acessórios do bem principal: "Quer dizer, se alguém adquire o estabelecimento empresarial, todos os bens que o compõem consideram-se adquiridos também, em decorrência da disciplina legal da matéria (CC, arts. 1.142 e 1.143). Se a casa é vendida mobiliada, o acordo de vontade entre as partes foi no sentido de abranger no negócio também as pertenças. Finalmente, se no mesmo saguão do prédio em que se encontrava a estátua havia outras obras de arte, se ela foi esculpida por um famoso artista e o valor pago pelo imóvel é acima do mercado, essas circunstâncias todas indicam que a escultura também estava compreendida no negócio" (COELHO, Fábio Ulhoa. *Op. cit.*, p. 275). Por fim, conclui o autor: "Note-se que, a rigor, as pertenças não deveriam ser classificadas como acessório, como parece ter sido a opção da lei. Com efeito, elas *não* seguem o assim chamado bem principal *exceto* em situações especiais; desse modo, não ostentam aquela dependência característica dos bens acessórios" (*Idem, ibidem*).

[308] *Idem, ibidem.*

[309] GONÇALVES, Carlos Roberto. *Direito...*, p. 266-268.

[310] Os bens de uso comum do povo, bem como os bens de uso especial são, regra geral, inalienáveis. Podem, porém, sofrer a incidência do procedimento de *desafetação*, isto é, da inclusão desses bens na categoria dos bens dominicais, que podem ser alienados. A desafetação é matéria de Direito Administrativo.

mares, estradas, ruas, praças etc.). Os bens de uso especial (inc. II) destinam-se à execução dos serviços públicos, sendo também inalienáveis como regra (os edifícios onde estão localizadas as autarquias, prefeituras, secretarias etc.). Esses bens não são utilizados por todas as pessoas, mas apenas pelos funcionários públicos. Por fim, os bens dominicais (inc. III) são os bens do patrimônio disponível do Poder Público, constituindo objeto das relações de direito pessoal ou real do Estado.[311] São, portanto, alienáveis como regra[312] (ex: as terras devolutas, as estradas de ferro, oficinas e fazendas pertencentes ao Estado).

3.5. Dos bens comercializáveis e fora do comércio

Encerrando a matéria relativa ao objeto (patrimonial) das relações jurídicas, temos uma última classificação a analisar. Os bens podem ser *comercializáveis* ou estarem *fora do comércio*.[313] No Código de 1916 havia uma norma jurídica (art. 69) regrando a matéria das "coisas que estão fora do comércio". O atual Código não contemplou a matéria do mesmo modo que o CC/16. Entretanto, podemos afirmar que existem bens *fora do comércio* nas seguintes situações: a) os bens *naturalmente inapropriáveis* (ar atmosférico, a luz solar, a água do mar etc.); b) os bens *legalmente inalienáveis* (bens públicos de uso comum e de uso especial, bens de incapazes, bens das fundações, bem de família (art. 1.711, CC/02), bens tombados, terras ocupadas pelos índios (art. 231, § 4°, CF/88) etc); c) os bens *indisponíveis pela vontade humana* (bens deixados em testamento ou doados, com cláusula de inalienabilidade – art. 1.848 e 1.911, CC/02).[314]

---

[311] "Os bens dominicais são do domínio privado do Estado. Se nenhuma lei houvesse estabelecendo normas especiais sobre essa categoria de bens, seu regime jurídico seria o mesmo que decorre do Código Civil para os bens pertencentes aos particulares. Sendo alienáveis, estariam inteiramente no comércio jurídico de direito privado e poderiam ser objeto de usucapião e de direitos reais, como também poderiam ser objeto de penhora e de contratos como o de locação, comodato, permuta, arrendamento" (GONÇALVES, Carlos Roberto. *Direito...*, p. 267).

[312] Os bens dominicais são alienáveis como regra, mas podem sofrer a incidência do procedimento de *afetação*, i. e., o ato de transformar bem dominical (bem de domínio privado do Estado) em bem do patrimônio público (bem de uso comum do povo ou bem de uso especial). A conseqüência imediata da afetação é a impossibilidade de alienação do bem afetado.

[313] "*Coisas no comércio* são, por conseguinte, as que se podem comprar, vender, trocar, doar, dar, alugar, emprestar etc.; *fora do comércio* são aquelas que não podem ser objeto de relações jurídicas, como as mencionadas" (GONÇALVES, Carlos Roberto. *Direito...*, p. 269). Veja também, dentre outros, PEREIRA, Caio Mário da Silva. *Instituições de Direito Civil – volume I*, Rio de Janeiro: Forense. 2005, p. 450-453.

[314] *Idem*, p. 270.

4. Os Fatos Jurídicos como Pressupostos das Relações Jurídicas[315]

4.1. O fato jurídico como pressuposto (condição) para a existência da relação jurídica

Trataremos, a partir de agora, dos *fatos jurídicos*. Relembrando a definição do mestre Pontes de Miranda, temos que o fato jurídico é "(...) o fato, ou complexo de fatos, sôbre o qual incidiu a regra jurídica".[316] A norma jurídica (regra ou princípio) produz eficácia normativa (fenômeno da incidência) em relação ao fato social, juridicizando-o (= tornando-o fato *jurídico*). A partir de então, temos a possibilidade de eficácia jurídica, isto é, da produção dos efeitos jurídicos previstos pela regra ou concretizados a partir da concretização do princípio. Essa eficácia jurídica ocorre no ambiente chamado *relação jurídica, i. e.*, na "(...) relação inter-humana, a que a regra jurídica, incidindo sobre os fatos, torna jurídica".[317]

Em resumo, a norma jurídica (regra ou princípio) e o fato jurídico são os pressupostos (condições) para a existência de qualquer

---

[315] Alguns doutrinadores não utilizam a expressão "relações jurídicas", mas "direitos subjetivos" (v. p. ex., PEREIRA, Caio Mário da Silva. *Op. cit.*, p. 455 e ss.; TELLES JR., Goffredo. *Op. cit.*, p. 283 e ss.). A bem da verdade, a nomenclatura não tem tanta importância, já que é no ambiente ou vínculo chamado relação jurídica, que os direitos subjetivos são exercidos pelos sujeitos.

[316] PONTES DE MIRANDA, Francisco Cavalcanti. *Tratado de Direito Privado – Tomo I.* 4ª ed. São Paulo: Revista dos Tribunais. 1983, p. 77

[317] *Idem*, p. 117. Como bem observa Marcos Bernardes de Mello, interpretando a doutrina de Pontes de Miranda: "O fato jurídico *existe* como resultado da incidência de uma norma sobre o seu suporte fáctico suficientemente composto. O ser válido (valer), ou inválido (não-valer), já pressupõe a existência do fato jurídico. Da mesma forma, para que se possa falar de eficácia (= *ser eficaz*) é necessário que o fato jurídico exista. A recíproca, porém, em ambos os casos, não é verdadeira. O existir independe, completamente, de que o fato jurídico seja válido ou de que seja eficaz. O ato jurídico nulo é fato jurídico como qualquer outro, só que deficientemente. A deficiência de elemento do suporte fáctico o faz inválido. Assim também ocorre com a eficácia (*vide* o nosso *Teoria do Fato Jurídico*; plano da existência, § 18, 3.2)" (MELLO, Marcos Bernardes de. *Teoria do Fato Jurídico – Plano da Validade.* 6ª ed. São Paulo: Saraiva. 2004, p. 13). O autor se refere aos planos lógicos da existência, validade e eficácia dos fatos jurídicos em geral. Mais adiante, quando tratarmos do negócio jurídico como uma das espécies de fatos jurídicos, voltaremos a analisar esses planos lógicos.

relação jurídica. Por essa razão, a Parte Geral do Código Civil trata, no Livro III, dos *Fatos Jurídicos* em geral. Cabe-nos, assim, estudar a classificação geral dos fatos jurídicos, matéria que é vista, geralmente, na disciplina de Teoria Geral do Direito (ou Introdução ao Estudo do Direito),[318] sendo, depois, revista na Teoria Geral do Direito Civil (ou Direito Civil I).[319]

4.2. A classificação geral dos fatos jurídicos na dogmática do Direito Civil

Os fatos jurídicos em sentido amplo são classificados, na Teoria Geral do Direito e na Teoria Geral do Direito Civil, dentro de dois grandes grupos:

"a) Os fatos jurídicos stricto sensu ou fatos naturais – são os fatos produzidos (eficácia normativa) pela natureza, isto é, sem a conduta voluntária da pessoa humana e, por isso mesmo, sem a intenção de desencadear a relação jurídica subseqüente (eficácia jurídica);

b) *Os atos jurídicos lato sensu ou fatos humanos* – são os fatos produzidos (eficácia normativa) pela conduta voluntária da pessoa humana, com ou sem a intenção de desencadear a relação jurídica subseqüente (eficácia jurídica)";

Dessa classificação inicial, partimos para as ramificações a seguir:

1ª) Os fatos jurídicos *stricto sensu* (ou fatos naturais) dividem-se em:

a.1.) fatos jurídicos ordinários – são os fatos responsáveis pelo início da vida humana (concepção), pelo início da personalidade jurídica humana (nascimento com vida), pela extinção da personalidade jurídica humana (morte), pelo decurso natural do tempo etc.;

a.2) fatos jurídicos extraordinários – são todos os fatos que não se enquadram na categoria acima, por não estarem de acordo com

---

[318] Veja, dentre outros, DINIZ, Maria Helena. *Compêndio de Introdução à Ciência do Direito.* 16ª ed. São Paulo: Saraiva. 2004, p. 526-528; NADER, Paulo. *Introdução ao Estudo do Direito.* 21ª ed. Rio de Janeiro: Forense. 2001, p. 315-338; REALE, Miguel. *Lições Preliminares de Direito.* 27ª ed. São Paulo: Saraiva. 2002, p. 199-211; TELLES JR., Goffredo. *Op. cit.,* p. 283-290.

[319] Veja, dentre outros, AMARAL, Francisco. *Direito Civil – Introdução.* 3ª ed. Rio de Janeiro: Renovar. 2000, p. 170-171; COELHO, Fábio Ulhoa. *Op. cit.,* p. 277-282; GOMES, Orlando. *Op. cit.,* p. 237 e ss.; GONÇALVES, Carlos Roberto. *Direito...,* p. 271 e ss.; LISBOA, Roberto Senise. *Manual Elementar de Direito Civil – volume 1.* 2ª ed. São Paulo: Revista dos Tribunais. 2002, p. 313 e ss.; PEREIRA, Caio Mário da Silva. *Op. cit.,* p. 455 e ss.

a certa *idéia de ordem*[320] comungada pelos seres humanos (ex: o caso fortuito e a força maior – art. 393, CC/02).[321]

2ª) Os atos jurídicos *lato sensu* (ou fatos humanos)[322] dividem-se em:[323]

b.1.) atos jurídicos lícitos – são os atos humanos que a lei defere os efeitos almejados pelo agente. Praticados em conformidade com o ordenamento jurídico, produzem efeitos jurídicos *voluntários*, queridos pelo agente.

b.2.) atos jurídicos ilícitos – são os atos humanos praticados em desacordo com o prescrito no ordenamento jurídico, embora repercutam na esfera do direito. Produzem efeitos jurídicos *involuntários*, mas impostos por esse ordenamento e, em vez de direito, geram [produzem eficácia jurídica] deveres, obrigações (arts. 186 e 187 c/c 927, *caput*, CC/02).

3ª) Os atos jurídicos lícitos, por sua vez, subdividem-se em:

b.1.1.) atos jurídicos stricto sensu *ou meramente lícitos* – são atos humanos cujos efeitos [eficácia jurídica] já estão predeterminados na lei. Alguns doutrinadores[324] realizam a subdivisão desses atos em:

b.1.1.1) atos materiais ou reais – consistem numa atuação da vontade, que lhes dá existência imediata, porque não se destina ao conhecimento de determinada pessoa. São comportamentos aos quais o ordenamento jurídico atribui efeitos invariáveis; são expressão de simples atuação da vontade, manifestações do comportamento humano, nas quais o elemento intencional é irrelevante, eis que não têm

---

[320] Sobre a *ordem e a idéia de ordem no mundo físico e no mundo ético,* recomendamos uma excepcional leitura: TELLES JR., Goffredo. *Op. cit.,* p. 3-16.

[321] Segundo Sílvio de Salvo Venosa "O caso fortuito (*act of God*, ato de Deus no direito anglo-saxão) decorre de forças da natureza, tais como o terremoto, a inundação, o incêndio não provocado, enquanto a força maior decorre de atos humanos, tais como guerras, revoluções, greves e determinação de autoridades (fato do príncipe)" (VENOSA, Sílvio de Salvo. *Direito Civil – volume IV*. 3ª ed. São Paulo: Atlas. 2003, p. 42). Seguindo o entendimento de Venosa, temos que apenas o caso fortuito se enquadra na definição de fatos jurídicos naturais *extraordinários*.

[322] "Os atos humanos são, por vezes, fatos jurídicos (...) Os atos humanos, se alguma regra jurídica incide sôbre eles, dizendo suficiente o suporte fáctico, fazem-se *jurídicos*; quer dizer: relevantes para o direito. Só assim têm eficácia jurídica. O ato humano, que só é de importância para as relações de cortesia ou de bom tom, não é ato jurídico. O ato humano, que só é objeto de apreciação moral, não é ato jurídico. O ato humano, que só interessa à vida política, ou religiosa, ou econômica, não é ato jurídico. *Sem a incidência de regra jurídica, não há ato jurídico.* Sem que se faça jurídico o ato humano, não há eficácia jurídica" (PONTES DE MIRANDA, Francisco Cavalcanti. *Op. cit.,* p. 78-79).

[323] GONÇALVES, Carlos Roberto. *Op. cit.,* p. 274.

[324] GOMES, Orlando. *Op. cit.* p. 253-254.

LIÇÕES DE TEORIA GERAL DO DIREITO CIVIL

a finalidade de produzir evento psíquico na mente de outrem. Não se destinam a ser levados ao conhecimento de outras pessoas. Não têm destinatário em suma (ex: a fixação de domicílio, a acessão como modo de aquisição de propriedade, pagamento indevido etc.).

b.1.1.2) participações – consistem em declaração para a ciência de intenções ou fatos. Sua existência consubstancia-se na destinação, no sentido de que o sujeito pratica o ato para dar conhecimento a outrem de que tem certo propósito ou de que ocorreu determinado fato. São atos que têm por fim fazer alguém ciente de uma ocorrência ou de um intuito; são declarações de vontade, sem intento negocial, que visam a produzir *in mente alterius* um evento psíquico. Têm, necessariamente, destinatário, sem se confundirem com as declarações de vontade dos negócios jurídicos, porque estas são manifestações de um intento, enquanto as participações consistem em simples comunicação (ex: notificação, intimação, interpelação, denúncia, oposição, confissão, recusa etc.)

b.1.2) negócio jurídico[325] – é a declaração de vontade privada destinada a produzir efeitos que o agente pretende e o direito reconhece. Tais efeitos são a constituição, modificação ou extinção de relações jurídicas de modo vinculante, obrigatório para as partes intervenientes. São, pois, as ações intencionais dos sujeitos de direito, nas quais se busca atingir determinados efeitos criados por esses sujeitos nos limites estabelecidos pelas leis. Para Antônio Junqueira de Azevedo,[326] trata-se de "(...) todo fato jurídico consistente em declaração de vontade, a que o ordenamento jurídico atribui os efeitos designados como queridos, respeitados os pressupostos de existência, validade e eficácia impostos pela norma jurídica que sobre ele incide". Como exemplos de negócios jurídicos, temos o testamento (negócio unilateral), os contratos em geral (negócios bilaterais) e os acordos negociais como as deliberações em assembléia de acionistas (negócios plurilaterais).

b.1.3.) ato-fato jurídico[327] – são os atos humanos em que se leva em consideração mais os efeitos produzidos [eficácia jurídica] do que a intenção, ou vontade, de produzi-los. A doutrina jurídica costuma

---

[325] AMARAL, Francisco. *Op. cit.*, p. 361; COELHO, Fábio Ulhoa. *Op. cit.*, p. 279-280;

[326] AZEVEDO, Antônio Junqueira de. *Negócio Jurídico: existência, validade e eficácia.* 4ª ed. São Paulo: Saraiva. 2002, p. 16.

[327] A expressão é atribuída, na doutrina brasileira, a Pontes de Miranda: "Os atos-fatos são atos humanos, em que não houve vontade, aptos, ou não, a serem suportes fácticos de regras jurídicas. A variedade deles ainda não permitiu que se lhes descobrissem todas as regras gerais; e as regras sôbre os negócios jurídicos não podem apanhá-los" (*Op. cit.*, p. 83). Veja também GONÇALVES, Carlos Roberto. *Op. cit.*, p. 301

104 *Fernando Costa de Azevedo*

exemplificar o ato-fato jurídico a partir do achado de um tesouro.[328] Carlos Roberto Gonçalves, porém, nos apresenta um exemplo mais atual: "(...) não se considera nula a compra de um doce ou sorvete feita por uma criança de sete ou oito anos de idade, malgrado não tenha ela capacidade para emitir vontade qualificada que se exige nos contratos de compra e venda. Em se tratando de ato dotado de ampla aceitação social, deve ser enquadrado na noção de ato-fato jurídico".[329]

4ª) Os atos jurídicos *ilícitos*, por sua vez, subdividem-se em:

b.2.1.) ato ilícito stricto sensu – É o ato praticado com infração ao dever legal de não lesar a outrem (art. 186, CC/02). É fonte do dever-sanção (responsabilidade civil extracontratual – art. 927, *caput*, CC/02) ou da obrigação-sanção (responsabilidade civil contratual – art. 389, CC/02) de *indenizar.*

b.2.1.) abuso de direito – É o ato praticado no exercício de um direito reconhecido pelo ordenamento jurídico. A ilicitude se caracteriza pelo *fato do excesso* no exercício do direito, segundo os limites impostos pela finalidade econômica e social do direito, pela boa-fé ou pelos bons costumes (art. 187, CC/02).[330] Também gera o dever ou obrigação de *indenizar* (art. 389, CC/02; art. 927, *caput*, CC/02). Entretanto, a responsabilidade civil independe da apuração da cul-

---

[328] GONÇALVES, Carlos Roberto. *Op. cit.*, p. 444.

[329] *Idem, ibidem.* O exemplo é interessante. Em função da relação jurídica ser uma relação de consumo massificada, e também por causa da incapacidade do agente e do pequeno valor do objeto (sorvete), entende-se que não há negócio jurídico (compra e venda), mas ato-fato jurídico. Isso, porque se fosse negócio jurídico a criança não poderia comprar sozinha o sorvete, visto não ser agente capaz (art. 104, I, CC/02). A compra e venda seria nula de pleno direito. Entretanto, em função da realidade social, considera-se mais o resultado da ação do agente (a compra do sorvete pela criança) do que o discernimento desse mesmo agente sobre o fato de estar realizando um contrato de compra e venda. Podemos dizer, assim, que as relações de consumo não nascem apenas de negócios jurídicos (contratos de adesão) ou de atos jurídicos em sentido estrito (art. 17, CDC), mas também de atos-fatos jurídicos. Seja como for, se a criança comprar um sorvete estragado e vier a passar mal, tendo que ser hospitalizada, o comerciante, bem como o fabricante, podem responder perante o menor (representado pelos pais) em ação judicial indenizatória por acidente de consumo (art. 12 e 13, III, CDC).

[330] O abuso de direito como espécie de fato (ato) jurídico ilícito justifica a previsão, no Código de Defesa do Consumidor, do direito fundamental à prevenção e à reparação de danos provenientes da práticas comerciais e cláusulas contratuais *abusivas* (= que contém abuso de direito por parte do fornecedor – art. 6º, IV e VI c/c arts. 39, 42, *caput*, e 51, CDC). É interessante observar a presença de *clausulas gerais* (boa-fé) e *conceitos jurídicos indeterminados* (bons costumes) como critérios interpretativos para o juiz na concretização do modelo jurídico previsto no art. 187 aos casos *sub judice* No art. 187, a boa-fé (objetiva) surge como *limite ao exercício de direitos*. Veja, sobre o tema, MARTINS-COSTA, Judith. *A Boa-Fé como Modelo (Uma aplicação da Teoria dos Modelos de Miguel Reale)*. In: MARTINS-COSTA, Judith; BRANCO, Gerson Luiz Carlos. *Diretrizes Teóricas do Novo Código Civil Brasileiro*. São Paulo: Saraiva. 2002. p. 214-221.

pa em sentido amplo (dolo ou culpa em sentido estrito), visto que o direito brasileiro adotou a *Teoria Objetiva do Abuso de Direito.*[331]

b.2.1.) negócio inválido – Também são ilícitos os negócios jurídicos *inválidos*, isto é, as declarações de vontade existentes (constituídas) fora dos limites (ou requisitos) estabelecidos em lei (art. 104, CC/02). A invalidade como ilicitude do negócio jurídico deve ser declarada em sentença judicial e tem, como conseqüência (sanção), a *nulidade absoluta* (arts. 166-167, CC/02) ou a *nulidade relativa ou anulação* (art. 171, CC/02) do fato negocial (ex. de negócio jurídico inválido passível de nulidade absoluta: contrato de compra e venda de uma casa celebrado por um menor de 16 anos; exs. de um negócio jurídico inválido passível de nulidade relativa: a) o mesmo contrato, celebrado por maior de 16 e menor de 18 anos sem a devida assistência; b) um negócio jurídico defeituoso (arts. 138-165, CC/02).

4.3. Os planos da existência, validade e eficácia dos fatos jurídicos[332]

Os fatos jurídicos estão sujeitos ao estudo de sua existência, validade e eficácia. Isso, porque podemos encontrar, na apreciação da realidade composta desses mesmos fatos, as seguintes situações:

1ª) Quanto aos atos jurídicos lícitos (atos jurídicos *stricto sensu* ou negócios jurídicos): a) fato existente, válido e eficaz (casamento de homem e mulher capazes, sem impedimentos de qualquer natureza, realizado perante autoridade competente); b) fato existente, válido e ineficaz (testamento de pessoa capaz, feito com observância das formalidades legais, antes da ocorrência da morte do testador); c) fato existente, inválido e eficaz (casamento putativo, negócio jurídico anulável, antes da decretação da anulabilidade); d) fato existente, inválido e ineficaz (doação feita, pessoalmente, por pessoas absolutamente incapazes).

2ª) Quanto aos fatos jurídicos stricto sensu, atos-fatos jurídicos ou atos jurídicos ilícitos: a) existe e é eficaz (nascimento com vida, a pintura de um quadro, o dano causado a bem alheio), ou excepcionalmente; b) existe e é ineficaz (porque a validade é questão que diz respeito, apenas, aos atos jurídicos lícitos).[333]

O plano da existência é pressuposto dos demais planos (validade e eficácia) que explicam os fatos jurídicos. A existência do fato

---

[331] COELHO, Fábio Ulhoa. *Op. cit.*, p. 363.

[332] Essa matéria foi extraída da seguinte obra: MELLO, Marcos Bernardes de. *Teoria do Fato Jurídico – Plano da Existência.* 12ª ed. São Paulo: Saraiva. 2003, p. 95-102.

[333] *Idem,* p. 95.

jurídico decorre do fenômeno da juridicização desse mesmo fato, gerado pela eficácia normativa (ou fenômeno da incidência do suporte fático da norma jurídica). Nas palavras de Marcos Bernardes de Mello:[334] "Ao sofrer a incidência da norma jurídica juridicizante, a parte relevante do suporte fáctico é transportada para o mundo jurídico, ingressando no plano da existência. Nesse plano, que é o plano do ser, entram todos os fatos jurídicos, lícitos ou ilícitos. No plano da existência não se cogita de invalidade ou eficácia do fato jurídico, importa, apenas, a realidade da existência. Tudo, aqui, fica circunscrito a saber se o suporte fático suficiente se compôs, dando ensejo à incidência. Naturalmente, se há falta, no suporte fáctico, de elemento nuclear, mesmo completante do núcleo, o fato não tem entrada no plano da existência, donde não haver fato jurídico". Exemplos de fatos jurídicos inexistentes: a acusação de homicídio, vindo depois a surgir, viva, a suposta vítima; um casamento sem a presença da autoridade competente etc.

O plano da validade é o plano destinado aos fatos jurídicos existentes, que sejam produzidos pela vontade humana prevista no suporte fático da norma jurídica, *i. e.*, que sejam atos jurídicos lato sensu (atos jurídicos stricto sensu ou meramente lícitos e negócios jurídicos).[335] Se o ato jurídico existente é válido, isso significa que está autorizado[336] pela ordem jurídica a produzir eficácia jurídica, *i. e.*, desencadear, modificar ou extinguir determinada relação jurídica.

---

[334] MELLO, Marcos Bernardes de. *Teoria do Fato Jurídico* ..., p. 96.

[335] "Inicialmente, é preciso destacar o que antes já foi referido de passagem – os fatos jurídicos lícitos em que a vontade não aparece como dado do suporte fáctico (fatos jurídicos *stricto sensu* e ato-fato jurídico), como os fatos ilícitos *lato sensu* (inclusive o ato ilícito), não estão sujeitos a transitar pelo plano da validade, uma vez que não podem ser nulos ou anuláveis. A nulidade ou anulabilidade – que são graus da invalidade – prendem-se à deficiência de elementos complementares do suporte fáctico relacionados ao sujeito, ao objeto ou à forma do ato jurídico (...) Nos fatos jurídicos em que a vontade não é elemento do suporte fáctico e nos fatos ilícitos não há como pretender possam ser inválidos. Quanto aos fatos jurídicos *stricto sensu*, que resultam da juridicização de fatos da natureza ou do animal, e aos atos-fatos, que são realidades físicas decorrentes da ação humana, até involuntária, seria ilógico considera-los deficientes e punidos com a invalidade pelo direito. Um nascimento não pode ser nulo, como não pode ser nula a semeadura que gerou a plantação. Aqui as realidades fácticas impedem que se lhes negue validade. Nos fatos ilícitos, a nulidade seria contra-senso porque resultaria benefício àquele que praticou o ilícito. O plano da validade é onde têm atuação as normas jurídicas invalidantes. A incidência delas se dá, na verdade, quando o suporte fáctico ocorre, mas os seus reflexos, as suas conseqüências, aparecem somente nesse plano" (*Idem*, p. 97-98).

[336] A expressão "autorizado" decorre de nossa opinião a respeito do conceito de norma jurídica. Pensamos que, na doutrina jurídica brasileira, é do professor Goffredo Telles Jr. a melhor definição sobre a norma jurídica. Com efeito, entende o eminente jusfilósofo paulista que a norma jurídica é *um imperativo autorizante*, isto é, a norma jurídica é um mandamento por meio do qual a sociedade *autoriza* os sujeitos a exercer suas faculdades humanas (liberdades de ser, fazer, não fazer, ter, exigir etc.). Dessa definição decorre outra, relativa ao direito subjetivo: é uma *permissão* concedida pela sociedade, e por meio da norma jurídica, para o exercício das faculdades já mencionadas (TELLES JR., Goffredo. *Op. cit.*, p. 43-54; 255-274).

LIÇÕES DE TEORIA GERAL DO DIREITO CIVIL

Por fim, o plano da eficácia é o plano da eficácia jurídica (não o da eficácia normativa, que corresponde ao fenômeno da incidência e juridicização do fato jurídico = plano da existência). O plano da eficácia (jurídica) é, pois, aquele onde os fatos jurídicos produzem seus efeitos, i e., onde criam as situações entre sujeitos de direito segundo determinado(s) objeto(s). Em suma: o plano da eficácia é a realização da relação jurídica. Nesse sentido, temos as seguintes possibilidades:[337]

"(i) Quanto aos fatos jurídicos *stricto sensu*, atos-fatos jurídicos, e fatos ilícitos *lato sensu*, salvo lex specialis, basta que existam. Quer isso dizer que essas espécies de fato jurídico do plano da existência ingressam, diretamente, para o plano da eficácia e irradiam, instantaneamente, a sua eficácia. Não estão, nem podem estar, sujeitos a termos, condições ou quaisquer outras determinações que atuem na sua eficácia.

(ii) Quanto aos atos jurídicos *stricto sensu* e negócios jurídicos, há de distinguir três situações:

a) Os atos jurídicos válidos têm entrada imediata no plano da eficácia, mesmo enquanto pendentes termos ou condições suspensivos. É preciso ressalvar, porém, que há hipóteses em que o ato jurídico, mesmo válido, é ineficaz. Exemplifiquemos:

a.1.) A venda de um bem imóvel feita por non domino não produz qualquer efeito quanto ao verdadeiro dono; a falta de legitimação acarreta a ineficácia em relação ao dono (daí dizer-se relativa a ineficácia), não a nulidade do ato jurídico. A questão, aqui, diz respeito à deficiência do suporte fáctico relativamente aos pressupostos de eficácia, como é, nesse caso, a falta de poder de disposição.

a.2.) Há situações em que o fato jurídico depende da ocorrência de um outro fato para que irradie os seus efeitos. O testamento, por exemplo, depende da morte do testador para que produza sua eficácia. A morte não é elemento do núcleo do suporte fáctico do testamento, porque ele existe como negócio jurídico independentemente dela, mas se constitui em dado integrativo de sua eficácia. Nessas situações o ato jurídico existe, é válido, porém, ineficaz.

b) Os atos anuláveis entram, desde logo, no plano da eficácia e irradiam seus efeitos, mas interimisticamente, pois poderão ser desconstituídos caso sobrevenha a decretação de sua anulabilidade. Os efeitos dos atos anuláveis, no entanto, podem tor-

---

[337] MELLO, Marcos Bernardes de. *Op. cit.*, p. 99-100.

nar-se definitivos pela sanação da anulabilidade, inclusive pela decadência da pretensão anulatória.

c) Os atos nulos, de regra, não produzem sua plena eficácia. Precisamente por coincidirem, quase sempre, o nulo e o ineficaz é que se costumam confundir as duas espécies. Acontece, no entanto, que há casos, embora poucos, em que o ato jurídico nulo produz, plena e definitivamente, efeitos jurídicos que lhe são atribuídos (o casamento putativo, por exemplo), donde a necessidade de se distinguir o nulo do ineficaz".[338]

Em suma, a matéria pode ser explicada a partir do seguinte quadro esquemático:[339]

"*a)* no plano da existência entram todos os fatos jurídicos, lícitos ou ilícitos, válidos, anuláveis ou nulos (o ato jurídico *lato sensu* nulo ou anulável é, *existe,* apenas defeituosamente) e ineficazes;

b) pelo plano da validade somente têm passagem os atos jurídicos *stricto sensu* e os negócios jurídicos, por serem os únicos sujeitos à apreciação da validade;

c) no plano da eficácia são admitidos e podem produzir efeitos todos os fatos jurídicos *lato sensu,* inclusive os anuláveis e os ilícitos; os nulos, quando a lei, expressamente, lhes atribui algum efeito".

4.4. Os negócios jurídicos: análise dos seus elementos de existência

O Código Civil de 2002, como já observamos, apresenta significativas modificações no tratamento da matéria relativa aos fatos jurídicos. Com efeito, o Código de 1916, baseado na doutrina monista (ou unitária) francesa, não distinguiu os atos jurídicos *stricto sensu* (ou atos meramente lícitos) dos negócios jurídicos. Já o Código atual

---

[338] Cristiano Heineck Schmitt, doutrinando sobre a matéria das cláusulas contratuais abusivas no Código de Defesa do Consumidor (cláusulas *nulas de pleno direito* – art. 51, CDC), observa que: "É pacífico na doutrina que a nulidade de pleno direito constante no art. 51 do CDC configura uma nulidade absoluta (...) Não obstante esse aspecto, alguns autores insinuam a possibilidade de sanação (...) Aguiar Júnior constata a recepção pela sanação de cláusula considerada nula, isto é, que algumas nulidades do art. 51 do CDC, insanáveis por natureza, venham a se relativizar, convalescendo, e não sendo, por isso, decretada. (...) Aguiar Júnior sustenta entendimento, ao qual aderimos, que, provada a utilidade da cláusula para o consumidor, a nulidade dita então absoluta se relativiza, não devendo ser decretada pelo Magistrado" (SCHMITT, Cristiano Heineck. As cláusulas abusivas no Código de Defesa do Consumidor. In: *Revista de Direito do Consumidor n. 33.* São Paulo: Revista dos Tribunais. Janeiro-março de 2000, p. 171-172).

[339] *Idem,* p. 101.

adotou a doutrina dualista, concebida pelos pandectistas alemães no século XIX, que tratou do negócio jurídico como instituto autônomo, recebendo, por isso mesmo, destaque no Código Civil Alemão (BGB/1900).[340]

Há pouco apresentamos a definição de negócio jurídico como espécie de ato jurídico *lato sensu*.[341] Passemos, agora, aos seus elementos de existência e aos seus requisitos de validade específicos.[342]

Assim sendo, são elementos de existência dos negócios jurídicos em geral:[343]

"a) declaração de vontade[344] – para que tenhamos um negócio jurídico é necessário que uma vontade se exteriorize, *i. e.*, seja *declarada* (expressa ou tacitamente, de acordo com os limites legais). Sem a exteriorização da vontade, existe apenas a *reserva mental*, que deixará de sê-la, no entanto, se o interessado conseguir provar que o outro a conhecia, pelo que não se terá mais uma vontade apenas, mas uma vontade conhecida, logo, declarada (art. 110, CC/02). Também é necessário observar que o *silêncio* não é ausência de declaração, mas presume-se declaração de vontade tácita, salvo se for necessária manifestação expressa (escrita ou verbal) de vontade ou se as circunstâncias ou os usos não autorizarem a aplicação da presunção (art. 111, CC/02).

b) finalidade negocial[345] – trata-se do propósito de adquirir, conservar, modificar ou extinguir direitos. Sem essa intenção, a manifestação de vontade pode desencadear determinado efeito, preestabelecido no ordenamento jurídico, praticando o agente, então, um ato jurídico em sentido estrito[346].

---

[340] GONÇALVES, Carlos Roberto. *Direito...*, p. 283.

[341] Veja a página 13.

[342] "O novo Código Civil não adotou a tricotomia *existência-validade-eficácia*. Na realidade, não há necessidade de mencionar os requisitos de existência, pois esse conceito encontra-se na base do sistema dos fatos jurídicos (...) Embora os *elementos* do negócio jurídico sejam as partes que compõem a sua estrutura, e os *requisitos*, as qualidades desses elementos, a doutrina não distingue elementos de requisitos, empregando freqüentemente os termos como sinônimos" (GONÇALVES, Carlos Roberto. *Op. cit.*, p. 305).

[343] Os requisitos de validade serão analisados adiante (subitem 4.6).

[344] GONÇALVES, Carlos Roberto. *Op. cit.*, p. 306-311.

[345] *Idem*, p. 311-312.

[346] "O negócio jurídico consiste no exercício da autonomia privada. Há um poder de escolha da categoria jurídica. Permite-se que a vontade negocial proponha, dentre as espécies, variações quanto à sua irradiação e a intensidade de cada uma. Numa compra e venda, por exemplo, podem os contratantes estabelecer termos e condições, renunciar a certos efeitos, como o da evicção, limitá-los e ainda estabelecer outras avenças" (*Idem*, p. 312).

c) idoneidade do objeto[347] – trata-se da adequação do objeto para a produção dos efeitos em função dos quais se manifesta a vontade negocial. Essa adequação é analisada de acordo com o que está previsto no ordenamento jurídico (p. ex.: no contrato de mútuo o objeto deve ser coisa fungível; para a constituição de uma hipoteca é necessário que o bem dado em garantia seja imóvel, navio ou avião etc.)"

4.5. Classificação dos negócios jurídicos

A doutrina jurídica nos apresenta uma série de classficações,[348] mais ou menos semelhantes, em que utilizam determinados critérios como: a) número de partes necessárias para a formação do negócio (*unilaterais* – testamento, etc., *bilaterais* – contratos em geral, *ou plurilaterais* – manifestações de assembléias de condomínio, acionistas etc.); b) vantagens patrimoniais que podem produzir (*gratuitos ou benéficos* – doação pura, reconhecimento de filho etc., *onerosos comutativos* – prestações certas e determinadas: ex.: compra e venda etc., *onerosos aleatórios* – prestações envolvem risco: ex.: contrato de seguro para a seguradora); c) momento da produção dos efeitos (*inter vivos* – contratos em geral, *mortis causa* – testamento), dentre outros critérios.

4.6. Requisitos de validade dos negócios jurídicos

Os negócios jurídicos, como espécies de fatos (atos) jurídicos *lato sensu*, são também *pressupostos* de determinados tipos de relações jurídicas. Segundo Francisco Amaral,[349] negócio jurídico "(...) é a declaração de vontade privada destinada a produzir efeitos que o agente pretende e o direito reconhece". Já o mestre Pontes de Miranda, observando que a origem da expressão "negócio jurídico" se deve à doutrina alemã dos séculos XVIII e XIX,[350] define o negócio jurídico como "(...) o tipo de fato jurídico que o princípio da autonomia da vontade deixou à escolha das pessoas".[351]

---

[347] *Idem, ibidem*; v, também, AMARAL, Francisco. *Op. cit.*, p. 396. A bem da verdade, devemos dizer que esse elemento estrutural do negócio jurídico (elemento de existência) parece ser o mesmo requisito de validade previsto no art. 104, II, CC/02.

[348] Considerando a natureza essencialmente tecnológica (dogmática) das classificações no estudo do direito, remetemos o leitor para a obra de Carlos Roberto Gonçalves (*Op. cit.*, p. 285-295).

[349] AMARAL, Francisco. *Direito Civil – Introdução*. 3ª ed. Rio de Janeiro: Renovar. 2000, p. 361.

[350] PONTES DE MIRANDA, Francisco Cavalcanti. *Op. cit.*, p. 90.

[351] *Idem, ibidem*. É preciso atentar para a expressão "autonomia da vontade". Atualmente, utiliza-se a expressão "autonomia privada" como substituto do tradicional princípio de Direito

Os elementos estruturais dos negócios jurídicos são, como vimos, *a declaração de vontade, a finalidade negocial* e *a idoneidade do objeto.*[352] Sem a presença desses elementos, podemos dizer que não existe negócio jurídico, o que significa que não houve a *juridicização* (= fenômeno da incidência ou eficácia normativa) do fato (negócio) jurídico pelo suporte fático da norma jurídica (regra ou princípio jurídico).

Passemos agora à análise dos *requisitos de validade* do negócio jurídico (requisitos de *autorizam* o fato (negócio) jurídico *existente* a produzir seus efeitos, *i. e.*, a gerar *eficácia jurídica*). Esses requisitos, de natureza geral,[353] encontram-se no art. 104, CC/02, *verbis:* A validade do negócio jurídico requer: I – agente capaz;[354] II – objeto lícito, possível, determinado ou determinável;[355] III – forma prescrita ou não defesa em lei.[356] Se o negócio for *existente,* mas não contar com

Civil tratado pelo autor. A "autonomia privada" leva em conta o necessário dirigismo contratual (regulação das relações contratuais privadas pelo Estado), em especial, quando ocorrem as chamadas "contratações de massa" (utilização dos contratos padronizados ou contratos por adesão), tão freqüente na sociedade atual, dita "pós-moderna". Sobre o assunto, veja MARQUES, Cláudia Lima. *Contratos no Código de Defesa do Consumidor.* 4ª ed. São Paulo: Revista dos Tribunais. 2002, p. 37-250.

[352] GONÇALVES, Carlos Roberto. *Op. cit.*, p. 306-312.

[353] Requisito de natureza *geral* é aquele que vale para todos os tipos de negócios jurídicos (*unilaterais, bilaterais ou contratos e plurilaterais ou acordos*). Pode a lei, no entanto, estabelecer requisitos especiais para certos negócios jurídicos. Contudo, na falta desses requisitos especiais a validade dos negócios jurídicos existentes deve passar pelo crivo dos requisitos gerais fixados no Código Civil de 2002 (art. 104).

[354] É necessário que a vontade emitida para a formação do negócio seja livre e consciente. O direito reconhece essas características apenas nas pessoas naturais plenamente capazes nos atos da vida civil (art. 5º, CC/02) ou, no caso de pessoas jurídicas, havendo plena capacidade de exercício da sua autonomia patrimonial (não estando a pessoa jurídica, p. ex., envolvida em processo de falência). Quanto às pessoas naturais relativamente (art. 4º, CC/02) e absolutamente incapazes (art. 3º, CC/02) a manifestação de vontade por conta própria, sem assistência ou representação, enseja a possibilidade de anulação ou nulidade do negócio celebrado. Entretanto, vimos que determinado ato realizado por um menor impúbere (como a compra de um sorvete) poderá ser visto como *ato-fato jurídico*, e não como um negócio jurídico.

[355] Trata-se do *objeto mediato (bem jurídico)* da relação jurídica. Como vimos anteriormente, o objeto mediato de uma relação jurídica poderá ser: 1- uma coisa (bem material, móvel ou imóvel); 2- uma conduta (exigir o cumprimento de uma obrigação de outrem, como no caso do titular de um direito de crédito em relação ao seu devedor); 3 – um atributo da personalidade humana (vida, liberdade de pensamento ou de ir e vir, honra, privacidade, nome, imagem etc.). Trata-se, não apenas de um requisito de validade, como também de um elemento de existência (idoneidade do objeto) do negócio jurídico. O objeto deve ser lícito (permitido ou não proibido por lei); possível (a impossibilidade do objeto pode ser *física* – ex: comprar um lote de terreno no planeta Vênus, ou *jurídica* – comprar um lote de terreno no *Parque da Redenção, em Porto Alegre*); determinado ou determinável (um contrato de compra e venda, por exemplo, deve estabelecer, quanto à coisa, pelo menos o gênero – ver, a esse respeito, as regras do CC/02 (Parte Especial – Livro I – Título I) a respeito das *obrigações de dar coisa incerta* (arts. 243-246).

[356] Os negócios jurídicos podem ser *solenes* ou *não solenes*. No primeiro caso, a validade do negócio está atrelada ao cumprimento, pelas partes, de uma determinada formalidade exigida por lei (art. 108, CC/02). Já os negócios *não solenes*, que são a grande maioria, não necessitam,

um desses requisitos, poderá ser *anulado* ou declarado *nulo* por sentença judicial, conforme o caso.[357]

No que diz respeito à *incapacidade* do agente (negociante), é importante salientar o conteúdo da norma contida no art. 105, CC/02. Segundo essa regra jurídica, apenas o relativamente incapaz ou seu assistente está autorizado a invocá-la para efeito de anulação do ato jurídico negocial. Isso porque, como bem observa Maria Helena Diniz,[358] "(...) a anulabilidade do ato negocial praticado por relativamente incapaz é um benefício legal para a defesa do seu patrimônio contra abusos de outrem". Entretanto, se o negócio for praticado por pessoa absolutamente incapaz "(...) o ato por ele praticado será nulo (CC, art. 166, I), pouco importando que a incapacidade tenha sido provocada pelo incapaz, tendo em vista que o Código Civil, pelo art. 168, parágrafo único, não possibilita ao magistrado suprir essa nulidade, nem mesmo se os contratantes o solicitarem, impondo-lhe até mesmo o dever de declará-la de ofício".[359] Contudo, se o objeto da obrigação negocial for indivisível[360] (arts. 87-88 c/c arts. 257-263, CC/02) "(...) ante a impossibilidade de separar o interesse dos contratantes, a incapacidade de um deles poderá tornar anulável o ato negocial praticado, mesmo que invocada pelo capaz,[361] aproveitando aos co-interessados capazes,[362] que porventura houver".[363]

Quanto à *impossibilidade inicial do objeto* (art. 106, CC/02) devemos considerar que apenas a impossibilidade *absoluta* constitui causa de invalidade dos negócios jurídicos em geral (art. 166, II,

---

para a sua validade, de uma determinada forma, o que significa que podem ser expressos (escritos ou verbais) ou tácitos (presume-se o negócio pelo comportamento das partes). Assim, como bem observa Carlos Roberto Gonçalves "(...) há dois sistemas no que tange à prova como requisito de validade do negócio jurídico: o *consensualismo*, da liberdade de forma, e o *formalismo*, ou da forma obrigatória (...) No direito brasileiro a forma é, em regra, livre. As partes podem celebrar por escrito, público ou particular, ou verbalmente, a não ser nos casos em que a lei, para dar maior segurança e seriedade ao negócio, exija a forma escrita, pública ou particular. O consensualismo, portanto, é a regra, e o formalismo, a exceção. Dispõe, com efeito, o art. 107 do Código Civil: '*A validade da declaração de vontade não dependerá de forma especial, senão quando a lei expressamente a exigir*' " (GONÇALVES, Carlos Roberto. *Op. cit.*, p. 318).

[357] A anulação e a nulidade são as duas espécies de *invalidades materiais* dos negócios jurídicos. Trataremos, a seguir, do tema (subitem 4.10).

[358] FIÚZA, Ricardo (Coord.). *Novo Código Civil Comentado*. São Paulo: Saraiva. 2003, p. 115.

[359] *Idem, ibidem.*

[360] Exemplo: obrigação de entregar um bem imóvel (o fracionamento do bem pode acarretar diminuição considerável do valor desse imóvel, tratando-se, portanto, de bem indivisível, segundo interpretação do art. 87, CC/02).

[361] Quando o objeto da obrigação for indivisível e o agente for relativamente incapaz, tem-se exceção à regra anteriormente exposta, isto é, o agente capaz pode invocar a incapacidade do outro para efeito de anulação do negócio.

[362] Exemplos de co-interessados capazes: fiadores, herdeiros etc.

[363] FIÚZA, Ricardo. *Op. cit,*. p. 115.

CC/02). Se for *relativa* (p. ex. objeto consiste em bem ou obrigação de fazer *fungíveis* – arts. 85 c/c art. 249, CC/02) não cabe falar em causa de invalidade.[364] Do mesmo modo, se a eficácia jurídica (efeitos) do negócio jurídico depende do implemento de uma *condição* de natureza *suspensiva*,[365] o negócio não será inválido se a situação que torna o objeto impossível cessar antes do implemento da referida condição.[366]

Quanto à forma, o art. 109 estabelece que a validade do negócio jurídico dependerá da sua formalização ocorrer por meio de *escritura pública*. Já dissemos que a regra geral no Direito Civil é a do *consensualismo* ou *liberdade de forma* nos negócios jurídicos. Por essa razão, e para dar maior segurança ao negócio, o legislador concedeu a liberdade para as partes transformarem um negócio jurídico *não solene* em *solene* (presença de forma especial como, p. ex., a escritura pública). Na ausência dessa formalidade, que passa a ser da *substância* (essência) do negócio, pode-se pleitear a sua invalidade (art. 166, V, CC/02).

4.7. Interpretação dos negócios jurídicos

O negócio jurídico é sempre uma *declaração* de vontade. Assim sendo, como o operador jurídico (em especial, o magistrado) deve *interpretar (buscar o sentido)* o negócio jurídico que constitui, p. ex., objeto de uma ação judicial? Na Parte Geral do Código Civil, encontramos regras gerais de interpretação dos negócios jurídicos.[367]

---

[364] Fábio Ulhoa Coelho nos apresenta outro exemplo: "Pode-se contratar a venda de coisas futuras, isto é, de bens de que não dispõe ainda o vendedor. No rigor das qualificações jurídicas, o vendedor está vendendo o que não possui e se obrigando, assim, por objeto juridicamente impossível (ninguém pode dispor do que não titulariza). Mas essa impossibilidade é inicial e relativa, pois o vendedor irá produzir ou adquirir o bem vendido para cumprir sua obrigação, fazendo com que se torne possível o objeto" (COELHO, Fábio Ulhoa. *Curso de Direito Civil – volume 1*. São Paulo: Saraiva. 2003, p. 324-325).

[365] O art. 121 do Código Civil de 2002 define o que vem a ser uma condição: "Considera-se condição a cláusula que, derivando exclusivamente da vontade das partes, subordina o efeito do negócio jurídico a evento futuro e incerto". Trata-se de uma cláusula contratual (não existe condição previamente fixada por lei) segundo a qual a autorização para o exercício de determinado direito fixado no negócio fica na dependência de um fato (evento) futuro e *incerto*. Trataremos, adiante, do referido tema (subitem 4.9)

[366] O exemplo a seguir é do prof. Fabrício Zamprogna Mattielo, da Universidade Federal de Pelotas (UFPel): "alguém assume a obrigação de vender sua parte em herança de pessoa viva dentro do período de dez anos a contar do ato. Embora hoje isso seja juridicamente impossível [art. 426, CC/02], a eventual superveniência de legislação autorizando a realização do negócio, dentro do período convencionado, impede sua invalidação com base no argumento da impossibilidade absoluta" (MATTIELO, Fabrício Zamprogna. *Código Civil Comentado*. São Paulo: LTr. 2003, p. 92).

[367] Segundo Caio Mário da Silva Pereira "Há certo paralelismo entre a interpretação do negócio jurídico e a interpretação da lei, porque um e outra são expressões de vontade, ambos

Em primeiro lugar, o art. 110 reafirma o que dissemos agora. O negócio jurídico é uma *declaração (exteriorização)* de vontade. Logo, apenas aquilo que foi manifestado faz parte do mundo jurídico, pois se tornou fato jurídico, gerando eficácia (relação) jurídica. A chamada *reserva mental* é a *vontade não declarada* e, por isso mesmo, não pode prevalecer sobre o que foi efetivamente declarado, *salvo* se a pessoa que *reservou* mentalmente a intenção negocial conseguir provar que aquele a quem se destina a intenção negocial (o outro negociante) tinha conhecimento dessa mesma intenção. Segundo Gonçalves, ocorre a reserva mental "(...) quando um dos declarantes oculta a sua verdadeira intenção, isto é, quando não quer um efeito jurídico que declara querer. Tem por objetivo enganar o outro contratante ou declaratário".[368] Com efeito, é importante salientar que se a parte

estatuem uma normação, que repercutirá praticamente nos efeitos jurídicos produzidos (...) O problema da interpretação do negócio jurídico pressupõe o da análise das condições de externação da vontade, e é simultaneamente psíquico e jurídico-processual. Quando se cogita de pesquisar a vontade no negócio jurídico, tem-se de mergulhar no psiquismo do agente, porque é ali que nasce o seu pressuposto de fato, isto é, a emissão de vontade. Mas, em geral, a interpretação do negócio jurídico é pedida na oportunidade de se desatar uma controvérsia ou resolver um litígio, e então é assunto da indagação do juiz, no exercício de seu atividade jurisdicional. Não basta, porém, ao julgador fixar os elementos materiais externos do negócio jurídico, para a solução do problema hermenêutico. E, por outro lado, não pode entrar no âmago da consciência do agente para buscar a expressão íntima da vontade. Esta, na verdade, se manifesta por um veículo, que é a declaração de vontade, traduzida na linguagem reveladora. A interpretação do negócio jurídico vai, então, situar-se no campo da fixação do conteúdo da declaração de vontade" (PEREIRA, Caio Mário da Silva. *Op. cit.*, p. 499-500).

[368] GONÇALVES, Carlos Roberto. *Direito(...)*, p. 309. Para ilustrar uma situação onde ocorre a *reserva mental*, Fábio Ulhoa Coelho nos apresenta o seguinte exemplo: " Imagine que *Evaristo* e *Fabrício* são sócios de uma sociedade limitada que possui um passivo oculto, de natureza fiscal, elevado (isto é, deve impostos que não foram regularmente contabilizados). Com receio de virem a responder pelas obrigações da sociedade, se e quando o fisco a autuar, transferem as quotas que titularizam a *Giselda* e *Hebe*, e permanecem à frente dos negócios apenas como procuradores. A intenção deles não é transferir a titularidade das quotas sociais, mas apenas se preservarem em caso de ação fiscal. Isso, porém, não foi objeto de declaração, ficou mentalmente reservado. Elas, assim, não tiveram conhecimento da verdadeira intenção deles, e declararam querer adquirir a titularidade das quotas sociais. Pois bem, imagine-se que, logo em seguida, aprova a lei uma anistia fiscal ou um estimulante programa de parcelamento das obrigações tributárias. Em função dessas medidas, o temor de *Evaristo* e *Fabrício* que justificaria a transferência das quotas da sociedade devedora, não tem mais razão de ser. Não podem eles, porém, ainda que provando a reserva mental, alterar o conteúdo de declaração emitida (que, para retratar exatamente a intenção desses sujeitos, tornar-se-ia uma cessão sujeita a condição resolutiva) para a reaver a participação societária" (COELHO, Fábio Ulhoa. *Op. cit.*, p. 294). Sobre o conhecimento da reserva mental pelos destinatários da mesma, observa Coelho que "(...) não depende de exteriorização da intenção reservada (...) A experiência profissional ou de vida da parte declaratária ou mesmo as circunstâncias do negócio, porém, podem fazer com que a vontade real do declarante não passe despercbida. Se há fortes razões para o destinatário da declaração não ignorar a reserva mental, deve-se te-la por conhecida. Se, no exemplo, *Giselda* e *Hebe* são pessoas com larga experiência em assumir sociedades quebradas (chamam-nas 'laranjas'), deve-se considerar que conheciam a intenção mentalmente reservada por *Evaristo* e *Fabrício*" (*Idem*, p. 295). Sobre o tema, v. PEREIRA, Caio Mário da Silva. *Op. cit.*, p. 501-502.

conhecia a reserva mental do outro isso *não* equivale, a princípio, à *simulação* (art. 167, §§ 1º e 2º, CC/02).[369]

Em segundo lugar, o art. 111 dispõe que o *silêncio* (ou *reticência*) da parte negociante em relação à proposta da outra parte deve ser interpretado como *anuência* (concordância) com o negócio proposto. Em outros termos, o silêncio é, na formação dos negócios jurídicos, uma declaração de vontade *tácita*. Essa regra, porém, encontra limites na necessidade de uma declaração expressa de vontade[370] ou nas circunstâncias ou usos do caso.[371]

Temos, ainda, o art. 112 que, segundo Carlos Roberto Gonçalves, constitui umas das principais inovações do Código de 2002 em matéria de *interpretação* dos negócios jurídicos, embora parte da doutrina jurídica considere absolutamente dispensável o que se acrescentou no novo Código.[372] Seja como for, o legislador introduziu, na redação da norma contida no art. 85, CC/16, a expressão "nelas consubstanciada" como qualificativa do vocábulo "intenção". E o objetivo da mudança teria sido o de distinguir a intenção *declarada* da intenção *anterior à declaração*.[373] Com ou sem a nova expressão, entendemos que a norma é importante, p. ex., na interpretação de contratos que apresentem cláusulas redigidas com ambigüidade ou

---

[369] COELHO, Fábio Ulhoa. *Op. cit.*, p. 295.

[370] Exemplo: art. 1.806, CC/02 "A renúncia da herança deve constar expressamente de instrumento público ou termo judicial".

[371] Uma situação em que os costumes ou usos *autorizam* o silêncio como manifestação de vontade negocial: "Se, sem dizer um só palavra, colho da banca de jornais um exemplar do periódico de minha preferência, estendo ao jornaleiro uma cédula e dele, também silenciosamente, recebo o troco, não poderei ser acusado de ter subtraído indevidamente o bem. Embora ninguém tenha emitido um som que fosse, declarações gestuais suficientes à formação do negócio jurídico foram feitas (CC, art. 111)" (COELHO, Fábio Ulho. *Op. cit.*, p. 293).

[372] GONÇALVES, Carlos Roberto. *Principais inovações(...)*, p. 22. Sobre as observações da doutrina quanto à inutilidade da alteração produzida na norma do art. 112, Caio Mário da Silva Pereira assim se pronuncia: "Aqui se reportou o legislador à velha parêmia *posterior est quam vox mens dicentis*, e no entender de Clóvis Beviláqua adotou a regra hermenêutica, considerando-a como a própria integração do negócio jurídico, já que a essência deste é a manifestação de vontade. A nova redação aditou o apêndice inútil 'nelas consubstanciada'. É óbvio que não se cogita de intenção que não se contenha na declaração. Assim sempre se entendeu" (PEREIRA, Caio Mário da Silva. *Op. cit.*, p. 500).

[373] "A lei brasileira contempla regra que, aparentemente, resolveria a questão em favor da prevalência da vontade. O art. 112 do CC prescreve que "nas declarações de vontade se atenderá mais à intenção nelas consubstanciada do que ao sentido literal da linguagem". A leitura atenta do dispositivo, porém, revela que, no direito brasileiro, é a declaração que tem primazia sobre a vontade, já que esse dispositivo menciona a intenção *consubstanciada* na declaração, e não a intenção *anterior* à declaração. Se, partindo de diversos indícios e circunstâncias, nota-se que a intenção consubstanciada na declaração não é aquela que emerge da leitura imediata de uma cláusula, o sentido literal da linguagem empregada na redação desta não pode prevalecer. A interpretação da declaração (não da vontade) construída a partir daqueles indícios e circunstâncias prevalece, por lei, sobre a literalidade de uma ou mais cláusulas" (COELHO, Fábio Ulhoa. *Op. cit.*, p. 292).

contrariedade em relação aos direitos e obrigações dos contratantes. Se o contrato for *de adesão*, existe, aliás, regra específica de interpretação no Código Civil (art. 423).

O art. 113, por sua vez, nos apresenta a cláusula geral de *boa-fé objetiva*[374] como *cânone hermenêutico-integrativo*, i. e., como critério para a interpretação dos negócios jurídicos em geral (negócios unilaterais, bilaterais ou plurilaterais).[375] Também considera como critério hermenêutico, *os usos do lugar* onde foi o negócio foi celebrado.[376] E o art. 114, finalizando o elenco das normas gerais, estabelece a obri-

---

[374] A boa-fé objetiva, nas palavras da professora Judith Martins-Costa, "(...) quer significar – segundo a conotação que adveio da interpretação conferida ao § 242 do Código Civil alemão, de larga força expansionista em outros ordenamentos, e, bem assim, daquela que lhe é atribuída nos países da *common law* – modelo de conduta social, arquétipo ou *standard* jurídico, segundo o qual 'cada pessoa deve ajustar a própria conduta a esse arquétipo, obrando como obraria um homem reto: com honestidade, lealdade, probidade'. Por este modelo objetivo de conduta levam-se em consideração os fatores concretos do caso, tais como o *status* pessoal e cultural dos envolvidos, não se admitindo uma aplicação mecânica do *standard*, de tipo meramente subsuntivo" (MARTINS-COSTA, Judith. *A Boa-fé no Direito Privado...*, p. 411). No dizer do saudoso professor Clóvis do Couto e Silva "(...) o dever que promana da concreção do princípio da boa fé é o dever de consideração para com o 'alter'" (*A obrigação como processo...*, p. 29). A boa-fé objetiva reflete, como já observamos no Capítulo anterior (item 2 – subitem 2.3), a diretriz da *eticidade* presente no Código Civil de 2002, da realização da ética nas relações jurídicas de natureza privada, em especial, as que envolvam direitos de natureza patrimonial (p. ex., as relações contratuais).

[375] Segundo a professora Judith Martins-Costa "atua aí a boa-fé como *kanon* hábil ao preenchimento de lacunas, uma vez que a relação contratual consta de eventos e situações, fenomênicos e jurídicos, nem sempre previstos ou previsíveis pelos contratantes (...) Como cânone hermenêutico-integrativo, o recurso à boa-fé objetiva serve, inicialmente, para melhor especificar o que Wieacker qualifica como 'plano legal de ordenação do contrato', ou *officium iudicis*. Em outras palavras, atua aí 'como uma via para uma adequada realização, pelo juiz, do plano de valoração do legislador'. Nesse ponto se insere a questão do desenvolvimento da ordenação contratual *conforme ao seu sentido*, nas hipóteses em que o juiz não encontra apoio no texto contratual, nem literalmente considerado, nem segundo a reconstrução da intenção das partes e nem mesmo quando tomado em conta o valor da declaração 'razoavelmente apreciado, ou segundo os usos do tráfego" (MARTINS-COSTA, Judith. *A Boa-fé no Direito Privado...*, p. 428-430). As outras duas funções da boa-fé objetiva são: a) limite ao exercício de direitos subjetivos (CC, art. 187) e b) fonte de criação de novos deveres jurídicos (CC, art. 422). Sobre o tema, v. *idem*, p. 437-72). Sobre a cláusula geral de boa-fé objetiva veja, da mesma autora: O Direito Privado como um "sistema em construção" – As cláusulas gerais no Projeto do Código Civil brasileiro. In: *Revista de Informação Legislativa n. 139*. (Julho/setembro – 1999). Brasília: Senado Federal. p. 14-16; e A Boa-Fé como Modelo (Uma Aplicação da Teoria dos Modelos de Miguel Reale). In: MARTINS-COSTA, Judith; BRANCO, Gerson Luiz Carlos. *Diretrizes Teóricas do Novo Código Civil Brasileiro*. São Paulo: Saraiva. 2002. p. 188-221.

[376] "Usos são práticas uniformes e reiteradas de certos atos, formando uma consciência moral de aplicabilidade, do que resulta a sua importância nos negócios jurídicos locais. Destarte, se em certo contrato as partes fazem referência a uma extensão de terras de expressão 100, deixando de mencionar se estão a tratar de hectares, alqueires ou medida diversa, o intérprete deverá levar em consideração a medida comumente utilizada naquela região na celebração de contratações similares, exceto se o contrário resultar das circunstâncias e da prova colhida. Isto porque as medidas usuais de extensão territorial variam bastante de um local para outro, especialmente entre Estados federativos, do que resulta a necessidade de interpretação consoante com tais variações, sob pena de se chegar a resultado final diverso do desejado pelas partes no momento da celebração" (MATTIELO, Fabrício Zamprogna. *Op. cit.*, p. 96).

gatoriedade de uma *interpretação estrita* dos *negócios benéficos (ou gratuitos)* e da *renúncia* de direitos como, p. ex., a *renúncia* de herança.[377] Isso significa, no entender de Maria Helena Diniz,[378] que "(...) o juiz não poderá dar a esses atos negociais interpretação ampliativa, devendo limitar-se, unicamente, aos contornos traçados pelos contraentes, vedada a interpretação com dados alheios ao seu texto".[379]

4.8. Da representação nos negócios jurídicos

Além da interpretação dos negócios jurídicos, outro importante aspecto ligado à manifestação de vontade é o da *representação,* cujas regras gerais encontram-se nos arts. 115 a 120, CC/02, e as especiais, na Parte Especial do Código (Livro I – Título VI – Capítulo X – arts. 653 a 692). Analisaremos, apenas as regras contidas na Parte Geral do Código Civil, tendo em vista o conteúdo da norma prevista no art. 120, CC/02.[380]

Segundo Francisco Amaral, a representação é "(...) a atuação jurídica em nome de outrem. Concretiza o poder que uma pessoa tem, o representante, de praticar atos jurídicos em nome e, geralmente, no interesse do representado, de modo que os efeitos do ato se verifiquem na esfera deste. É uma verdadeira legitimação para agir por conta outrem. Esse poder nasce da lei, no caso da representação legal, que é a dos pais, tutores, curadores, síndicos, administradores etc., ou decorre de negócio jurídico específico, a procuração".[381]

---

[377] Em ambos os casos (negócios jurídicos benéficos e renúncia de direitos), existe o exercício, pelo declarante, de uma disposição patrimonial. Assim, se a pessoa está dispondo de seu patrimônio por vontade própria, o direito deve garantir que esse disposição atenha-se, exclusivamente, àquilo que foi disposto. Por exemplo: um contrato de doação pura de bem imóvel (doador transfere a propriedade do bem para outrem sem obrigar este a prestação alguma). A interpretação do contrato deve levar em conta *apenas* a doação do bem *imóvel* e não a doação de possíveis *pertenças* existentes no bem. Da mesma forma a *renúncia* de algum outro direito patrimonial: se pessoa alega que renuncia a determinado bem que recebeu em testamento, isso não significa que tenha renunciado aos outros bens que também recebeu, salvo se ficar expressamente declarada a renúncia total, isto é, de *todos* os bens.

[378] FIÚZA, Ricardo (Coordenação). *Op. cit.,* p. 121.

[379] Segundo Caio Mário da Silva Pereira, "(...) no primeiro plano, aludindo aos negócios jurídicos benéficos, o Código enfatiza o fundamento ético do preceito, assentando que a declaração de vontade benéfica deve ser contida no limite do que o agente especificamente pretendeu. O beneficiado não pode obter mais do que contém no texto de declaração. E o intérprete encontra barreira a todo propósito ampliativo. No mesmo propósito restritivista colocou a renúncia, como ato pelo qual o sujeito abre mão de um direito, de uma faculdade ou de uma vantagem. Conjugando o artigo 114 com o artigo 112, resulta a filosofia hermenêutica da vontade liberal ou abdicativa: o intérprete, através da declaração, tem de fixar o querer do agente, não permitindo que a liberalidade e a renúncia exorbitem da intenção pura do agente" (*Op. cit,* p. 503-504).

[380] Dispõe o art. 120, CC/02 "Os requisitos e os efeitos da representação legal são os estabelecidos nas normas respectivas; os da representação voluntária são os da Parte Especial deste código".

[381] AMARAL, Francisco. *Op. cit.,* p. 422. No mesmo sentido, GONÇALVES, Carlos Roberto. *Direito(...),* p. 321.

Existem, com efeito, três espécies de representantes:[382]

"a) legais – quando a lei confere poderes para a pessoa administrar bens e interesses alheios (exs: os pais em relação aos filhos menores – arts. 115, primeira parte, 1.634, V, e 1.690; os tutores, no que concerne aos tutelados – art. 1.747, I; e os curadores, quanto aos curatelados – art. 1.774);

b) judiciais – quando a pessoa é nomeada pelo juiz, para exercer poderes de representação no processo (exs: o inventariante, o síndico da falência, o administrador da empresa penhorada etc.);

c) convencionais – quando a pessoa celebra negócio jurídico conhecido como contrato de mandato, que deve ter a forma de uma procuração (art. 653, CC/02). Esse mandato pode ser expresso ou tácito, verbal ou escrito (art. 115, segunda parte, e art. 656, CC/02) e nele deve constar os poderes para agir, em termos gerais ou com poderes especiais, como alienar, receber ou dar quitação etc. (art. 661, *caput* e § 1º, CC/02)".

Embora as regras contidas nos arts. 115 a 120 (com exceção à regra do art. 118) não tenham correspondentes no Código de 1916, Carlos Roberto Gonçalves aponta como a principal inovação nessa matéria, a regra contida no art. 117,[383] que dispõe a respeito do chamado *contrato consigo mesmo (ou autocontrato)*. Observa, a esse respeito, o autor: "Como o contrato, por definição, é um acordo de vontades, não se admite a existência de contrato consigo mesmo. O que há, na realidade, são situações que se assemelham a negócio dessa natureza, como ocorre no cumprimento de *mandato em causa própria*, previsto no art. 685 do Código Civil, em que o mandatário recebe poderes para alienar determinado bem, por determinado preço, a terceiros ou a si próprio".[384] Devemos observar que a norma

---

[382] GONÇALVES, Carlos Roberto. *Direito...*, p. 323-324.

[383] GONÇALVES, Carlos Roberto. *Principais inovações...*, p. 23-24. Dispõe o art. 117, CC/02 "Salvo se o permitir a lei ou o interessado, é anulável o negócio jurídico que o representante, no seu interesse ou por conta de outrem, celebrar consigo mesmo" – Parágrafo único "Para esse efeito, tem-se como celebrado pelo representante o negócio realizado por aquele em que os poderes houverem sido substabelecidos".

[384] *Idem*, p. 23. Fábio Ulhoa Coelho pronuncia-se sobre o assunto nos seguintes termos: " Quer dizer, como regra, mesmo se absolutos, os poderes de representação não podem ser exercidos com o objetivo de transferir bem do representado para o representante. Esse é o limite inerente aos poderes de representação, em virtude do qual o representante não pode ser a outra pessoa do negócio jurídico em que representa o representado. Em outros termos, o representante, mesmo agindo dentro dos poderes, que a lei ou o mandato lhe outorga, não pode celebrar negócio jurídico em que a outra parte é ele mesmo (ou terceiro agindo no interesse dele, representante). A lei fala impropriamente em negócio celebrado 'consigo mesmo', relação jurídica que simplesmente não existe. Trata-se de uma metáfora. Se o *Banco ABC S.A.* outorga a *Antônio* mandato para vender um imóvel de sua propriedade ao próprio outorgado (*Antônio*), não há negócio consigo mesmo, porque as partes são diferentes. De um lado, como vendedor, *Banco ABC S.A.*, e, de outro, como comprador, *Antônio* – dois sujeitos de direito diferentes. O

prescreve ser, o negócio jurídico dessa natureza, *anulável*. Isso significa que se a causa da *anulabilidade* (p. ex., a lesão ou prejuízo que o representante tiver causado ao representado) for, de algum modo, extinta (no mesmo exemplo: representante repara, extrajudicialmente, o prejuízo causado), o negócio é válido.

Gostaríamos de destacar, também, o art. 119, CC/02.[385] Da mesma forma que no art. 117, o legislador dispôs sobre a possibilidade de *anulação* do negócio jurídico (e não, de *nulidade*). Sobre a relevância dessa afirmação nos pronunciamos há pouco. Importa destacar a dimensão da *eticidade*, implícita na redação da norma jurídica, já que o terceiro não pode se beneficiar de um negócio celebrado por pessoa em conflito com a que representa, se desse conflito tinha, o terceiro, pleno conhecimento.[386]

4.9. Da modulação dos negócios jurídicos: condição, termo e encargo

O negócio jurídico consiste no exercício da *autonomia privada*. Isso significa que, nos limites estabelecidos pelas regras e princípios jurídicos positivados na lei, os sujeitos de direito têm liberdade para, p. ex., estabelecer critérios que irão interferir no exercício dos direitos e no cumprimento das obrigações que constituem a eficácia jurídica do negócio.[387] Assim, é lícito às partes *modular (ou autolimitar)* a declaração de vontade com cláusulas que, uma vez eficazes,[388]

---

fato de uma das partes ser também o representante da outra não suprime a bilateralidade do negócio jurídico" (*Op. cit.*, p. 300).

[385] Dispõe o art. 119, CC/02: "É anulável o negócio jurídico concluído pelo representante em conflito de interesses com o representado, se tal fato era ou devia ser do conhecimento de quem com aquele tratou" – Parágrafo único: "É de 180 (cento e oitenta) dias, a contar da conclusão do negócio ou da cessação da incapacidade, o prazo de decadência para pleitear-se a anulação prevista neste artigo".

[386] O exemplo é do prof. Fabrício Mattielo: "Pedro, representante de José, recebe poderes para vender uma fração de terras, com expressa autorização para fracioná-la. Todavia, o representado faz ver ao representante que seu interesse mais imediato é desfazer-se da área menos servida por águas, para somente depois alienar as demais porções, eis que está utilizando para irrigação as águas contidas na menor área. Essa preferência não consta do instrumento de representação, ficando apenas na esfera verbal. Carlos, mesmo sabendo da necessidade de José no sentido de continuar desfrutando das águas, acerta com Paulo a compra da área, tentando, na seqüência, imitir-se na posse da mesma. Essa situação, criada pela colisão entre a atitude do representante e os interesses do representado, à qual soma-se a ciência do terceiro, gera em favor de José a prerrogativa da nulificação [anulabilidade] do negócio" (MATTIELO, Fabrício Zamprogna. *Op. cit.*, p. 100).

[387] GONÇALVES, Carlos Roberto. *Direito...*, p. 312. No mesmo sentido, v. GOMES, Orlando. *Op. cit.*, p. 385.

[388] Trata-se, aqui, da *eficácia normativa*, isto é, da eficácia da norma jurídica contratual (cláusula contratual) a partir do *fenômeno da incidência* do suporte fático contido nessa norma junto ao fato social que, a partir dessa incidência, torna-se fato *jurídico* (fenômeno da *juridicização* do fato social), gerando, então, a *eficácia jurídica* (efeitos da norma).

suspendem ou extinguem o exercício de um direito ou impõem determinada obrigação a uma (ou ambas) as partes. Temos, assim, *a condição, o termo* e *o encargo*, como as três espécies de modulações negociais.[389]

A) *Condição* – O art. 121 do Código Civil define condição como "(...) a cláusula que, derivando exclusivamente da vontade das partes, subordina o efeito do negócio jurídico a evento futuro e incerto". Trata-se, como se vê, de *cláusula* contratual, o que significa que não há possibilidade de uma modulação por determinação legal. As condições podem ser de dois tipos:

A.1.) *Suspensivas* – são aquelas em que o exercício do direito está condicionado à ocorrência do evento futuro e incerto. Ou seja, enquanto não ocorrer evento previsto na cláusula do negócio, a pessoa não poderá exercer o direito que possui em razão do negócio celebrado (arts. 125 e 126, CC/02).[390]

A.2.) *Resolutivas* – são aquelas que extinguem a possibilidade de exercício do direito a partir da ocorrência do evento futuro e incerto. Ou seja, enquanto não ocorrer o evento previsto na cláusula do negócio, a pessoa poderá exercer o direito que possui em razão do negócio celebrado (arts. 127 e 128, CC/02).[391]

No Código Civil, encontramos ainda regras sobre:

Condições lícitas e *defesas (proibidas)* – art. 122[392]

---

[389] Uma observação muito importante faz Carlos Roberto Gonçalves a respeito dos *negócios jurídicos que não admitem condição* (negócios de caráter patrimonial, como a renúncia da herança; negócios de caráter patrimonial pessoal, como os que decorrem dos direitos de família puros e dos direitos personalíssimos, como o casamento, o reconhecimento de filho, a adoção, a emancipação etc.). Para saber mais, v. GONÇALVES, Carlos Roberto. *Direito...*, p. 336-338).

[390] Fábio Ulhoa Coelho nos fornece exemplo de condição suspensiva: "Se *Darcy,* produtor de laranjas, vende a *Evaristo,* que fabrica suco, todas as frutas de sua própria safra, podem eles pactuar que o negócio fique sujeito à condição de colher-se esta. Quer dizer, caso se perca a produção em razão de uma geada, *Darcy* não será obrigado a vender a laranja, nem *Evaristo* a comprá-la" (*Op. cit.,* p. 303).

[391] Outro exemplo, do mesmo autor: "*Fabrício* vende a *Germano* um cavalo de corrida, acertando que o negócio estará desfeito se o animal não se posicionar entre os primeiros colocados num grande prêmio que se realizará em seis meses. Os efeitos do negócio jurídico estão já dados de imediato: *Germano* deve pagar o preço, e, como dono do animal, arca com as despesas de seu treinamento e manutenção, inscreve-o nas corridas que quiser etc. *Fabrício,* a seu turno, não tem, até a época em que o evento futuro e incerto pode ou não se verificar, nenhuma responsabilidade de proprietário, nem direito. Chegando o momento do grande prêmio, se o animal acaba se posicionando entre os primeiros colocados, não é desfeita a compra e venda. Ocorrendo, porém, o inverso, resolve-se (isto é, desfaz-se) o contrato por implemento da condição" (*Op. cit.,* p. 303).

[392] Destacamos a parte final do dispositivo contido no art. 122, sobre as condições *defesas:* "(...) entre as condições defesas se incluem as que privarem de todo efeito o negócio jurídico, ou o sujeitarem ao puro arbítrio de uma das partes". Como exemplo de condição assim, temos uma cláusula, em contrato de locação, que condiciona o exercício da posse do bem imóvel, pelo locatário, a evento futuro e incerto.

Condições inválidas – art. 123[393]

Condições inexistentes – art. 124[394]

B) Termo (arts. 131 a 135, CC/02) – trata-se do dia ou momento em que começa ou se extingue a eficácia do negócio jurídico, podendo ter como unidade de medida a hora, o dia, o mês ou o ano.[395] O Código Civil regula, em especial, o chamado *termo convencional*, i. e., o termo que é fixado no negócio jurídico.[396] Distingue-se da condição por ser evento futuro, porém *certo* (mesmo que a data de sua verificação possa ser incerta).[397] Também não se confunde com o conceito de *prazo*, que é "(...) o intervalo entre o termo *a quo* [inicial] e o termo *ad quem* [final], ou entre a manifestação de vontade e o advento do termo (...) O prazo é certo ou incerto, conforme também o seja o termo".[398] O termo inicial suspende apenas o *exercício* do direito, mas não a sua aquisição (art. 131, CC/02).[399]

---

[393] Destacamos o inciso III do art. 123: "Invalidam os negócios jurídicos que lhe são subordinados: III – as condições incompreensíveis ou contraditórias". Devemos atentar para o fato de que se o contrato for *de adesão*, e suas cláusulas forem ambíguas ou contraditórias, a interpretação deverá ser favorável ao aderente (art. 423, CC/02 c/c art. 47, CDC).

[394] Se a condição é inexistente significa que o suporte fático previsto na cláusula contratual não é capaz de ingressar no mundo jurídico e, sendo assim, não se questiona, sequer, sobre sua validade e eficácia jurídica. Se a condição é resolutiva e a realização do evento condicionante é impossível, então *não existe* condição. Da mesma forma, as condições que têm, como evento condicionante, uma conduta omissiva impossível (p. ex.: *não respirar*).

[395] GONÇALVES, Carlos Roberto. *Direito...*, p. 348.

[396] Ao contrário da condição, o termo pode ser fixado por lei, chamando-se, no caso, *termo legal*. Exemplo de termo legal: a maioridade (art. 5º – 18 anos completos).

[397] "Exemplo: determinado bem passará a pertencer a tal pessoa a partir da morte de seu proprietário. A morte é certa, mas não se sabe quando ocorrerá. Neste caso, a data é incerta. Neste caso, o termo pode ser dividido em *incerto*, como no referido exemplo, e *certo*, quando se reporta a determinada data do calendário ou da determinado lapso de tempo" (GONÇALVES, Carlos Roberto. *Direito...*, p. 349).

[398] *Idem*, p. 350. Sobre os prazos, os arts. 132, 133 e 134 estabelecem as regras gerais sobre a sua contagem (art. 132), interpretação nos negócios jurídicos (art. 133) e ausência nos negócios entre vivos (art. 134). Em relação ao art. 133, é importante observar a *presunção (relativa)* da lei em relação à interpretação dos prazos em favor do herdeiro (no testamento) e do devedor (nos contratos em geral), salvo se *das circunstâncias* resultar que se estabeleceu o prazo em favor do credor, ou de ambos os contratantes. Se João toma dinheiro emprestado de José e este não lhe cobra juros, as circunstâncias não presumem que a contagem do prazo favorece o credor, porque este não irá lucrar com o prazo concedido ao devedor para pagar o empréstimo. Contudo, se José cobra juros remuneratórios de João, inverte-se a situação, pois quanto maior o prazo concedido, maior poderá ser a taxa de juros cobrada pelo credor. Quanto ao art. 134, trata-se de importante regra para o Direito das Obrigações, visto que não aceita fixação *tácita* de prazo para o cumprimento das obrigações. Assim sendo, se não há prazo expressamente fixado pelas partes, presume-se que a obrigação (de dar, fazer ou não fazer) deve ser cumprida *desde logo*, isto é, desde o momento em que as declarações de vontade formadoras do negócio jurídico aconteceram, sob pena de inadimplência (arts. 389 a 420, CC/02).

[399] Isso significa que a regra prevista no artigo anterior (art. 130) aplica-se ao titular de um direito a termo. Com efeito, se uma pessoa ainda não pode exercer determinado direito de propriedade sobre bem imóvel (p. ex. o poder de usar e gozar do bem), poderá, contudo, exercer os instrumentos de tutela desse direito de propriedade se o mesmo estiver sendo ameaçado.

C) Encargo ou Modo (arts. 136 e 137, CC/02) – Por fim, o encargo ou modo é uma determinação fixada em negócio jurídico que impõe determinado ônus para uma das partes. É muito comum em doações e testamentos, por meio dos quais o titular do patrimônio impõe obrigação para o beneficiário dos bens. Segundo Carlos Roberto Gonçalves,[400] "(...) o encargo é muito comum nas doações feitas ao município, em geral com a obrigação de construir um hospital, escola, creche ou algum outro melhoramento público; e nos testamentos, em que se deixa a herança a alguém, com a obrigação de cuidar de determinada pessoa ou de animais de estimação. Em regra, é identificada pelas expressões 'para que', 'a fim de que', 'com a obrigação de'".

Segundo o disposto no art. 136, CC/02, o titular de um direito *com encargo* pode, desde o momento em que titulariza esse direito, exercê-lo (ao contrário do titular de um direito condicionado *suspensivamente* e do titular de um direito a termo), salvo se constar, no negócio jurídico, determinada condição suspensiva.[401] Já o art. 137, CC/02, considera *não escrito* (= *inexistente*) o encargo ilícito ou impossível, salvo se constituir o *motivo determinante* da liberalidade (= ato de dispor do patrimônio para outrem, sem exigência de contraprestação pecuniária), caso em que o negócio deve ser considerado inválido. Em outros termos, o legislador quis *preservar* a validade do negócio jurídico, considerando *inexistente* apenas a cláusula que estabelece o encargo ilícito (art. 122, CC/02) ou impossível (art. 123, I, CC/02), *salvo* se a inexistência da cláusula implicar a inexistência do próprio negócio.[402]

Poderá, p. ex., ingressar com uma ação judicial de natureza possessória (manutenção ou reintegração de posse).

[400] *Direito...*, p. 352.

[401] "Exemplo: Francisco doa a Fabiano um terreno para que nele seja construído um clube de pesca, mas estabelece que a titularidade da área somente será transferida ao donatário depois que ele efetivamente edificar as dependências e obtiver o registro da entidade" (MATTIELO, Fabrício Zamprogna. *Op. cit.*, p. 112).

[402] "Se o encargo é ilícito ou impossível, deve-se verificar se é o motivo determinante da liberalidade ou não. Em sendo, o negócio jurídico gratuito é inválido. Caso contrário, preserva-se a validade do negócio, mas considera-se inexistente (não escrito) o encargo (CC, art. 137). Exemplo: um grande matemático pode doar a um pupilo genial certa quantia em dinheiro. Com o encargo de resolver um problema intrincado. Mostrando-se, depois, impossível a solução do problema, o bem pertencerá ao professor ou ao aluno dependendo da motivação que levou o primeiro à liberalidade. Se pretendia premiar precisamente a resolução do problema, a impossibilidade de execução do encargo compromete a validade do negócio jurídico. Mas se a intenção era, na verdade, apenas estimular o aluno à reflexão, o encargo considera-se inexistente, porém válida a doação. No primeiro caso, o dinheiro objeto do negócio jurídico pertence ao matemático; no segundo, ao aluno" (COELHO, Fábio Ulhoa. *Op. cit.*, p. 310). É interessante notar como essa idéia da preservação do negócio jurídico ultrapassa o Direito Civil e ingressa em outras áreas jurídicas afins, como, p. ex., o Direito do Consumidor. Com efeito, dispõe o § 2º do art. 51, CDC, que "A nulidade de uma cláusula contratual abusiva *não invalida o contrato,*

4.10. Dos defeitos e da invalidade dos negócios jurídicos

Chegamos, por fim, à *parte patológica* dos negócios jurídicos: seus *defeitos* e sua *invalidade*. Os defeitos (ou vícios) dos negócios jurídicos são situações que tornam o negócio jurídico passível de anulação (art. 171, II, CC/02), pois sua existência atesta, ou uma declaração de vontade emitida sem consciência ou liberdade, ou uma intenção de lesar credores. Temos, assim, dois tipos de defeitos:[403]

a) defeitos de consentimento – ocorrem porque a vontade das partes, ou de uma delas, não teve oportunidade de se expressar consciente e livremente.[404] Subdividem-se em:

a.1.) defeitos internos de consentimento – são os defeitos cuja existência não se deve à conduta da outra parte, i. e., à má-fé do sujeito que negocia,[405] mas apenas à má formação da vontade por parte do sujeito lesado.

São defeitos internos de consentimento:

→ *o erro ou ignorância* (arts. 138 a 144, CC/02);[406]

---

exceto quando de sua ausência, apesar dos esforços de integração, decorrer ônus excessivo a qualquer das partes" (grifamos). Temos, aqui, a idéia ou *princípio da conservação dos atos jurídicos* "(...) segundo o qual 'deve-se aproveitar, ao máximo possível, o negócio, em atenção, principalmente, à intenção negocial manifestada pelas partes" (MELLO, Marcos Bernardes de. *Teoria do Fato Jurídico – Plano da Validade*. 6ª ed. São Paulo: Saraiva. 2004, p. 222).

[403] Vamos utilizar, aqui, a classificação de Fábio Ulhoa Coelho, na obra já referida (p. 327-343).

[404] *Idem*, p. 327.

[405] As situações que envolvem os defeitos *internos* do consentimento podem causar prejuízos para ambas as partes, exatamente pelo fato de que o defeito não ocorre pela má-fé do outro sujeito. Sendo assim, se houver a anulação do contrato, a pessoa que não provocou as situações de *erro* ou *lesão* poderá ser prejudicada. Como resolver a questão, já que não se pode punir aquele que não agiu com má-fé e, ao mesmo tempo, retirar do sujeito que emitiu declaração de vontade viciada o direito de anular o negócio jurídico? Como bem observa Fábio Ulhoa Coelho, nas situações de *erro* ou *lesão*, "(...) chocam-se dois interesses igualmente legítimos. De um lado, o da vítima do defeito interno de consentimento, cuja vontade merece proteção, para que ela não se vincule a negócio não desejado; de outro, o do declaratário, que apenas realizou um bom negócio, sem ter contribuído minimamente para o constrangimento da vontade da parte declarante, e cujos interesses também merecem proteção jurídica" (*Idem*, p. 333). Sendo assim, conclui o autor que "(...) o juiz não deve aplicar as normas invalidadoras do negócio jurídico desatento à boa-fé [trata-se, aqui, da boa-fé *subjetiva*] do declaratário (...) Quer dizer, constatada a má-fé do declaratário (pela omissão em desfazer o erro, quando lhe era possível e indiferente fazê-lo; pelo conhecimento da necessidade premente que constrange o declarante etc.), o juiz não deve hesitar em decretar a anulação do negócio jurídico resultante do erro ou de lesão. Estando, porém, o declaratário de boa-fé, o juiz atenderá a todos os interesses merecedores de proteção, se preservar a validade do negócio jurídico mediante compensações razoáveis, que distribuam os custos correspondentes entre as partes. Nesse sentido, deve o juiz aplicar os arts. 144 e 157, § 2º, do CC/02 [ou seja] Ao sopesar a proposta do declaratário de boa-fé (...) deve o juiz admitir, em margem razoável, que o destinatário continue realizando um negócio *vantajoso*. Em outros termos, o declaratário de boa-fé tem o direito de manter *em parte* a vantagem que vislumbrou no negócio jurídico em questão" (*Idem*, p. 333-334).

[406] Considera-se erro (ou ignorância) a falsa representação, na mente do declarante, a respeito da realidade do negócio jurídico. A pessoa julga estar realizando um negócio quando, na verdade, está realizando outro. Para que o erro enseje ação anulatória deve apresentar duas

→ *a lesão* (art. 157, CC/02).[407]

a.2.) defeitos externos de consentimento – são os defeitos cuja existência se deve à conduta da outra parte, i. e., à má-fé do sujeito que negocia. São defeitos externos do consentimento:

→ *o dolo* (arts. 145 a 150, CC/02);[408]

---

características: 1- ser *substancial* (a pessoa não teria praticado o ato negocial se tivesse percebido o erro a tempo). Ex: "Se o proprietário de um terreno não edificado contrata os serviços de um arquiteto pensando tratar-se de renomado profissional, com o intuito de valorizar, com o projeto, o imóvel a construir, e, depois, vem a saber que se trata, na verdade, de arquiteto desconhecido homônimo " (*Idem, p.* 330) ; 2- ser *escusável* (uma pessoa de diligência normal não conseguiria perceber a situação de erro). Ex: "Aquele proprietário do exemplo anterior, que desejava contratar famoso arquiteto para projetar seu imóvel, incorreu em erro substancial, mas *não* escusável. Qualquer pessoa de diligência normal visitaria o ateliê do profissional antes de contrata-lo e, lá estando, perceberia o erro sem maiores dificuldades. Não se considera também escusável o *erro de cálculo*, que autoriza apenas a retificação da declaração negocial (CC, art. 143)" (*Idem, ibidem*). (Re)leia, agora, o que escrevemos na nota de rodapé n. 58. Veja, também, MELLO, Marcos Bernardes de. *Op. cit.,.* p. 149-167.

[407] Trata-se de uma inovação do Código Civil de 2002. A lesão se caracteriza pelo fato de uma pessoa, movida por premente necessidade ou por inexperiência, se vincular a obrigação manifestamente desproporcional em relação a obrigação da outra parte (art. 157,CC/02). Sendo assim, haverá lesão se dois requisitos estiverem presentes: 1º – subjetivo: a premente necessidade ou a inexperiência; 2º – objetivo: a manifesta desproporção entre as obrigações dos contratantes, sendo que a desproporção deve ser verificada pelos valores vigentes ao tempo em que foi celebrado o negócio (§ 1º, art. 157, CC/02), visto que as causas ensejadoras de anulabilidade ou nulidade são sempre *concomitantes* à formação do negócio. A existência da lesão como defeito do negócio jurídico atesta o que já afirmamos em aulas anteriores: a natureza *personalista* do Código Civil de 2002 (proteção da pessoa humana) em relação ao CC/16, de natureza *patrimonialista* (proteção do patrimônio). Como exemplo de lesão, temos a seguinte situação: "(...) considere que *Antônio*, premido pela necessidade de levantar rapidamente dinheiro para pagar tratamento médico do pai, põe à venda um imóvel por $ 100, que, suponha-se, já é inferior ao valor médio do mercado. O único interessado que se apresenta, *Benedito*, oferece $ 40, menos da metade do valor do imóvel. *Antônio* acaba concordando porque a quantia basta ao pagamento das despesas médicas e hospitalares do tratamento do pai. Esse negócio jurídico é anulável por lesão, visto que se encontram nele dois elementos caracterizadores desse defeito de consentimento. Em conseqüência, a menos que *Benedito* concorde em pagar pelo menos mais $ 60 pelo imóvel (§ 2º, art. 157, CC/02), o negócio é anulado. Retornará o bem ao patrimônio de *Antônio*, que deve restituir os $ 40 a *Benedito*" (*Idem*, p. 332). Veja, também, MELLO, Marcos Bernardes de. *Op. cit.,* p. 198-203.

[408] Considera-se dolo "(...) a indução em erro de uma parte do negócio jurídico. Verifica-se esse tipo de defeito de consentimento quando o sujeito declarante é enganado – isto é, passa a ter falsa representação da realidade – em razão de expedientes astuciosos usados pela outra parte, ou por agente constrangedor estranho à relação negocial" (*Idem*, p. 335). O dolo pode ser *principal* (constitui a *causa* principal do negócio jurídico) ou *acidental* (*não* constitui a causa principal do negócio), sendo que apenas a ocorrência do primeiro gera a possibilidade de anulação do negócio jurídico (art. 145, CC/02). O dolo *acidental*, ao contrário, não invalida o negócio, mas dá direito à indenização por perdas e danos (art. 146, CC/02). Exemplo de dolo *principal*: "*Antônio* adquire de *Benedito* automóvel usado, porque este mentiu, ao garantir que o veículo nunca se envolvera em acidente de trânsito grave" (*Idem, ibidem*); exemplo de dolo *acidental*: "(...) se a mentira de *Benedito* [no caso anterior] dizia respeito ao toca-fitas, tendo ele assegurado que o acessório funcionava bem quando não era este o caso" (*Idem, ibidem*). Veja, também, MELLO, Marcos Bernardes de. *Op. cit.,* p. 168-182.

→ *a coação* (arts. 151 a 155, CC/02);[409]

→ *o estado de perigo* (art. 156, CC/02).[410]

b) *defeito social* – ocorre, não porque a vontade da parte tenha sido impedida de se expressar consciente e livremente, mas pela constatação de que uma das partes está causando (ou pretende causar) a diminuição do seu patrimônio para impedir que seus bens sejam objeto de constrição judicial na satisfação dos direitos dos credores.[411]

Considera-se defeito social:

→ *a fraude contra credores* (arts. 158 a 165, CC/02);[412]

---

[409] Coação é "(...) o constrangimento da vontade da parte declarante, através da ameaça de violência física ou moral, feita pelo próprio destinatário de declaração ou por terceiro". Trata-se de situação que afronta, inclusive, direito fundamental expresso no art. 5º, II, CF/88, *verbis* "Ninguém será obrigado a fazer ou deixar de fazer alguma coisa senão em virtude de lei". Verifica-se a ilegalidade da coação não apenas no Direito Civil, mas também em outras áreas afins, como no Direito do Consumidor (art. 42, *caput*, CDC), com a diferença de que, no Direito do Consumidor, não existe *anulabilidade* de contrato, mas apenas a *nulidade*. No que diz respeito ao Direito Civil, o art. 151, CC/02 preceitua que a coação será defeito de consentimento *se*: a) despertar na pessoa fundado receio de dano iminente e relevante a sua pessoa, sua família ou seu patrimônio; b) o receio do dano estiver endereçado a pessoa não pertencente à família (amigo ou empregado do sujeito, p. ex.), caso em que o juiz irá decidir se houve ou não a coação. Não ocorre coação se a ameaça diz respeito ao exercício legal de um direito ou ao temor reverencial (art. 153, CC/02), como no caso de ameaça de cobrança de uma dívida no judiciário ou da relação entre aluno e professor. Sobre a coação, v. MELLO, Marcos Bernardes de. *Op. cit.*, p. 183-192.

[410] Outra inovação do Código Civil de 2002, o *Estado de Perigo* caracteriza-se pelo fato de que "(...) o sujeito declara assumir obrigação excessivamente onerosa, por estar sua vontade constrangida por necessidade premente de salvar-se, ou a pessoa de sua família, de grave dano conhecido do declaratário" (*Idem*, p. 339). Difere da *lesão* pelo fato de que, nesta, o declaratário não tinha conhecimento (pelo menos, a princípio) da intenção que levou o outro a realizar o negócio viciado. Já no estado de perigo, existe o *conhecimento*, pelo declaratário, da intenção motivadora da declaração de vontade pelo outro sujeito. Como exemplo de estado de perigo temos a seguinte situação: "O filho de *Evaristo* está-se afogando no mar bravio e *Fabrício* concorda em ajudar a resgata-lo mediante remuneração elevada. *Evaristo* naturalmente aceita de pronto o preço cogitado (...) Se o exposto ao dano não é da família de quem fez a declaração, o juiz poderá mesmo assim considerar presentes os pressupostos do defeito de consentimento, levando em conta os estreitos vínculos de amizade ou profissionais que o unem ao declarante" (*Idem*, p. 339). Sobre o estado de perigo, v. MELLO, Marcos Bernardes de. *Op. cit.*, p. 193-197.

[411] *Idem*, p. 328.

[412] "A fraude contra credores é o defeito do negócio jurídico de alienação de bens do patrimônio do devedor insolvente. A pessoa em insolvência (ou em estado de pré-insolvência) não pode dispor dos bens que titulariza porque estes representam a garantia dos credores. Assim, há fraude contra credores quando o devedor insolvente aliena, gratuita ou onerosamente, bens do seu patrimônio, reduzindo assim a garantia dos que, perante ele, titularizam crédito" (*Idem*, p. 341). Quando o devedor se torna insolvente (se pessoa natural, temos a insolvência civil; se pessoa jurídica de direito privado (em especial, uma sociedade), temos a falência) realiza-se uma execução concursal do seu patrimônio, na qual todos os credores, quirografários (art. 158, *caput*, CC/02) ou com garantia real (§ 1º, art. 158, CC/02), habilitam seus créditos para que possam receber, não exatamente o valor total desses mesmos créditos, mas aquilo que for possível pagar com o ativo do devedor. Segundo os arts. 158, *caput*, e 159, CC/02, a fraude contra credores pode ocorrer em negócios jurídicos gratuitos (p. ex: uma doação pura do devedor para um amigo ou para seu único filho) ou onerosos (a venda de um bem imóvel para terceiro) do devedor, pois em ambos os casos há alienação (transferência) do patrimônio destinado ao pagamento dos credores. O art. 161 trata da chamada *ação revocatória* ou *pauliana*, que é a ação judicial destinada à anular negócio jurídico por fraude contra credores. Essa

Os defeitos dos negócios jurídicos, mas não apenas eles, constituem situações (fatos jurídicos) que, uma vez ocorridas e devidamente reconhecidas pelo poder judiciário,[413] produzem a *invalidade* dos negócios jurídicos em geral. Assim sendo, devemos considerar que a natureza jurídica da invalidade é a de *sanção jurídica*,[414] embora a ciência do direito[415] tenha produzido entendimentos contrários.[416]

ação pode ser movida apenas pelos credores que faziam parte da execução concursal à época do negócio fraudulento (§ 2º, art. 158, CC/02), contra o próprio devedor insolvente, contra a pessoa que com ele contratou ou contra terceiro adquirente que haja procedido de má-fé. Se a ação pauliana for julgada procedente, dispõe o art. 165 que a vantagem resultante (alienação do bem) retorna para o acervo patrimonial do devedor insolvente, no qual os credores titularizam seus créditos. Por fim, os arts. 162 e 163 estabelecem duas situações especiais, também fraudulentas, em relação ao concurso de credores. Em primeiro lugar, a situação prevista no art. 162: credor quirografário (aquele cujo crédito pode ser satisfeito com bem não onerado) recebe pagamento antecipado do devedor insolvente. Dispõe a norma jurídica que este credor está obrigado a devolver o pagamento para o acervo patrimonial. Isso porque não pode haver privilégios entre credores na execução concursal, salvo aqueles estabelecidos por lei (arts. 955 a 965, CC/02). Em segundo lugar, a situação prevista no art. 163: credor quirografário não pode receber, do devedor insolvente, garantia real durante a execução concursal. Se isso ocorrer, a norma *presume* a fraude e o motivo dessa presunção é o mesmo daquele que justifica a fraude contra credores na situação prevista no artigo anterior.

[413] Observa, com propriedade, Fábio Ulhoa Coelho: "A invalidade do negócio jurídico é sempre um pronunciamento judicial. Nenhum negócio é inválido, por mais desobedecidas que tenham sido as normas jurídicas sobre a matéria, antes que o juiz decida que ele o é" (*Idem*, p. 343-344).

[414] Segundo Marcos Bernardes de Mello "A invalidade, em seus diversos graus (= nulidade ou anulabilidade), constitui uma sanção que o ordenamento jurídico adota para punir determinadas condutas que implicam contrariedade ao direito. Na verdade, a invalidade afeta atos jurídicos que resultam: *a)* de infração à norma jurídica cogente; ou *b)* de defeitos na manifestação de vontade (...) No campo do direito público, por exemplo, as leis e os atos normativos em geral, que são atos jurídicos de natureza especial, são nulos (= inválidos) quando infringem normas jurídicas de hierarquia superior, sejam de forma ou de fundo. É o que ocorre no caso de inconstitucionalidade das leis e de inconstitucionalidade ou ilegalidade de atos normativos infralegais (decretos e regulamentos, por exemplo) (...) No campo do direito privado, a invalidade afeta os atos jurídicos *lato sensu* (= negócios jurídicos e atos jurídicos *stricto sensu*) que infrinjam normas cogentes proibitivas e impositivas, afora os casos específicos de invalidade relativos ao sujeito (incapacidade, má-fé, quebra da eqüidade), ao objeto (ilicitude, imoralidade, impossibilidade e indeterminabilidade), à forma e à perfeição da manifestação de vontade (= defeitos dos negócios jurídicos). Por isso, sempre que há violação de norma cogente há invalidade, desde que ela própria não preveja, especificamente, outra espécie de sanção. Ora, parece claro, se a contrariedade a direito constitui elemento cerne da ilicitude e é, também, o fundamento da invalidade dos atos jurídicos, não é possível extrair-se outra conclusão senão a de que o ato jurídico inválido integra o gênero fato ilícito *lato sensu*" (*Op. cit.*, p. 50-51). Sobre os negócios jurídicos inválidos como espécie de fatos (atos) ilícitos *lato sensu*, veja o que escrevemos no texto da aula anterior (p. 15).

[415] A expressão "ciência do direito" está sendo empregada aqui num sentido *lato*, isto é, como pensamento propriamente científico e como pensamento dogmático ou tecnológico.

[416] É o que observa, precisamente, Marcos Bernardes de Mello: "Há doutrinadores, no entanto, que recusam o caráter de ilicitude à nulidade, por entenderem que as normas jurídicas cuja infração acarreta a invalidade teriam a natureza de 'normas técnicas' (= normas que estabelecem meios formais, procedimentos para que seja alcançado certo fim), do que resultaria a impossibilidade de tê-la (a invalidade) como uma sanção em sentido próprio. Também por isso não caberia falar-se em ilicitude" (*Op. cit.*, p. 53). O autor disserta, em sua obra, as concepções de jusfilósofos como Norberto Bobbio e Herbert Hart, contrários à natureza jurídica de sanção atribuída à invalidade, passando, a seguir, a tecer suas críticas a esses entendimentos. Nossa opinião, como parece já ter ficado evidenciada, é no sentido de que a invalidade é uma espécie de sanção e que, portanto, os atos jurídicos *lato sensu* (dentre os quais estão os negócios jurídicos), se inválidos, significa que são atos (negócios) *ilícitos*.

LIÇÕES DE TEORIA GERAL DO DIREITO CIVIL

A rigor, podemos afirmar que *negócio jurídico inválido* é aquele que não preenche determinado requisito de validade – geral (art. 104, CC/02) ou especial (art. 108, CC/02) – ou apresenta defeito de consentimento ou defeito social.[417] Existem dois *graus* de invalidades (sanções)[418] para os negócios jurídicos, a saber: a) *nulidade* (art. 166[419] e 167,[420] CC/02); *anulabilidade* (art. 171,[421] CC/02).

---

[417] COELHO, Fábio Ulhoa. *Op. cit.*, p. 343.

[418] MELLO, Marcos Bernardes de. *Op. cit.*, p. 60-68. Segundo o autor: "Os atos que importam infrações das normas jurídicas a que o direito imputa a sanção da invalidade não têm a mesma natureza nem o mesmo significado. Há deles (a) que afetam a própria ordem pública, porque implicam violação de normas jurídicas cogentes (ato com objeto ilícito ou impossível, por exemplo); outros (b) que prejudicam diretamente as pessoas em seus interesses particulares, privados, mas que, pelas suas conseqüências ilícitas, não podem ser admitidos no mundo jurídico como se fossem perfeitos. Considerando a gravidade da infração e a importância do interesse a resguardar, os sistemas jurídicos impõem sanções de maior ou menor intensidade, punições mais ou menos severas, que refletem o grau de sua repulsa ao ato. A estruturação de cada ordenamento jurídico do sistema das invalidades é uma questão de técnica legislativa" (*Op. cit.*, p. 60).

[419] Dispõe o art. 166, CC/02 "É nulo o negócio jurídico quando: I – celebrado por pessoa absolutamente incapaz; II – for ilícito, impossível, ou indeterminável o seu objeto; III – o motivo determinante, comum a ambas as partes, for ilícito; IV – não revestir a forma prescrita em lei; V – for preterida alguma solenidade que a lei considere essencial para a sua validade; VI – tiver por objetivo fraudar lei imperativa; VI – a lei taxativamente o declarar nulo, ou proibir-lhe a prática, sem cominar sanção".

[420] Dispõe o art. 167, CC/02: "É nulo o negócio jurídico simulado, mas subsistirá o que se dissimulou, se válido for na substância e na forma". Trata-se de inovação do CC/02. Segundo Carlos Roberto Gonçalves "(...) a simulação não é mais considerada defeito do negócio jurídico, mas causa de nulidade, seja absoluta, seja a relativa [isso, por causa da diretriz fundamental da *eticidade*]. Está disciplinada no art. 167 do novo Código (...) Não mais se distingue a simulação inocente da fraudulenta. Ambas acarretam nulidade do negócio simulado, subsistindo o dissimulado, se lícito" (*Principais inovações* ..., p. 28). Fábio Ulhoa Coelho conceitua, classifica e exemplifica o negócio jurídico simulado da seguinte forma: " Simulado é o negócio jurídico que aparenta ter sido praticado para produzir os efeitos declarados, mas que oculta intenção diversa de ambas as partes e prejudica terceiros não participantes (...) A simulação pode ser de duas espécies: absoluta ou relativa. Na simulação absoluta, além do negócio jurídico simulado não existe nenhum outro que se procurou dissimular. Imagine que *Evaristo*, casado com *Francisca*, pretende dar início à exploração de uma atividade empresarial, mas teme os riscos do negócio. Tem, por isso, a intenção de preservar bens de eventual execução por parte dos futuros credores, antes mesmo de estabelecer-se como empresário. Simulam, então, a separação consensual (e, em seguida, assim que possível, o divórcio), destinando, na partilha, para *Francisca* todos os bens de valor do casal e, para *Evaristo*, alguns poucos não tão valiosos, cuja perda não terá importância. A dissolução simulada do vínculo matrimonial não ocultou nenhum outro negócio jurídico, correspondente à verdadeira intenção das partes. É, assim, absoluta. Na simulação relativa, o negócio nulo foi praticado com o objetivo de dissimular outro negócio (...) Na simulação relativa, subsiste o que se dissimulou se válido for na substância e na forma [art. 167, CC/02]. Imagine que *Germano* vende, mediante escritura pública, um imóvel a *Hebe*, por certo preço, mas declaram ambos, na escritura pública, que o fazem por preço inferior. Nesse caso, há negócio jurídico simulado. O imposto incidente na operação tem por base o valor dela, e a declaração falsa das partes prejudica terceiro, no caso, o fisco. Se obtida por ele, terceiro prejudicado, a declaração judicial de nulidade do negócio simulado, para fins de arrecadar o tributo em seu valor correto, nem por isso a compra e venda entre *Germano* e *Hebe* se desconstitui. Ao contrário, subsiste porque válida na substância (eles podiam praticar o negócio de transmissão da propriedade do bem) e na forma (fizeram-no mediante escritura pública) " (*Op. cit.*, p. 353-354). O § 1º do art. 167 dispõe a respeito das situações em que há simulação e o § 2º, sobre a garantia dos direitos de terceiros de boa-fé nos negócios simulados.

[421] Dispõe o art. 171, CC/02: "Além dos casos expressamente declarados na lei, é anulável o negócio jurídico: I – por incapacidade relativa do agente; II – por vício resultante de erro, dolo, coação, estado de perigo, lesão ou fraude contra credores".

---

128 *Fernando Costa de Azevedo*

As principais distinções entre nulidade e anulabilidade dos negócios jurídicos são:

NULIDADE	ANULABILIDADE
Protege interesses de ordem pública	Protege interesses de ordem privada
Pode ser alegada por qualquer interessado, ou pelo Ministério Público, quando lhe couber intervir (art. 168, *caput*, CC/02)	Pode ser alegada, a princípio, apenas pelo interessado (art. 177, CC/02).
O negócio nulo não é suscetível de confirmação, nem convalesce pelo decurso do tempo (art. 169, CC/02)	O negócio anulável pode ser confirmado pelas partes, salvo direito de terceiro (art. 172, CC/02), devendo, o ato de confirmação, conter a substância do negócio celebrado e a vontade expressa de mantê-lo (art. 173, CC/02)
Não há prazos (prescricionais ou decadenciais) para se argüir a nulidade	a) É de 4 (quatro) anos o prazo de decadência para pleitear-se a anulação do negócio jurídico, contado: I- no caso de coação, do dia em que ela cessar; II – no de erro, dolo, fraude contra credores, estado de perigo ou lesão, do dia em que se realizou o negócio jurídico; III – no de atos de incapazes, do dia em que cessar a incapacidade (art. 178, CC/02);
	b) É de 2 (dois) anos o prazo de decadência para pleitear-se a anulação do negócio jurídico, quando a lei dispuser que o ato é anulável, sem estabelecer prazo para pleitear-se a anulação (art. 179, CC/02).
Sentença judicial produz eficácia (ou efeitos) *ex tunc* (retroativos) e *erga omnes*	Sentença judicial produz eficácia (ou efeitos) *ex nunc* (não retroativos) e *inter partes* (salvo caso de solidariedade ou indivisibilidade – art. 177, *in fine*, CC/02)
A nulidade pode ser pronunciada de ofício pelo juiz	A anulabilidade não pode ser pronunciada de ofício pelo juiz (art. 177, CC/02)

4.11. Dos atos jurídicos lícitos: o art. 185, CC/02

Em obediência à diretriz fundamental da operabilidade – segundo a qual o Código deve conter estrutura que, sem descuidar do rigor e da estética que o caracterizam, permita ao intérprete "manejá-lo" com maior facilidade – o legislador construiu o Título II do Livro III da Parte Geral, CC/02 com *apenas* uma norma jurídica: o art. 185.[422] Entretanto, uma leitura atenta do art. 185 é capaz de revelar que a excelente técnica legislativa empregada na construção das normas gerais sobre os *atos jurídicos lícitos* (atos jurídicos *stricto sensu* ou *meramente* lícitos) resultou em uma *regra de remissão*, a exemplo do recurso empregado, p. ex., no art. 927, *caput*, do diploma legal.

---

[422] Dispõe o art. 185, CC/02: "Aos atos jurídicos lícitos, que não sejam negócios jurídicos, aplicam-se, no que couber, as disposições do Título anterior.

LIÇÕES DE TEORIA GERAL DO DIREITO CIVIL

129

Em outros termos, o legislador considerou – e nisso andou muitíssimo bem – que, se por um lado existe distinção entre atos jurídicos *stricto sensu* e negócios jurídicos, por outro não se pode negar a existência de pontos de contato entre essas duas espécies de atos jurídicos lícitos *lato sensu*. Assim, seria um absurdo pensar na hipótese do legislador prescrever, para os atos jurídicos *stricto sensu*, as mesmas regras que já havia prescrito para os negócios jurídicos.

Por tudo isso, podemos perceber que o art. 185,CC/02 ("... no que couber ...") remete o intérprete, p. ex., para os requisitos gerais de validade dos negócios jurídicos (art 104, CC/02), para as regras gerais sobre representação (no caso, a representação legal ou judicial), para as regras gerais sobre a contagem de prazos (art. 132, CC/02) para as causas de invalidade (nulidade e anulabilidade) dos negócios jurídicos (arts. 166 c/c art. 171, CC/02). Não cabe, p. ex., a aplicação das regras sobre condição (arts. 121 a 130, CC/02) e fraude contra credores (arts. 158 a 165, CC/02), pois essas regras têm aplicação apenas nas relações negociais.

4.12. Dos atos ilícitos: o ato ilícito *stricto sensu* (art. 186, CC/02)

Já tivemos oportunidade de demonstrar que os atos jurídicos *lato sensu* subdividem-se em *lícitos* e *ilícitos*. E estes, por sua vez, subdividem-se em: a) ato jurídico ilícito *stricto sensu*; b) abuso de direito; c) negócios jurídicos inválidos. Sobre os negócios jurídicos inválidos, tratamos há pouco. Resta-nos abordar, nesse momento, os atos jurídicos *ilícitos* que não são negócios inválidos, *i. e.*, o ato jurídico ilícito *stricto sensu* – cuja existência está associada à presença do elemento "culpa" – e o abuso de direito, que não pressupõe o elemento culposo. Em ambos os casos, a ilicitude do ato acarreta o mesmo tipo de sanção, prevista no art. 927, *caput*, CC/02: *o dever de indenizar ou responsabilidade civil.*[423]

---

[423] Art. 927, *caput*, CC/02 "Aquele que, por ato ilícito (arts. 186 e 187), causar dano a outrem, fica obrigado a repará-lo". Sustenta o professor Fernando Noronha que a responsabilidade civil (em sentido estrito ou extracontratual), definida precisamente no art. 927, *caput* do CC/02, é uma das três categorias de obrigações jurídicas. As outras duas são: as obrigações negociais e o enriquecimento sem causa (NORONHA, Fernando. *Direito das Obrigações v. 1*. São Paulo: Saraiva. 2003, p. 419-422. Sobre a responsabilidade civil enquanto modalidade de obrigação jurídica, observa que "(...) resultam estas obrigações da necessidade de reparar danos causados a outras pessoas, em conseqüência da prática de atos ilícitos (arts. 186 e 927, *caput*) e de outros atos cometidos sem culpa, mas equiparados aos ilícitos, para efeitos de indenização (art. 927, parágrafo único)" (p. 421). Recomendamos a leitura do Capítulo 7 da referida obra do professor Noronha (Responsabilidade Civil: caracterização, pressupostos, modalidades, excludentes e evolução). Sobre o tema, recomendamos também: FACCHINI NETO, Eugênio. Da responsabilidade civil no novo Código. In: SARLET, Ingo Wolfgang (organizador). *O novo Código Civil e a Constituição.* 2ª ed. Porto Alegre: Livraria do Advogado Editora. 2006, p. 171-218; e CAVALIERI

Assim sendo, antes de analisarmos cada uma dessas espécies de ilícito no terreno do Direito Civil,[424] gostaríamos de transcrever – por serem sempre oportunas – as palavras do mestre Pontes de Miranda a respeito da definição geral de atos ilícitos: *"(...) são os atos contrários a direito, quase sempre culposos, porém não necessariamente culposos, dos quais resulta, pela incidência da lei e ex lege,* conseqüência desvantajosa para o autor".[425] Percebe-se, dessa definição, que o elemento *culpa* é *acidental* na definição dos atos jurídicos ilícitos *lato sensu,* pois apenas alguns atos desse gênero são culposos,[426] assim como a responsabilidade pela prática desses atos não pressupõe, sempre, a necessidade de apuração e comprovação da culpa *lato sensu (dolo ou culpa)* do agente.[427]

FILHO, Sérgio. Responsabilidade Civil no novo Código Civil. In: *Revista de Direito do Consumidor* n. 48. São Paulo: Revista dos Tribunais. Outubro-dezembro de 2003, p. 69-84.

[424] *A ilicitude* como qualidade (ou elemento) de determinados atos jurídicos ultrapassa o estudo do Direito Civil. No Direito Penal, p. ex., ela tem um tratamento diferenciado em função do objeto mediato (ou bem jurídico) que esse ramo jurídico tutela. Temos, assim, as *penas* (pena privativa de liberdade, pena restritiva de direitos, pena de multa etc.) como espécies de sanções para a prática dos atos jurídicos ilícitos de natureza penal (crimes e contravenções). No campo da responsabilidade civil em sentido estrito, e baseado na experiência do sistema jurídico anglo-saxão (*common law*), discute-se a possibilidade de imposição da chamada *indenização punitiva (punitive damages),* que seria a condenação do agente causador do dano indenizável ao pagamento de "(...) soma em dinheiro conferida ao autor de uma ação indenizatória em valor expressivamente superior ao necessário à compensação do dano, tendo em vista a dupla finalidade de punição (*punishment*) e prevenção pela exemplaridade da punição (*deterrence*) opondo-se – nesse aspecto funcional – aos *compensatory damages,* que consistem no montante da indenização compatível ou equivalente ao dano causado, atribuído com o objetivo de ressarcir o prejuízo" (MARTINS-COSTA, Judith; PARGENDLER, Mariana Souza. Usos e abusos da função punitiva (*punitive damages* e o Direito brasileiro). In: *Revista do CEJ n. 28.* Brasília. Janeiro-março de 2005, p. 16). Advertem, contudo, as autoras que "(...) os *punitive damages* só podem ser concedidos na relação extracontratual quando provadas circunstâncias subjetivas que se assemelham à categoria continental do dolo (...) Não há de se pensar em punir com a indenização casos de *responsabilidade objetiva*" (p. 19 e 21).

[425] PONTES DE MIRANDA, Francisco Cavalcanti. *Op. cit.,* p. 88.

[426] Trataremos do assunto a seguir: em primeiro lugar, os atos ilícitos culposos (art. 186, CC/02); em segundo lugar, os atos ilícitos não-culposos (art. 187, CC/02).

[427] A *responsabilidade civil* (arts. 927a 954, CC/02) é matéria que transcende os limites desse trabalho. Trata-se do dever legal de responder (ou reparar) os danos causados pela prática dos atos ilícitos em geral (arts. 186 e 187). Decorre ainda do inadimplemento de obrigação oriunda de negócio jurídico válido (art. 389 e ss.) ou inválido (se a eficácia jurídica do negócio inválido causou, até o trânsito em julgado da sentença judicial declaratória de nulidade, algum dano para o sujeito que a argüiu em juízo). Por isso, a doutrina subdivide a responsabilidade civil em: extracontratual (descumprimento de dever prescrito em lei); e contratual (descumprimento de obrigação prescrita em contrato). No que toca à necessidade de se comprovar a culpa do agente, a responsabilidade civil pode ser *subjetiva* (existe a necessidade de apurar e comprovar a culpa do agente) ou *objetiva* (não existe essa necessidade). É importante mencionar que a responsabilidade civil não decorre, necessariamente, da prática de um ato ilícito, mas, ao contrário, o dever de reparar (ou de indenizar) pode ser imputado ao agente pela prática de ato *lícito,* como no caso previsto no art. 1.228, § 5º, CC/02. Sobre o tema, v., dentre outros, GAGLIANO, Pablo Stolze; PAMPLONA FILHO, Rodolfo. *Novo Curso de Direito Civil – volume III.* São Paulo: Saraiva. 2003, p. 37; e CAVALIERI FILHO, *Op. cit.,* p. 69-84.

O art. 186, CC/02[428] modificou alguns aspectos contidos na norma do art. 159 do Código anterior.[429] Podemos afirmar, contudo, que o legislador preservou a *culpa lato sensu (dolo ou culpa stricto sensu)* como elemento formador do ato ilícito *stricto sensu*, que vem a ser o fundamento da responsabilidade civil *subjetiva*.[430] As novidades foram a inserção do *dano moral* como espécie de dano *indenizável* (em obediência aos comandos constitucionais previstos no art. 5º, V e X, CF/88)[431] e a supressão da parte final do art. 159,[432] pelo fato de que o legislador prescreveu, no novo Código, um conjunto de regras a respeito da *obrigação de indenizar* (arts. 927 a 943, CC/02) e da *indenização* (arts. 944 a 954, CC/02).[433]

A prática de um ato jurídico ilícito *stricto sensu* gera responsabilidade civil *subjetiva* (art. 927, *caput*, CC/02). Isso significa que a pessoa lesada deve provar, além da lesão (dano material e/ou moral): a) o nexo causal entre o dano e a conduta voluntária do agente; b) a culpa *lato sensu* do agente, isto é, a inobservância a um dever geral de cautela (a culpa *stricto sensu*, que se caracteriza pela negligência, pela imprudência ou pela imperícia)[434] ou a intenção de lesar outrem (o dolo).

---

[428] Dispõe o art. 186, CC/02 "Aquele que, por ação ou omissão voluntária, negligência ou imprudência, violar direito e causar dano a outrem, ainda que exclusivamente moral, comete ato ilícito".

[429] Na verdade, houve uma pequena, mas significativa alteração. Sobre o tema, observa Eugênio Facchini Neto: "Desconsiderando-se a menção ao dano moral (inovação meramente formal, como já salientado), e abstraindo-se a subdivisão em dois artigos da cláusula geral anteriormente condita no art. 159, a diferença de redação entre as duas cláusulas pode até passar desapercebida a uma rápida leitura, embora pudesse conter uma profunda conseqüência jurídica. De fato, enquanto o art. 159 falava em *violar direito, ou causar prejuízo a outrem*, a nova cláusula refere 'violar direito *e* causar dano a outrem'. Se a alteração fosse em sentido contrário, poder-se-ia sustentar que o legislador estaria acolhendo a idéia de uma responsabilidade civil de cunho punitivo ou apenas eventualmente dissuasório, e não de natureza reparatória/compensatória. Isto porque a obrigação de indenizar poderia decorrer, em tal hipótese, tanto do fato de ter sido causado um prejuízo, quanto da hipótese de uma mera violação do direito" (*Op. cit.*, p. 185).

[430] *Idem, ibidem.*

[431] A expressão 'dano moral', no texto do Código Civil, guarda consonância com o disposto na norma constitucional. Contudo, como bem observa Facchini Neto "(...) (teria sido melhor que se utilizasse a nomenclatura cientificamente mais correta, de dano extrapatrimonial, do qual o dano moral é apenas uma espécie) (...)" (*Idem*, p. 174). Os danos extrapatrimoniais ou danos à pessoa são aqueles que ofendem bens jurídicos da personalidade humana. Sobre o tema, v. COUTO E SILVA, Clóvis do. *O conceito de dano...*, p. 12-15.

[432] Dispunha o art. 159, *in fine*, CC/16: "(...) A verificação da culpa e a avaliação da responsabilidade regulam-se pelo disposto neste Código, arts. 1.518 a 1.532 e 1.537 a 1.553".

[433] Para uma boa análise dessas regras, veja, dentre os autores já citados, FACCHINI NETO, Eugênio. *Op. cit.*, p. 171-218.

[434] Embora o legislador não tenha expressamente mencionado a imperícia como situação caracterizadora da culpa *stricto sensu*, a verdade é que ela está implícita na noção de negligência, visto ser uma espécie de negligência, aplicada a alguma atividade profissional. No Direito do Consumidor, por exemplo, a imperícia está presente, ainda que de forma implícita, na redação

4.13. Dos atos ilícitos: o abuso de direito como ato jurídico ilícito (art. 187, CC/02)

O art. 187, CC/02, não representa, até certo ponto, uma grande inovação do atual Código em relação ao antigo CC/16. Ocorre que a doutrina e a jurisprudência pátrias já vinham firmando, de longa data, entendimento a respeito da existência do abuso de direito como espécie de ato ilícito, e isso devido a uma interpretação *a contrario sensu* do antigo art. 160, I do Código anterior, que dispunha sobre o "exercício *regular* de um direito" como excludente de ilicitude.[435] Quer dizer, se o exercício *regular* de um direito não era – como ainda não é (art. 188, I, CC/02) – considerado ato ilícito, o inverso, a *irregularidade* no exercício de um direito reconhecido pelo ordenamento jurídico, só poderia (e deveria) ser interpretada como forma específica de ilicitude.[436]

O que temos de novidade então? Dois aspectos. Em primeiro lugar, uma norma jurídica (art. 187, CC/02) que prescreve, expressamente, os elementos caracterizadores do *abuso de direito:* a) a irregularidade (ou excesso) manifesto no ato de exercer um direito; b) o exercício de um direito que ultrapassa limites de natureza social[437] (finalidade econômica e social;[438] boa-fé[439] ou bons costumes[440]).

do § 4º, art. 14, CDC, que responsabiliza os *profissionais liberais* pelos danos causados ao consumidor na prestação de seus serviços *mediante a verificação de culpa.* A culpa (ou negligência) profissional é, justamente, a *imperícia:* o profissional não empregou, quando devia, técnica profissional que tinha o dever de conhecer.

[435] FACCHINI NETO, Eugênio. *Op. cit.,* p. 191; e CAVALIERI FILHO, Sérgio. *Op. cit.,* p. 74.

[436] CAVALIERI FILHO, Sergio. *Op. cit.,* p. 74. No mesmo sentido, COELHO, Fábio Ulhoa. *Op. cit.,* p. 363.

[437] Trata-se, aqui, a presença da diretriz fundamental da *socialidade:* a pessoa humana não vive só, mas dentro de uma comunidade ou sociedade. O licitude no exercício dos direitos individuais deve ajustar-se a essa dimensão comunitária (ou cidadã) da pessoa humana. Cuida-se da chamada *relação jurídica fundamental,* que vimos no Capítulo anterior (item 2 – subitem 2.3).

[438] Observa o Ministro Ruy Rosado de Aguiar Júnior que "A função social do direito tem por escopo estabelecer a finalidade para qual o ordenamento jurídico criou a norma concessiva do direito subjetivo. O direito é um instrumento para realizar os fins do Estado; as normas jurídicas são editadas para alcançar esse objetivo. Quando o direito concedido pela norma se desvia dessa finalidade, não estará sendo atendida a sua função social. A função econômica está ligada à realização do objetivo de ordem patrimonial visado pelo direito de que se trata (...)" (*Os contratos...,* p. 12).

[439] Trata-se da segunda função da boa-fé objetiva: *limite ao exercício de direitos subjetivos.* Sobre o tema, v. MARTINS-COSTA, Judith. *A Boa-fé no Direito Privado...,* p. 455-472. Temos, também aqui, a presença da diretriz fundamental da *eticidade:* a pessoa humana deve pautar suas ações no respeito aos direitos e interesses alheios, isto é, deve agir com probidade, lealdade, respeito à confiança e às expectativas de uma pessoa certa ou de toda a comunidade ou sociedade. Veja, a propósito, o que escrevemos no Capítulo anterior (item 2 – subitem 2.3).

[440] "Os bons costumes correspondem ao entendimento da comunidade a respeito dos comportamentos que devem ser observados pelos cidadãos como socialmente aceitos e tolerados" (AGUIAR JÚNIOR, Ruy Rosado de. *Os contratos...,* p. 12).

Em segundo lugar – e aqui temos uma profunda diferença entre a concepção doutrinária e jurisprudencial do abuso de direito durante a vigência do CC/16 e a previsão legal do art. 187, CC/02 – a adoção, pelo legislador do Código atual, da chamada *Teoria Objetiva do Abuso de Direito*, i. e., do abuso de direito como ato jurídico ilícito *não culposo*.[441]

Podemos perceber, assim, que existem, afora os negócios jurídicos inválidos, duas espécies de atos jurídicos ilícitos *lato sensu:* a) o ato jurídico ilícito *stricto sensu*, que é ato ilícito *culposo* (art. 186, CC/02); e b) o abuso de direito, que é ato ilícito *não culposo* (art. 187, CC/02). E, sendo assim, temos que, no primeiro caso, a responsabilidade civil é *subjetiva* (dependente da verificação de culpa *lato sensu*) e, no segundo caso, *objetiva* (independente da verificação de culpa *lato sensu*).[442]

---

[441] "Quando estudamos o abuso de direito, vimos que, em torno dele, na doutrina e até na jurisprudência de outros países, formaram-se duas correntes: a subjetivista e a objetivista. Para a corrente subjetivista, que foi a tradicional, só se configuraria o abuso de direito quando alguém, além de exceder os limites do exercício do seu direito, o fizesse com a intenção, com o propósito de causar dano a alguém, de prejudicar. E foi assim que inicialmente a doutrina do abuso do direito foi contruída, principalmente na França (...) Entretanto, a partir do momento em que as idéias de responsabilidade *objetiva* começaram a aflorar, principalmente na França, juristas, tais como *Salleille, Rippert* e outros, começaram também a conceber um abuso de direito objetivo, isto é, independentemente de qualquer finalidade ou intenção de prejudicar. *Salleille* dizia que o abuso do direito se configuraria simplesmente pelo uso anormal do direito (...) na vigência do Código [brasileiro] anterior, essa questão era muito discutida, porque não havia uma norma legal disciplinando o abuso de direito. Ora a jurisprudência entendia que bastaria o mero exceder os limites, ora entendia que era preciso a intenção de prejudicar. O que fez o novo Código? Não há dúvida: adotou a teoria objetiva com relação ao abuso de direito. Não há, no art. 187, menor referência à intencionalidade, ao fim de causar dano a alguém; basta que se exerça o direito ultrapassando os limites ali estabelecidos" (CAVALIERI FILHO, Sergio. *Op. cit.*, p. 75). No mesmo sentido, COELHO, Fábio Ulhoa. *Op. cit.*, p. 363; AGUIAR JÚNIOR, Ruy Rosado de. *Os contratos* ..., p. 9; e FACCHINI NETO, Eugênio. *Op. cit.*, p. 191-192.

[442] CAVALIERI FILHO, Sérgio. *Op. cit.*, p. 74; e FACCHINI NETO, Eugênio. *Op. cit.*, p. 191-192. É de se observar que a responsabilidade civil objetiva por abuso de direito (art. 187 c/c art. 927, CC/02) se faz presente, de modo bastante significativo, no Direito do Consumidor. Com efeito, esse ramo jurídico protege o sujeito mais vulnerável da relação jurídica de consumo a partir de um microssistema (O Código de Defesa do Consumidor) que estabelece, em prol daquele sujeito, determinados direitos básicos, como o direito *à proteção contra práticas e cláusulas contratuais abusivas* no mercado de produtos e serviços. Os arts. 39, 42 e 51 do CDC tratam de situações consideradas *abusivas* em relação ao consumidor, como a *venda casada* (art. 39, I), a *cobrança de dívida do consumidor inadimplente que o exponha o consumidor ao ridículo ou a constrangimento insjutificado* (art. 42), e a cláusula contratual que *estabeleça obrigação considerada iníqua, abusiva, que coloque o consumidor em desvantagem exagerada* (art. 51, IV). Em todos esses casos, a finalidade da lei, ao proteger o consumidor, é evitar o *abuso de direito* por parte dos fornecedores em geral (fabricantes, comerciantes, prestadores de serviços, profissionais liberais etc.). No caso das cláusulas contratuais *abusivas*, por exemplo, o abuso está justamente no fato de que o fornecedor, na sociedade de consumo atual, tem o direito de criar as cláusulas contratuais as quais o consumidor apenas adere. Assim, se por um lado o fornecedor tem esse direito, como também tem o direito de cobrar um dívida do consumidor inadimplente, isso não significa que possa exerce-lo da forma como bem entenda, visto que o exercício dos direitos dos fornecedores tem limites na finalidade econômica e social desses direitos, na boa-fé e nos bons costumes (art. 187, CC/02).

4.14. Dos atos ilícitos: as excludentes da ilicitude (art. 188, CC/02)

Em relação às excludentes de ilicitude, as modificações trazidas pelo CC/02 são mais estruturais (de forma) do que materiais (de conteúdo). Ocorre que art. 188, *caput*, e parágrafo único, CC/02 reproduziu a regra prevista no art. 160 e parágrafo único, CC/16, e a única inovação de ordem material foi a inserção, no inciso II do *caput*, da expressão "ou a lesão a pessoa".[443] É importante mencionar as modificações de ordem estrutural.

O CC/02, como já dissemos, apresenta, na Parte Especial (Livro I – Título IX), um conjunto de regras sobre *a responsabilidade civil* (arts. 927 a 954). No CC/16 também havia, na Parte Especial (Livro III – Título VII), um conjunto de regras a respeito das *obrigações por atos ilícitos* (arts. 1.518 a 1.532). Se analisarmos as regras contidas nos dois Códigos, poderemos constatar que muitas inovações ou alterações ocorreram (p. ex.: arts. 927, parágrafo único; 928, 931, 933, 944, 945, 946, 948, II, 950, parágrafo único, 951, 952, 953, parágrafo único e 954, *caput*.). Entretanto, no que concerne à responsabilidade do agente que causou danos a alguém em função de ato praticado numa das situações previstas no art. 188, CC/02, não temos mudanças no conteúdo das respectivas regras jurídicas (arts. 929, CC/02[444] – art. 1.519, CC/16; art. 930, *caput*, e parágrafo único, CC/02[445] – art. 1.520, *caput*, e parágrafo único, CC/16).[446]

As espécies de excludentes da *ilicitude* (não, da responsabilidade) são:

a) *legítima defesa* – art. 188, I, primeira parte, CC/02

b) *exercício regular de um direito* – art. 188, I, parte final, CC/02

c) *estado de necessidade* –art. 188, II, CC/02

---

[443] Dispõe o art. 188, *caput*, CC/02 "Não constituem atos ilícitos: I – os praticados em legítima defesa ou no exercício regular de um direito reconhecido; II – a deterioração ou destruição da coisa alheia, *ou a lesão a pessoa*, a fim de remover perigo iminente" (grifamos). – Parágrafo único "No caso do inciso II, o ato será legítimo somente quando as circunstâncias o tornarem absolutamente necessário, não excedendo os limites do indispensável para a remoção do perigo"

[444] Dispõe o art. 929, CC/02 "Se a pessoa lesada, ou o dono da coisa, no caso do inciso II do art. 188, não forem culpados do perigo, assistir-lhes-á o direito à indenização do prejuízo que sofreram".

[445] Dispõe o art. 930, *caput*, e parágrafo único, CC/02 "No caso do inciso II do art. 188, se o perigo ocorrer por culpa de terceiro, contra este terá o autor do dano ação regressiva para haver a importância que tiver ressarcido ao lesado" – Parágrafo único "A mesma ação competirá aquele em defesa de quem se causou o dano (art. 188, inciso I)".

[446] Como bem observa Eugênio Facchini Neto "(...) o preceito do art. 188 deve ser compreendido à luz do que dispõem os arts. 929 e 930. Da sua conjugação percebe-se a previsão de hipóteses de responsabilidade civil extracontratual por fato *lícito*" (*Op. cit.*, p. 174).

4.15. A prescrição e a decadência como fatos jurídicos que extinguem relações jurídicas

Os fatos jurídicos, como já tivemos oportunidade de explicar, são situações que, pelo fenômeno da juridicização (da incidência ou eficácia normativa) geram eficácia jurídica, i. e., produzem determinados efeitos no mundo jurídico. Esses efeitos, que constituem as *relações jurídicas em geral,* são o nascimento, a modificação ou a extinção das relações jurídicas. O Título IV do Livro III da Parte Geral, CC/02 estabelece as regras gerais sobre a *prescrição* e a *decadência,* i. e., sobre duas espécies de *fatos jurídicos* que, uma vez ocorridos, *extinguem* a possibilidade do exercício de um direito e, por conta disso, uma determinada vinculação ou relação jurídica. De fato, se há um ponto em comum entre a prescrição e a decadência, é este: são fatos jurídicos *extintivos* de determinadas relações jurídicas.[447]

A verdade é que a distinção entre prescrição e decadência no CC/02 tem sido apontada pela doutrina como um dos principais exemplos da maior *operabilidade* do Código atual em relação ao CC/16.[448]

4.16. A violação do direito, a pretensão e a prescrição

O art. 189, CC/02 não deixa dúvidas a respeito do que venha a ser a *prescrição.*[449] Com efeito, o direito subjetivo de alguém – reconhecido pela lei (ex: direito de ser ressarcido dos prejuízos sofridos em acidente de trânsito) ou por manifestação de vontade (ex: direito de receber o pagamento de uma quantia estipulada em contrato) – pode ser violado pela conduta (ação ou omissão) de outrem. A partir

---

[447] A doutrina, é verdade, costuma dizer que existe uma *prescrição aquisitiva* de direito, que é *a usucapião* (CC/02 – Parte Especial – Livro III – Título III – arts. 1.238 a 1.244), pela qual o possuidor adquire o direito de propriedade sobre bem móvel ou imóvel pela soma de dois fatores: a) o decurso de certo prazo fixado na lei; b) a inércia do titular do direito de propriedade em reclamar a retomada da posse. Quanto às regras sobre prescrição previstas na Parte Geral do CC/02, porém, entende-se que tratam *apenas* da *prescrição extintiva.*

[448] BRANCO, Gerson Luiz Carlos. O Culturalismo de Miguel Reale e sua expressão no novo Código Civil. In: MARTINS-COSTA, Judith; BRANCO, Gerson Luiz Carlos. *Diretrizes Teóricas do Novo Código Civil Brasileiro.* São Paulo: Saraiva. 2002. p. 54. A doutrina, na verdade, apenas reconhece o pensamento já exteriorizado pelo próprio Miguel Reale sobre a diretriz da *operabilidade:* "Muito importante foi a decisão tomada no sentido de estabelecer soluções normativas de modo a facilitar sua interpretação pelo operador do Direito. Nessa ordem de idéias, o primeiro cuidado foi eliminar dúvidas que haviam persistido durante a aplicação do Código anterior. Exemplo disso é o relativo à distinção entre *prescrição* e *decadência* (...) Para evitar esse inconveniente, resolveu-se enumerar, na Parte Geral, os casos de prescrição, em *numerus clausus,* sendo as hipóteses de decadência previstas em imediata conexão com a disposição normativa que a estabelece" (REALE, Miguel. Visão Geral do Novo Código Civil. In: *Novo Código Civil Brasileiro (Lei n. 10.406, de 10 de janeiro de 2002).* 2ª ed. São Paulo: Saraiva. 2002, p. XV).

[449] Dispõe o art. 189, CC/02 "Violado o direito, nasce para o titular a pretensão, a qual se extingue, pela prescrição, nos prazos a que aludem os arts. 205 e 206".

desse momento, surge para o titular do direito violado um direito subjetivo de natureza material chamado *pretensão* (no direito germânico, *anspruch*), que pode ser definido como o *direito de uma pessoa exigir uma conduta de quem viola direito reconhecido pelo ordenamento jurídico*. Essa exigência, contudo, não precisa ser feita em juízo, pelo que se entende como correta a idéia segundo a qual a prescrição é o fato jurídico extintivo de um direito material (a pretensão) e não de uma faculdade processual (direito à ação judicial).[450]

4.17. A decadência e os direitos potestativos

A decadência (ou *caducidade*), que também é fato jurídico extintivo de relações jurídicas, impossibilita o exercício de uma outra categoria de direitos subjetivos distinta da pretensão. São os *direitos potestativos (ou formativos)*, i. e., direitos que "(...) conferem ao respectivo titular o poder de influir ou determinar mudanças na esfera jurídica de outrem, por ato unilateral, sem que haja dever correspondente, apenas uma sujeição".[451]

É importante destacarmos que o direito potestativo (ou formativo) não se confunde com a pretensão "(...) pois nesta se exige uma ação ou omissão do devedor (a prestação, o pagamento da dívida, p. ex.), enquanto aquele opera por si, bastando o seu exercício para

---

[450] Se, por exemplo, sou credor de uma pessoa e esta não paga a dívida correspondente ao meu crédito no vencimento, meu direito de crédito foi violado. Surgiu, assim, meu direito de exigir que o devedor pague o que me deve. Suponha que eu deixe passar dois meses e não cobre do devedor. Após os dois meses, faço contato com ele e exerço a minha *pretensão* extrajudicialmente, sendo, após, atendido pelo devedor que resolve pagar o que deve com os respectivos juros e demais acréscimos. Isso, porque se o fato jurídico da prescrição ainda não ocorreu, o devedor está obrigado e realizar o pagamento. O exemplo mostra que posso exercer minha pretensão sem precisar recorrer ao poder judiciário, pelo que a pretensão não é, necessariamente, um direito à ação judicial (um direito processual), mas um direito de exigir algo de alguém (um direito material). É claro que se minha pretensão *prescreve*, perco também a oportunidade de deduzi-la em juízo. Nesse sentido, a prescrição é, *também*, a perda do direito à ação judicial. Como adverte Carlos Roberto Gonçalves "(...) para evitar a discussão sobre se ação prescreve, ou não, adotou-se a tese da prescrição da *pretensão*, por ser considerada a mais condizente com o Direito Processual contemporâneo" (GONÇALVES, Carlos Roberto. *Direito...*, p. 467).

[451] AMARAL, Francisco. *Op. cit.*, p. 561. Ruy Rosado de Aguiar Júnior utiliza a expressão *direitos formativos* "(...) também chamados de direitos reacionais ou de configuração, conhecidos na Itália como direitos potestativos, espécie de direito subjetivo, cujo conteúdo é o poder de formar relações jurídicas concretas, mediante ato unilateral do titular nos casos reconhecidos por lei" (*Extinção dos contratos...*, p. 28-29). Nesse sentido, classifica os direitos formativos como "(...) 'direito formativo gerador' ou 'constitutivo', de aquisição de direito por ato positivo ou negativo do titular, como o do destinatário, ao aceitar a oferta, o de opção e o de ratificação; 'direito formativo modificativo', que consiste no direito de modificar a relação jurídica existente sem se eliminar sua identidade, como o de interpelar para constituir o devedor em mora, o direito de escolha nas obrigações alternativas; 'direito formativo extintivo' tendente a desfazer a eficácia jurídica já produzida ou a própria relação jurídica, como a resolução dos contratos bilaterais por incumprimento, a resilição daqueles de execução continuada, o pedido de separação judicial e de divórcio, o direito de pedir a decretação da anulação do ato ou a declaração de sua nulidade" (*Idem*, p. 29).

produzir o efeito gerador, modificativo ou extintivo, por via judicial ou extrajudicial, conforme o caso".[452] O CC/02, em obediência à diretriz da *operabilidade*,[453] estabeleceu um critério preciso de distinção entre os prazos prescricionais e os decadenciais, pelo que os primeiros foram dispostos exclusivamente nos arts. 205 e 206 do Código, sendo todos os demais – previstos nas Partes Geral e Especial do CC/02 – de natureza decadencial.[454]

4.18. As pretensões e os direitos potestativos não-sujeitos à prescrição e à decadência

É reconhecido a certas pretensões e direitos potestativos a qualidade de serem "imprescritíveis",[455] podendo o titular desses direitos exigir de outrem determinada conduta e/ou praticar o ato correspondente ao conteúdo do direito a qualquer tempo. A razão desse qualificativo é, regra geral, a natureza do interesse ou bem jurídico tutelado pelo direito. Como exemplos dessas pretensões e direitos, temos:[456]

"a) as que se prendem ao estado das pessoas (estado de filiação, a qualidade de cidadania, a condição conjugal) – são imprescritíveis as ações de separação judicial, de interdição, de investigação de paternidade etc.

b) as de exercício facultativo (ou potestativo), em que não existe direito violado, como as destinadas a extinguir o condomínio (ação de divisão ou de venda da coisa comum – art. 1.320, CC/02), a de pedir meação no muro vizinho (arts. 1.297 e 1.327) etc.

c) as que protegem direito de propriedade e podem ser deduzidas em juízo por meio da *ação reivindicatória*.

d) as de reaver bens confiados à guarda de outrem, a título de depósito, penhor ou mandato

e) as que protegem os *direitos da personalidade*".[457]

---

[452] AGUIAR JÚNIOR, Ruy Rosado. *Extinção dos contratos...*, p. 30. Na seqüência, refere o eminente jurista que "Também não se confunde [o direito formativo] com os direitos expectativos, que se ligam a um fato futuro, independentemente da vontade do titular (a ocorrência da condição, p. ex.), quando se sabe que o direito formativo depende apenas do seu exercício, isto é, de ato da vontade do seu titular" (*Idem, ibidem*).

[453] Veja, a propósito, o que escrevemos no Capítulo anterior (item 2 – subitem 2.3).

[454] GONÇALVES, Carlos Roberto. *Direito...*, p. 482-483.

[455] O termo "imprescritíveis" está sendo utilizado em sentido lato, como gênero das espécies *prescrição* e *decadência*.

[456] GONÇALVES, Carlos Roberto. *Direito...*, p. 467.

[457] Aqui, temos que considerar a natureza prescritível dos reflexos patrimoniais desses direitos, como a indenização por danos morais. O direito de deduzir em juízo a pretensão, nesse caso, prescreve (art. 206, § 3º, V, CC/02). Mas a pretensão de exigir o respeito ao exercício

4.19. A distinção entre prescrição, preclusão e perempção

Existe uma diferença significativa entre os institutos da prescrição, da preclusão e da perempção. A prescrição é perda de um direito subjetivo de natureza material (a pretensão); já a preclusão e a perempção são fatos jurídicos, também extintivos, mas de direitos (ou faculdades) processuais. Segundo Carlos Roberto Gonçalves[458] "(...) a preclusão consiste na perda de uma faculdade processual, por não ter sido exercida no momento próprio. Impede que se renovem as questões já decididas, dentro da mesma ação. Só produz efeitos dentro do próprio processo em que advém. A perempção também é de natureza processual. Consiste na perda do direito de ação pelo autor contumaz, que deu causa a três arquivamentos sucessivos (CPC, art, 268, parágrafo único). Não extingue o direito material, nem a pretensão, que passam a ser oponíveis somente como defesa (exceção).

4.20. As principais diferenças entre os prazos prescricionais e decadenciais

A prescrição e a decadência são os fatos jurídicos cuja existência depende sempre do transcurso de determinado lapso temporal chamado prazo (CC/02, art. 132). Nesse sentido, devemos fazer a distinção entre os fatos da prescrição ou decadência e os prazos que, uma vez transcorridos, produzem a eficácia normativa (incidência da norma jurídica e juridicização do fato) e a conseqüente eficácia jurídica (produção dos efeitos)[459] no mundo jurídico.

Assim sendo, podemos elencar as principais diferenças entre os prazos prescricionais e os decadenciais no CC/02:

"a) Os prazos prescricionais apresentam-se em *numerus clausus:* são apenas os previstos nos arts. 205 (prazo geral) e 206 (prazos especiais); todos os demais, ao longo do Código, são decadenciais;[460]

b) A contagem dos prazos prescricionais está sujeita a impedimentos (art. 197 a 201, CC/02), suspensões (art. 197 a 201, CC/02) ou interrupções (arts. 202 a 204, CC/02), ao passo que o início da contagem dos prazos decadenciais não sofre impedi-

---

dos direitos da personalidade não prescreve (p. ex: não prescreve o direito que tenho, todos os dias, de exigir que as pessoas respeitem a minha liberdade de ir e vir, minha integridade moral, vida etc.).

[458] GONÇALVES, Carlos Roberto. *Direito...*, p. 4467-468.

[459] Veja, a propósito, o que escrevemos no presente Capítulo (item 1- subitem 1.2; item 4 – subitem 4.1).

[460] GONÇALVES, Carlos Roberto. *Op. cit.*, p. 464.

mento, assim como também não se suspende nem se interrompe (art. 207, CC/02);[461]

c) Os prazos prescricionais (que são apenas os fixados por lei), não podem ser alterados em negócio jurídico (art. 192, CC/02), ao passo que os prazos decadenciais podem ser fixados por lei e também por negócio jurídico (art. 211, CC/02)";

É importante lembrarmos que havia, até pouco tempo, outra distinção entre os prazos prescricionais a decadenciais. Com efeito, o art. 194 do Código dispunha que o juiz não estava autorizado a conhecer de ofício a prescrição, salvo se favorecesse o absolutamente incapaz. Ao contrário, a decadência poderia ser conhecida de ofício pelo juiz, mas apenas quando o prazo fosse fixado por lei (art. 210, CC/02).

Ocorre que a Lei n. 11.280/2006, que alterou o Código de Processo Civil, introduziu o § 5º no art. 219 com a seguinte redação, *verbis:* "O juiz pronunciará, de ofício, a prescrição". Deste modo, o art. 194 do CC/02 foi revogado pela norma processual e, por esse motivo, deixou de haver a antiga distinção entre os prazos prescricionais e decadenciais quanto ao conhecimento *ex officio* pelo magistrado.

---

[461] Os impedimentos são fatos que, uma vez ocorridos, obstam o início da contagem do prazo; as suspensões e as interrupções, ao contrário, são situações que obstam o prosseguimento de prazo já em curso. Contudo, as existem significativas diferenças entre elas. Nas suspensões, o prazo pára de correr e, finda a causa suspensiva, *retorna seu curso pelo tempo que resta para a prescrição*. Nas interrupções, que só podem ocorrer uma vez (art. 202, *caput,* CC/02), o prazo pára de correr e, finda a causa interruptiva, *reinicia do termo inicial sua contagem* (art. 202, parágrafo único, CC/02). No caso dos impedimentos e suspensões existe a preocupação de proteger determinadas pessoas que não têm capacidade jurídica para a defesa dos seus direitos (art. 198, I, CC/02), que se encontram vinculadas ao devedor (art. 197, II e III), que se encontram impedidas, por razões de força maior, de exercer a pretensão no Brasil (art. 198, II e III). Há também impedimento quando determinadas situações impedem a exigibilidade da pretensão (art. 199, CC/02), quando a exigência da pretensão depender do trânsito em julgado da sentença condenatória do devedor pela violação do direito do autor no juízo criminal (art. 200, CC/02 – ex: a pretensão indenizatória em razão de homicídio – art. 948, CC/02). E se a pretensão de mais de um titular disser respeito à obrigação indivisível (arts. 87 e 88 c/c arts. 257 a 263, CC/02) a suspensão do prazo em favor de um deles aproveita os outros se houver *solidariedade* entre eles (arts. 264 a 274, CC/02), ou seja, se cada um dos credores puder exigir do devedor comum o valor total correspondente à pretensão. de exigir Existe, no ordenamento jurídico brasileiro, uma exceção à regra segundo a qual a contagem dos prazos decadenciais jamais sofre qualquer tipo de suspensão ou interrupção. As causas da interrupção estão associadas a atos jurídicos do titular da pretensão, praticados em juízo (art. 202, I, IV e V) ou extrajudicialmente (art. 202, II, III e VI, CC/02), e que demonstrem sua inquestionável intenção de exigir a conduta da pessoa que violou seu direito. Ao contrário da causa suspensiva (art. 201, CC/02), a interrupção da prescrição por um dos titulares da pretensão não aproveita aos outros (art. 204, 1ª parte, CC/02).

Referências Bibliográficas

AGUIAR JÚNIOR, Ruy Rosado de. A boa-fé na relação de consumo. In: *Revista de Direito do Consumidor n. 14*. São Paulo: Revista dos Tribunais, p. 20-27.

————. Contratos nos Códigos Civis francês e brasileiro. In: *Revista do CEJ n. 28*. Brasília. Janeiro-março de 2005, p. 05-14.

————. *Extinção dos contratos por incumprimento do devedor – Resolução*. 2ª ed. Rio de Janeiro: Aide Editora. 2004.

ALEXY, Robert. *Teoria de los derechos fundamentales*. Madrid: Centro de Estúdios Constitucionales. 1993.

ALVES, Gláucia Correa R. Barcelos. Sobre a dignidade da pessoa. In: MARTINS-COSTA, Judith (Organizadora). *A Reconstrução do Direito Privado*. São Paulo: Saraiva. 2002, p. 213-229.

AMARAL, Francisco. *Direito Civil – Introdução*. 3ª ed. Rio de Janeiro: Renovar. 2000.

ÁVILA, Humberto. *Teoria dos Princípios – da definição à aplicação dos princípios jurídicos*. 7ª ed. São Paulo: Malheiros. 2007.

AZEVEDO, Antônio Junqueira de. *Negócio Jurídico: existência, validade e eficácia*. 4ª ed. São Paulo: Saraiva. 2002.

————. O direito pós-moderno e a codificação. In: *Revista de Direito do Consumidor n. 33*. São Paulo: Revista dos Tribunais. Janeiro-março de 2000, p. 123-129.

AZEVEDO, Fernando Costa de. A suspensão do fornecimento de serviço público essencial por inadimplemento do consumidor-usuário. Argumentos doutrinários e entendimento jurisprudencial. In: *Revista de Direito do Consumidor n. 62*. São Paulo: Revista dos Tribunais. Abril-junho de 2007, p. 86-123.

————. *Defesa do Consumidor e Regulação – A Participação dos Consumidores Brasileiros no Controle da Prestação de Serviços Públicos*. Porto Alegre: Livraria do Advogado. 2002.

BRANCO, Gerson Luiz Carlos. O Culturalismo de Miguel Reale e sua expressão no novo Código Civil. In: MARTINS-COSTA, Judith; BRANCO, Gerson Luiz Carlos. *Diretrizes Teóricas do Novo Código Civil Brasileiro*. São Paulo: Saraiva. 2002, p. 9-87.

CAMPOS, Diogo José Paredes de. Lições de Direito da Personalidade. In: *Boletim da Faculdade de Direito de Coimbra v. LXVII*. Coimbra. 1992, p. 52 e s.

CANARIS, Claus-Wilhelm. *Direitos Fundamentais e Direito Privado*. Trad. Ingo W. Sarlet e Paulo Mota Pinto. Coimbra: Almedina. 2006.

————. *Pensamento Sistemático e Conceito de Sistema na Ciência do Direito*. 2ª ed. Lisboa: Calouste Gulbenkian. 1996.

CARLINI, Angélica Luciá. Aprendizagem baseada em problemas aplicada ao ensino de direito do consumidor: reflexões teóricas e breve relato de uma experiência. In: *Revista de Direito do Consumidor n. 62*. São Paulo: Revista dos Tribunais. Abril-junho/2007, p. 11-39.

CARVALHO, Orlando de. Teixeira de Freitas e a unificação do Direito Privado. In: *Boletim da Faculdade de Direito de Coimbra v. LX*. Coimbra. 1984, p. 01-86.

CAVALIERI FILHO, Sergio. Responsabilidade Civil no novo Código Civil. In: *Revista de Direito do Consumidor n. 48*. São Paulo: Revista dos Tribunais. Outubro-dezembro/2003, p. 69-84.

COELHO, Fábio Ulhoa. *Curso de Direito Civil – volume 1*. São Paulo: Saraiva. 2003.

——. *Curso de Direito Civil – volume 2*. São Paulo: Saraiva. 2004.

——. *Para entender Kelsen*. 4ª ed. São Paulo: Saraiva. 2001.

COUTO E SILVA, Clóvis Veríssimo do. *A obrigação como processo*. São Paulo: José Bushatsky Editor. 1976.

——. O conceito de dano no direito brasileiro e comparado. In: *Revista dos Tribunais v. 667*. São Paulo: Revista dos Tribunais. Maio de 1991, p. 07-16.

CUNHA, Alexandre dos Santos. Dignidade da pessoa humana: conceito fundamental do direito civil. In: MARTINS-COSTA, Judith. (Organizadora). *A Reconstrução do Direito Privado*. São Paulo: Saraiva. 2002, p. 230-264.

DALLARI, Dalmo de Abreu. *O Futuro do Estado*. São Paulo: Saraiva. 2001.

DEL VECCHIO, Giorgio. *Princípios Gerais do Direito*. Belo Horizonte: Líder. 2003.

DIAS, Joaquim José de Barros. Direito Civil Constitucional. In: LOTUFO, Renan (Coordenador). *Direito Civil Constitucional – Caderno 3*. São Paulo: Malheiros. 2002, p. 13-58.

DINIZ, Maria Helena. *Compêndio de Introdução à Ciência do Direito*. 16ª ed. São Paulo: Saraiva. 2004.

FACCHINI NETO, Eugênio. Da responsabilidade civil no novo Código. In: SARLET, Ingo Wolfgang (organizador). *O novo Código Civil e a Constituição*. 2ª ed. Porto Alegre: Livraria do Advogado. 2006, p. 171-218.

FACHIN, Luiz Edson. Sobre o Projeto do Código Civil Brasileiro: crítica à racionalidade patrimonialista e conceitualista. In: *Boletim da Faculdade de Direito de Coimbra v. LXXVI*. Coimbra, 2000, p. 129-151.

FERRAZ JR. Tercio Sampaio. *Direito, Retórica e Comunicação – Subsídios para uma pragmática do discurso jurídico*. 2ª ed. São Paulo: Saraiva. 1997

FIÚZA, Ricardo (Coordenação). *Novo Código Civil Comentado*. São Paulo: Saraiva. 2003.

GAGLIANO, Pablo Stolze; PAMPLONA FILHO, Rodolfo. *Novo Curso de Direito Civil – volume III*. São Paulo: Saraiva. 2003.

GOMES, Orlando. *Introdução ao Direito Civil*. 18ª ed. Rio de Janeiro: Forense. 2001.

GONÇALVES, Carlos Roberto. *Direito Civil Brasileiro – volume I*. São Paulo: Saraiva. 2003.

——. *Principais Inovações no Código Civil de 2002*. São Paulo: Saraiva. 2002.

GRAU, Eros Roberto. *A Ordem Econômica na Constituição de 1988*. 5ª ed. São Paulo: Malheiros. 2000.

——. *O direito posto e o direito pressuposto*. 5ª ed. São Paulo: Malheiros. 2003.

GRINOVER, Ada Pellegrini [et. al.]. *Código Brasileiro de Defesa do Consumidor: comentado pelos autores do anteprojeto*. 7ª ed. Rio de Janeiro: Forense Universitária. 2001.

GUERRA FILHO, Willis Santiago. *Teoria da Ciência Jurídica*. São Paulo: Saraiva. 2001.

HECK, Luis Afonso. Direitos fundamentais e sua influência no direito civil. In: *Revista de Direito do Consumidor n. 29*. São Paulo: Revista dos Tribunais. Janeiro/Março – 1999, p. 40-54.

JAYME, Erik. Visões para uma teoria pós-moderna do direito comparado. In: *Revista dos Tribunais v. 759*. São Paulo: Revista dos Tribunais. Janeiro de 1999, p. 24-40.

KELSEN, Hans. *Teoria Pura do Direito*. 4ª ed. São Paulo: Martins Fontes. 1994.

LARENZ, Karl. *Metodologia da Ciência do Direito*. 3ª ed. Lisboa: Calouste Gulbenkian. 1997.

LISBOA, Roberto Senise. *Manual Elementar de Direito Civil – volume 1 (Teoria Geral do Direito Civil)*. 2ª ed. São Paulo: Revista dos Tribunais. 2002.

LORENZETTI, Ricardo. *Fundamentos do Direito Privado*. São Paulo: Revista dos Tribunais. 1998.

MARQUES, Cláudia Lima(...) [et al.]. *Comentários ao Código de Defesa do Consumidor*. São Paulo: Revista dos Tribunais. 2003.

MARQUES, Cláudia Lima. *Contratos no Código de Defesa do Consumidor.* 4ª ed. São Paulo: Revista dos Tribunais. 2002.

MARTINS-COSTA, Judith. A Boa-Fé como Modelo (Uma Aplicação da Teoria dos Modelos de Miguel Reale), In: MARTINS-COSTA, Judith; BRANCO, Gerson Luiz Carlos. *Diretrizes Teóricas do Novo Código Civil Brasileiro.* São Paulo: Saraiva. 2002, p. 188-221.

————. *A Boa-fé no Direito Privado.* São Paulo: Revista dos Tribunais. 1999.

————. Mercado e solidariedade social entre *cosmos* e *táxis:* a boa-fé nas relações de consumo. In: MARTINS-COSTA, Judith (Organizadora). *A Reconstrução do Direito Privado.* São Paulo: Revista dos Tribunais. 2002, p. 611-661.

————. O Direito Privado como um "sistema em construção" – As cláusulas gerais no Projeto do Código Civil brasileiro. In: *Revista de Informação Legislativa n. 139.* (Julho/setembro – 1999). Brasília: Senado Federal. p. 5-22.

————. O Novo Código Civil Brasileiro: em busca da "Ética da Situação". In: MARTINS-COSTA, Judith; BRANCO, Gerson Luiz Carlos. *Diretrizes Teóricas do Novo Código Civil Brasileiro.* São Paulo: Saraiva. 2002, p. 88-168.

————. Os danos à pessoa no direito brasileiro e a natureza de sua reparação. In: MARTINS-COSTA, Judith (Organizadora). *A Reconstrução do Direito Privado.* São Paulo: Revista dos Tribunais. 2002, p. 4008-446.

MARTINS-COSTA, Judith; PARGENDLER, Mariana Souza. Usos e abusos da função punitiva (*punitive damages* e o Direito brasileiro). In: *Revista dos CEJ n. 28.* Brasília. Janeiro-março de 2005, p. 15-32.

MATTIELO, Fabrício Zamprogna. *Código Civil Comentado.* São Paulo: LTr. 2003.

MELLO, Marcos Bernardes de. *Teoria do Fato Jurídico – Plano da Existência.* 12ª ed. São Paulo: Saraiva. 2003.

————. *Teoria do Fato Jurídico – Plano da Validade.* 6ª ed. São Paulo: Saraiva. 2004.

NADER, Paulo. *Introdução ao Estudo do Direito.* 23ª ed. Rio de Janeiro: Forense. 2004.

NORONHA, Fernando. *Direito das Obrigações – v. 1.* São Paulo: Saraiva. 2003.

PEIXOTO, Ester Lopes. A tutela da engenharia genética: reflexões sobre a sua concretização no âmbito do direito privado. In: MARTINS-COSTA, Judith (Organizadora). *A Reconstrução do Direito Privado.* São Paulo: Revista dos Tribunais. 2002, p. 571-611.

PEREIRA, Caio Mário da Silva. *Instituições de Direito Civil – volume I.* 21ª ed. Rio de Janeiro: Forense. 2005.

PONTES DE MIRANDA, Francisco Cavalcanti. *Fontes e Evolução do Direito Civil Brasileiro.* 2ª ed. Rio de Janeiro: Forense. 1981.

————. *Tratado de Direito Privado – Tomo I.* 4ª ed. São Paulo: Revista dos Tribunais. 1983.

REALE, Miguel. *Filosofia do Direito.* 19ª ed. São Paulo: Saraiva. 2000.

————. *Lições Preliminares de Direito.* 27ª ed. São Paulo: Saraiva. 2004.

————. Visão Geral do Novo Código Civil. In: *Novo Código Civil (Lei n. 10.406, de 10 de janeiro de 2002).* 2ª ed. São Paulo: Revista dos Tribunais. 2002, p. IX – XIX.

RIZZATTO NUNES, Luiz Antônio. *Curso de Direito do Consumidor.* 2ª ed. São Paulo: Saraiva. 2005.

————. *Manual de Introdução ao Estudo do Direito.* 4ª ed. São Paulo: Saraiva. 2002.

————. *Manual da Monografia Jurídica.* 2ª ed. São Paulo: Saraiva. 1999.

ROSENVALD, Nelson. *Dignidade humana e boa-fé no Código Civil.* São Paulo: Saraiva. 2005.

SCHMITT, Cristiano Heineck. As cláusulas abusivas no Código de Defesa do Consumidor. In: *Revista de Direito do Consumidor n. 33.* São Paulo: Revista dos Tribunais. Janeiro-março de 2000, p. 161-181.

SILVA, Luis Renato Ferreira da. A função social do contrato no novo Código Civil e sua conexão com a solidariedade social. In: SARLET, Ingo Wolgang (organizador). *O novo Código Civil e a Constituição.* 2ª ed. Porto Alegre: Livraria do Advogado. 2006, p. 147-170.

SODRÉ, Marcelo Gomes. *Formação do Sistema Nacional de Defesa do Consumidor*. São Paulo: Revista dos Tribunais. 2007.

TEIXEIRA DE FREITAS, Augusto. *Consolidação das Leis Civis (Vols. I e II)*. Brasília: Senado Federal – Conselho Editorial. 2003.

TELLES JR., Goffredo. *Iniciação na Ciência do Direito*. São Paulo: Saraiva. 2001.

VENOSA, Sílvio de Salvo. *Direito Civil – volume IV*, 3ª ed. São Paulo: Atlas. 2003.

VON GEHLEN, Gabriel Menna Barreto. O chamado Direito Civil Constitucional. In: MARTINS-COSTA, Judith (Organizadora). *A Reconstrução do Direito Privado*. São Paulo: Revista dos Tribunais. 2002, p. 174- 210.

WIEACKER, Franz. *História do Direito Privado Moderno*. 2ª ed. Lisboa: Calouste Gulbenkian. 1967.

WOLKMER, Antônio Carlos. *Pluralismo Jurídico – Fundamentos de uma nova cultura do Direito*. 2ª ed. São Paulo: Alfa-Ômega, 1997.